本系列丛书由马克思主义理论与中国实践湖北省协同创新中心、
武汉大学马克思主义学院资助出版

本书为国家社会科学基金重大项目：中国经济走势的马克思主义政治经
济学研究（17ZDA036）的阶段性成果

中国社会主义市场经济理论的创新和发展

简新华　余江◎著

人民出版社

编　委　会

出 版 说 明

　　新时代 10 年，中国共产党团结带领中国人民，全面贯彻习近平新时代中国特色社会主义思想，全面贯彻党的基本路线和治国方略，采取系列战略举措，以伟大自我革命引领伟大社会革命，党和国家事业取得全方位的开创性成就、发生深层次的根本性变革。新时代 10 年中国经济社会高质量发展、国家治理体系和治理能力现代化的伟大实践，是中国共产党百年奋斗历程格外璀璨绚丽的篇章，在党史、新中国史、改革开放史、社会主义发展史、中华民族发展史上具有里程碑意义。系统总结新时代 10 年中国共产党治党治国理论创新、实践创新、制度创新的重大成就和新鲜经验，有利于全党全社会深刻领悟"两个确立"的决定性意义，不断增强"四个意识"，持续坚定"四个自信"，切实做到"两个维护"，汇聚起推进中国特色社会主义伟大事业的磅礴力量。

　　马克思主义理论与中国实践湖北省协同创新中心、武汉大学马克思主义学院组织出版"新时代马克思主义与中国实践研究"系列丛书，主要目的就在于深入研究新时代马克思主义中国化时代化的理论创新成果，尤其是经济建设、政治建设、文化建设、社会建设、生态文明建设、党的建设等领域的原创性思想和变革性实践，努力深化对"新时代坚持和发展什么样的中国特色社会主义、怎样坚持和发展中国特色社会主义，建设什么样的社会主义现代化强国、怎样建设社会主义现代化强国，建设什么样的长期执政的马克思主义政党、怎样建设长期执政的马克思主义政党"等重大时代课题的理论认识，积极探索"中国奇迹"背后的道理学理哲理，助力于马克思主义的中国化时代。

目　录

前　言

　　社会主义市场经济是在社会主义社会中存在的市场经济，是社会主义制度与市场经济相结合而形成的市场经济。社会主义市场经济理论是关于中国社会主义初级阶段社会主义经济运行的理论，包括社会主义市场经济的界定、基本特征、存在的必然性和可能性、运行规律、体制机制和调节方式等，是以前世界上没有的、由中国共产党及其领导下的中国经济学界在改革开放过程中首次创立的崭新经济学理论，也是国内外经济学界最感兴趣、最为关注而且分歧最大、争论最激烈的经济理论。

　　社会主义市场经济理论的提出是中国共产党和中国经济学界对马克思主义政治经济学特别是其中的社会主义经济运行理论的最突出的创新和发展，也是改革开放以来中国经济发展取得举世公认的惊人奇迹的重要理论基础。自 1992 年中国共产党的十四大正式明确提出中国经济体制改革的目标是要建立社会主义市场经济体制以来，社会主义市场经济成为中国经济研究的热点问题。从中国发展出版社 1993 年出版的江泽民作序、马洪主编的《什么是社会主义市场经济》开始，到人民出版社 2002 出版的由刘国光、桂世镛主编的中央组织部组织编写的全国干部学习读本《社会主义市场经济概论》，再到中国人民大学出版社 2021 年最新出版的王军旗主编的《社会主义市场经济理论与实践》（第 5 版）、杨干忠主编的《社会主义市场经济概论》（第六版），中国已经出版几十种关于社会主义市场经济的论著和教材。虽然不同程度地介绍了市场经济的基本理论、论述了社会主义市场经济理论的主要内容，对于形成、普及和发展社会主义市场经济理论发挥了重要作用，但社会主义市场经济理论现在依然只是基本形成，还很不成熟完善，尤其是对于社会主义市场经济理论的来源是马克思主义政治经济学还是西方经济学、究竟是创新发展还是否定了马克思主义政治经济学特别是其中的社会主义计划经济理论、社会主义市场经济理论究竟在哪些方面有创新和发展、主要内容是什么、现在面临什么问题、应该怎样进一步完善和发展等重要问题，经济学界一直存在分歧和争论，至今没有形成明确的共识，更是缺乏比较完整系统的学理性解读。

在中国特色社会主义进入新时代和全面建设社会主义现代化强国的新发展阶段，习近平同志提出："我们要坚持辩证法、两点论，继续在社会主义基本经济制度与市场经济的结合上下功夫，把两方面优势都发挥好，既要'有效的市场'，也要'有为的政府'，努力在实践中破解这道经济学上的世界性难题。"①因此，现在特别需要总结归纳、明确回答和说明什么是社会主义市场经济、为什么要发展社会主义市场经济、怎样合理有效发展社会主义市场经济，破解"有效的市场"和"有为的政府"兼备这道"世界性难题"，以利健全完善社会主义市场经济理论，更好指导中国完善社会主义市场经济体制和发展社会主义市场经济的实践。

本书针对马克思主义政治经济学的经典商品经济理论、资本主义市场经济理论和社会主义经济理论、西方经济学的市场经济理论，主要总结和论述社会主义市场经济理论的基本内容及其创新和发展。本书所说的社会主义市场经济理论的创新和发展，不仅是对已有市场经济理论的拾遗补缺（即弥补不足和克服缺陷），更重要的是提出了以前没有的系统的新理论。本书总结和论述的主要依据是中国共产党和国家的相关重要文献、主要领

---

① 习近平：《不断开拓当代中国马克思主义政治经济学新境界》，载《求是》2020年第16期。

导人的相关论著、中国经济学界的相关论著和中国社会主义市场经济发展和改革的实践经验教训。本书主要不是政策性的注释，而是学理性的解读，力求说清社会主义市场经济的经济学道理及其创新和发展，澄清疑惑和模糊认识，促进消除分歧和达成共识。对于存在争议的问题，本书在简略介绍不同观点的基础上，主要论述作者的看法。

本书内容分为三大部分和八章：

第一部分是社会主义市场经济理论的形成和发展、理论基础和基本性质，由两章构成：第一章从总体上概述社会主义市场经济理论形成和发展的历程、动因、主要内容、基本方法和意义；第二章论述社会主义市场经济理论的来源和理论基础主要是马克思主义政治经济学，同时参考借鉴吸收了西方经济学，说明社会主义市场经济理论与社会主义计划经济理论的区别和联系，在正确认识经典的社会主义计划经济理论和实践的基础上，指出社会主义市场经济理论不是否定马克思主义政治经济学包括其中的社会主义计划经济理论，而是发展了马克思主义政治经济学特别是其中的社会主义经济运行理论，是中国特色社会主义政治经济学的重要组成部分或者说是现代马克思主义政治经济学的新内容。

第二部分是社会主义市场经济理论十六个方面创新和发展的基本内容，主要论述相对于马克思主义政治经济学经典的商品经济理论和西方经济学而言社会主义市场经济理论在每个方面创新和发展的具体内容，由五章即第三、四、五、六、七章构成：第三章论述社会主义市场经济理论对市场经济基本理论的创新和发展，包括对市场经济的一般原理、市场和市场经济的社会属性、市场经济不可逾越的历史地位等三个方面理论创新和发展的具体内容；第四章论述社会主义市场经济存在原因和基本特征理论的创新和发展，包括社会主义初级阶段市场经济存在的充分必要条件和发展市场经济的必要性、社会主义制度与市场经济的相容性，市场经济与社会主义结合的可能性和困难性及途径，社会主义市场经济与资本主义市

经济和社会主义计划经济的区别和联系等三个方面理论创新和发展的具体
内容；第五章论述社会主义市场经济基本内容理论的创新和发展，主要包
括社会主义市场经济的所有制基础、资本、企业制度、分配方式、社会保
障、法律制度等六个方面理论创新和发展的具体内容；第六章论述社会主
义市场经济运行机制和状态特征理论的创新和发展，主要包括社会主义市
场经济运行机制和宏观调控、运行状态特征等两个方面理论创新和发展的
具体内容；第七章论述社会主义市场经济体制和对外开放理论的创新和发
展，主要包括社会主义市场经济体制及其建立和完善、社会主义市场经济
的对外开放等两个方面理论创新和发展的具体内容。

第三部分也就是第八章，论述社会主义市场经济理论新时代新发展阶
段的进一步创新和发展，包括新时代新发展阶段创新和发展的必要性、面
临的主要问题和任务、必须采取的正确方法。

全面系统总结社会主义市场经济理论的基本内容及其创新和发展，虽
然意义重大，但却是一个难度很大、极为艰巨的任务。因为，有比较才有
鉴别，创新和发展是要有参照系的，社会主义市场经济理论创新和发展的
参照系就是马克思主义政治经济学的经典商品经济理论、社会主义经济理
论和西方经济学的市场经济理论，就是相对于这两种经济学的相关理论而
言的创新和发展。这就要求本书的作者，不仅要熟悉了解社会主义市场经
济理论、马克思主义政治经济学的经典商品经济理论、社会主义经济理
论，并且还要比较熟悉了解西方经济学的市场经济理论，这就需要长期的
经济学专业知识的积累；而且社会主义市场经济理论是全新的理论，从立
论到各个主要方面的内容都存在重大分歧、激烈争论，对许多问题的认识
也模糊不清、存在疑惑，到现在为止都还没有达成共识，不少也只停留在
经济政策层面，缺乏经济学的学理性解读，所以很难准确判定哪些方面真
正是创新和发展。由于我们的理论功底和研究能力有限，再加上社会主义
市场经济还在发展过程中、社会主义市场经济体制还不健全完善的实践局

限性、社会主义市场经济理论本身也不是十分成熟的理论局限性，所以本书的总结和论述不可避免地会存在不足和缺陷，有些看法可能只是本书作者的一家之言，算是抛砖引玉，恳请读者批评指正，以利于促进社会主义市场经济理论的成熟和完善。

第 一 章

社会主义市场经济理论的形成和发展

社会主义市场经济理论是前所未有的崭新的社会主义经济理论，从开始形成就是创新，其后的发展和完善更是创新，本章首先从总体上概括论述社会主义市场经济理论形成和发展的历程、动因和价值、主要内容、基本方法和启示。

第一节　社会主义市场经济理论形成和发展的历程

社会主义市场经济理论是中国在 1978 年改革开放以后逐步形成和发展的。虽然列宁和斯大林初步提出了社会主义商品经济理论，毛泽东也提出了中国的社会主义商品经济理论，但从主要内容来看，两者都还不是社会主义市场经济理论，而且两者本身也不完整准确，只能说是社会主义市场经济理论的重要来源。社会主义市场经济理论形成和发展的历程，大体上经过了初步提出、基本形成和进一步发展完善三个阶段。由于社会主义市场经济理论是中国改革开放的产物，是适应把高度集中的传统计划经济体制转变为社会主义市场经济体制的实践需要而产生，是在经济体制改革实践过程中逐步形成和发展的，所以本书将在第七章第一节社会主义市场经济体制及其建立和完善中，结合社会主义市场经济体制建立和完善的实践过程，进一步展开论述社会主义市场经济理论的形成、创新和发展的过程。这里只做一个简略的回顾。

一、社会主义市场经济问题的提出

马克思主义经典的社会主义经济理论没有提出社会主义市场经济理论，甚至连"市场经济"这个概念都没有——当然，这是与当时的具体的历史状况相关的，毕竟难以超越自身所处的时代而提出未来发展阶段才可能出现的问题。列宁虽然使用过"市场经济"的概念，但是没有明确指出市场经济的含义，而且是把市场经济看成资本主义经济形式的。① 列宁、斯大林和毛泽东也只是提出了社会主义社会还会存在商品经济，最早明确提出社会主义社会可以搞市场经济是邓小平。1979年中国经济改革仅开始一年邓小平就指出："说市场经济只存在于资本主义社会，只有资本主义的市场经济，这肯定是不正确的。社会主义为什么不可以搞市场经济，这个不能说是资本主义。"② 他在这段论述中紧接着还说："我们是计划经济为主，也结合市场经济，但这是社会主义市场经济。"首次明确提出"社会主义市场经济"的概念，但这只是提出了社会主义市场经济问题，还没有形成比较系统的社会主义市场经济理论。

邓小平对社会主义市场经济的认识也是在改革开放的实践中不断深化、发展的。1985年邓小平指出："社会主义和市场经济之间不存在根本矛盾。问题是用什么方法才能更有力地发展社会生产力。我们过去一直搞计划经济，但是多年的实践证明，在某种意义上说，只搞计划经济会束缚

---

① 参见《列宁全集》第13卷，人民出版社2017年版，第124页。列宁指出："只要还存在着市场经济，只要还保持着货币权力和资本力量，世界上任何法律都无法消灭不平等和剥削。只有建立起大规模的社会化的计划经济，一切土地、工厂、工具都转归工人阶级所有，才可能消灭一切剥削。"

② 《邓小平文选》第2卷，人民出版社1994年版，第236页。

生产力的发展。把计划经济和市场经济结合起来,就能解放生产力,加速经济发展。"① 这个论述明确说明了中国搞市场经济的必要性。1987 年邓小平又说:"为什么一谈市场就说是资本主义,只有计划才是社会主义呢?计划和市场都是方法嘛。"并且强调,"我们以前是学苏联的,搞计划经济。后来又讲计划经济为主,现在不要再讲这个了"②。邓小平的这些重要讲话和理论观点,为形成比较完整系统的社会主义市场经济理论奠定了重要基础。

二、社会主义市场经济理论的基本形成

1992 年初邓小平发表重要讲话,进一步指出:"计划多一点还是市场多一点,不是社会主义与资本主义的本质区别。计划经济不等于社会主义,资本主义也有计划;市场经济不等于资本主义,社会主义也有市场。计划和市场都是经济手段。"③ 党的十四大报告认为:"这个精辟论断,从根本上解除了把计划经济和市场经济看作属于社会基本制度范畴的思想束缚,使我们在计划与市场关系问题上的认识有了新的重大突破。"1992 年党的十四大报告首次明确提出了社会主义市场经济体制是中国经济改革的目标模式,尤其是 1993 年制定的中国改革开放的第二个纲领性文件《中共中央关于建立社会主义市场经济体制若干问题的决定》,比较全面地概括了社会主义市场经济体制的社会属性、主要内容、基本特征、框架结构和建立的路径,实际上提出了比较全面的社会主义市场经济理论的主要内容,标志着社会主义市场经济理论基本形成。

---

① 《邓小平文选》第 3 卷,人民出版社 1993 年版,第 148 页。
② 《邓小平文选》第 3 卷,人民出版社 1993 年版,第 203 页。
③ 《邓小平文选》第 3 卷,人民出版社 1993 年版,第 373 页。

三、社会主义市场经济理论的发展

1992—2002 年，在《中共中央关于建立社会主义市场经济体制若干问题的决定》的指引下，中国通过不断推进和深化改革开放，初步建立起社会主义市场经济体制，但还很不健全完善。2002 年党的十六大报告提出新世纪头 20 年"改革的主要任务是，完善社会主义市场经济体制"。2003 年 10 月 14 日中共十六届三中全会通过了《中共中央关于完善社会主义市场经济体制若干问题的决定》，标志着中国改革开始进入完善社会主义市场经济体制的阶段。与此相应，对社会主义市场经济及其体制的认识进一步深化，社会主义市场经济理论也进入完善阶段，得到较大的发展，主要内容体现在《中共中央关于完善社会主义市场经济体制若干问题的决定》、党的十六大报告和十七大报告中。

从 2012 年党的十八大开始，中国特色社会主义进入新时代，社会主义市场经济理论得到更大的发展，创新和发展的主要内容体现在 2013 年中共十八届三中全会通过的《中共中央关于全面深化改革若干重大问题的决定》、2019 年中共十九届四中全会通过的《中共中央关于坚持和完善中国特色社会主义制度、推进国家治理体系和治理能力现代化若干重大问题的决定》、2020 年中共十九届五中全会通过的《中共中央关于制定国民经济和社会发展第十四个五年规划和二〇三五年远景目标的建议》、2021 年中共十九届六中全会通过的《中共中央关于党的百年奋斗重大成就和历史经验的决议》、党的十八大报告和十九大报告中。最突出的创新和发展主要是：党的十八大报告提出，要"全面深化改革"、"加快完善社会主义市场经济体制"；《中共中央关于全面深化改革若干重大问题的决定》针对社会主义市场经济体制存在的不足，强调"经济体制改革是全面深化改革的重点，核心问题是处理好政府和市场的关系，使市场在资源配置中起决定性作用和更好发挥政府作用。市场决定资源配置是市场经济的一般规律，健全社会主义市场经济体制必须遵循这条规律，着力解决市场体系不完善、政府干预过多和监管不到位问题"；《中共中央关于坚持和完善中国特色社会主义制度、推进国家治理体系和治理能力现代化若干重大问题的决定》进一步把社会主义市场经济体制上升为社会主义初级阶段的基本经济制度；《中共中央关于制定国民经济和社会发展第十四个五年规划和二〇三五年远景目标的决议》则指出，要"构建高水平社会主义市场经济体制"。

由于中国特色社会主义新时代经济体制改革的主要任务也是完善社会主义市场经济体制，所以新时代也属于中国改革的完善社会主义市场经济体制阶段、社会主义市场经济理论形成和发展的完善阶段。

第二节 社会主义市场经济理论创新发展的动因和主要内容

一、社会主义市场经济理论创新发展的动因

中国共产党为什么要创新和发展社会主义市场经济经济理论？总的来说，是中国社会主义经济发展的要求、改革开放实践的需要、社会主义经济理论成熟完善的必然趋势。

第一，创新和发展社会主义市场经济理论是中国社会主义经济发展的要求。在改革开放以前，虽然在中国共产党的领导下，建立和发挥了社会主义制度的优越性，通过中国人民的艰苦奋斗，社会主义经济发展取得了巨大的成就，建立起独立的比较完整的工业体系和国民经济体系，农业生产条件显著改变，教育、科学、文化、卫生、体育事业有很大发展，"两弹一星"等国防尖端科技不断取得突破，国防工业从无到有逐步发展

起来①，但是中国实行的高度集中的传统计划经济体制，否定市场竞争的积极作用，轻视市场的调节作用，实行国家所有、国家直接经营的企业制度，供产销人财物的权力高度集中在政府手中，主要采用行政的方法管理经济活动，对国民经济管得过多过死，在相当大的程度上丧失经济活力，不利于调动各方面的生产经营积极性、主动性和创造性，经济效率不高，不适应社会主义经济进一步发展的要求，所以必须创造新理论、寻求新体制、完善社会主义经济发展道路。社会主义市场经济理论正是适应这种要求应运而生，提出了社会主义经济进一步快速高效发展的新理论、新机制、新体制和新途径。

第二，创新和发展社会主义市场经济理论是中国改革开放实践的需要。列宁和毛泽东都说过，"没有革命的理论，就不会有革命的运动"②，没有正确理论指导的实践是盲目低效甚至无效的实践。中国改革开放的实践是社会主义发展史上从未有过的伟大而艰难的实践，迫切需要中国化、时代化、与时俱进、创新和发展了的马克思主义特别是马克思主义政治经济学的社会主义经济理论的指导，而社会主义市场经济理论正是社会主义经济理论的最大创新和发展，是马克思主义政治经济学中国化、时代化最突出的新成果。中国的经济改革就是要把高度集中的传统计划经济体制转变为社会主义市场经济体制，社会主义市场经济理论为中国的经济改革提供了理论依据和实践指南。这是中国共产党创新和发展社会主义市场经济理论最根本的原因。

第三，创新和发展社会主义市场经济理论是社会主义经济理论自身需要健全成熟完善的必然趋势。马克思主义政治经济学特别是其中的社会主义经济理论不是一成不变的，而是在社会主义革命和建设的实践中，

---

① 参见《中共中央关于党的百年奋斗重大成就和历史经验的决议》，人民出版社 2021 年版，第 11 页。

② 《毛泽东选集》第 2 卷，人民出版社 1991 年版，第 708 页。

不断研究新情况、新特点、新问题和新要求，不断趋向发展、成熟、完善。虽然马克思和恩格斯创立了、列宁和斯大林以及东欧社会主义国家发展了社会主义经济理论，但是在马克思和恩格斯的时代，社会主义经济制度和经济活动还没有出现，列宁和斯大林以及东欧社会主义国家开始了社会主义革命和建设的探索与实践，但持续的时间也不长，还处于艰难的开拓之中，存在不少缺陷和问题，由于这种历史和实践的局限性，使得社会主义经济理论还很不健全。有比较才有鉴别、有不足才有发展。而社会主义市场经济理论的创新发展，正是社会主义经济理论的最大创新、最新发展。

二、社会主义市场经济理论的主要内容

中国共产党以马克思主义政治经济学商品经济的基本原理和列宁、斯大林的社会主义商品经济理论为基础，运用历史唯物主义和辩证唯物主义的基本方法，参考借鉴了西方经济学的市场经济理论，创立了崭新的社会主义市场经济理论，发展了马克思主义政治经济学，弥补了经典社会主义经济运行理论特别是斯大林社会主义商品经济理论的不足。

由于社会主义市场经济理论是前所未有的全新的理论，所以社会主义市场经济理论的内容，全部是创新和发展，主要内容可以概括为16个方面：1.对市场经济的一般原理的创新和发展；2.市场和市场经济的社会属性；3.市场经济不可逾越的历史地位；4.社会主义初级阶段市场经济存在的原因；5.市场经济与社会主义结合的可能性和困难性及途径；6.社会主义市场经济与资本主义市场经济和社会主义计划经济；7.社会主义市场经济的所有制；8.社会主义市场经济的资本；9.社会主义市场经济的企业制度；10.社会主义市场经济的分配方式；11.社会主义市场经济的社会保障；12.社会主义市场经济的法律制度；13.社会主义市场经济的运行机制和宏

观调控；14.社会主义市场经济的运行状态特征；15.社会主义市场经济体制及其建立和完善；16.社会主义市场经济的对外开放。以上这16个方面的具体内容，将在第3、4、5、6、7章展开论述。

需要说明的是，许多论述社会主义市场经济理论的著作对社会主义市场经济理论内容的概括中都包含有社会主义市场经济发展理论，其具体内容实际上是整个社会主义经济的发展理论，本书认为这种概括可能不太准确。因为，社会主义市场经济理论只是社会主义经济运行方式的理论，不能把经济发展理论也概括进来，否则社会主义市场经济理论就边界不清、无所不包了；而且，经济运行方式主要就是资源配置方式，是广义的经济发展和发展方式的重要组成部分，所以应该是广义的经济发展方式包含经济运行方式、广义的经济发展理论包含经济运行理论，而不是经济运行理论包含经济发展理论。

第三节　社会主义市场经济理论形成和发展的基本方法和意义

一、以马克思主义政治经济学为指导

马克思主义政治经济学的经典理论中虽然没有社会主义市场经济理论，甚至认为社会主义经济是计划经济、不是市场经济，但社会主义市场经济理论并没有违背和否定马克思主义政治经济学的基本原理，也没有以西方经济学为指导，而是以马克思主义的辩证唯物主义、历史唯物主义的世界观和方法论为指导，以马克思主义政治经济学关于商品经济的一般原理为基础，在实践上把高度集中的传统计划经济体制转变为社会主义市场经济体制，在理论中创新和发展了社会主义市场经济理论。至于为什么说

社会主义市场经济理论是马克思主义政治经济学的经典商品经济理论为基础、没有违背和否定马克思主义政治经济学的基本原理，本书在下一章将展开论述。

二、坚持马克思主义的立场观点方法、敢于突破创新

中国共产党坚持马克思主义的立场观点方法，以人民为中心，把马克思主义基本原理与中国具体实践相结合，既反对经验主义也反对教条主义，既不离经叛道也不墨守成规，紧密联系中国国情，实事求是，从实际出发，不从本本出发，坚持实践是检验真理的唯一标准，善于总结吸收国内外经济发展实践的成功经验和失败教训，敢于突破创新，与时俱进地创立了社会主义市场经济理论。从本书后面几章关于社会主义市场经济理论创新和发展具体内容的论述可以清楚地看到这一点，无论是教条主义地对待马克思主义政治经济学，还是教条主义地看待西方经济学，中国都不可能创立社会主义市场经济理论。社会主义市场经济理论是经典的马克思主义政治经济学和西方经济学中都没有的新理论。

三、注意参考借鉴西方经济学

社会主义市场经济理论虽然不是以西方经济学为指导提出的，但认真参考借鉴了西方经济学的市场经济理论。马克思主义政治经济学特别是其中的社会主义经济理论是开放的，不是封闭的，必然要不断吸纳人类文明的新成果，不断发展、充实、完善自身。由于改革开放开始时，中国对市场经济并不了解熟悉，更不清楚如何合理有效发展现代市场经济，也缺乏自己的市场经济理论，而西方发达国家发展了几百年的市场经济，积累了丰富的经验教训，在此基础上西方经济学形成了系统的现代市场经济理

论，在一定程度上反映了现代市场经济运行特别是西方资本主义社会经济运行的实际情况，对中国具有重要参考借鉴价值。就像马克思在创立马克思主义政治经济学时参考借鉴了英国古典政治经济学一样，改革开放以来中国发挥后发优势，在大量引进、学习、参考、借鉴了西方经济学的现代市场经济理论的基础上，结合自身具体国情，辩证地扬弃，创立了自己的社会主义市场经济理论。社会主义市场经济理论之所以只是参考借鉴了西方经济学现代市场经济理论合理有用的部分，并没有以西方经济学为指导，更没有全盘照抄照搬，是因为西方经济学的市场经济理论是资本主义市场经济理论，从立场观点方法到基本理论都存在严重缺陷，也不适合中国特色社会主义的国情。

四、具有重大的理论和实践意义

在理论上，社会主义市场经济理论不仅创新和发展了马克思主义政治经济学，特别是社会主义经济理论，而且还创新和发展了市场经济的一般原理，弥补了经典马克思主义政治经济学商品经济理论的不足，克服了西方经济学市场经济理论的缺陷。在实践中，社会主义市场经济理论和社会主义初级阶段理论是中国特色社会主义和改革开放的两大理论基石，为中国特色社会主义建设和改革开放的伟大实践提供了重要理论支撑，指导中国把社会主义制度与市场经济有机结合起来，创建了前所未有的社会主义市场经济体制，极大地推动了中国社会主义经济的发展。而且，中国共产党注重观察总结世界各国经济活动和发展中的经验教训，努力学习、参考、借鉴全世界的经济学特别是现代西方经济学合理有用的理论和方法，纠正了曾经出现过的全盘否定、完全排斥西方经济学的不良倾向，也注意防止和纠正对西方经济学盲目崇拜、全盘肯定、照抄照搬、食洋不化的错误倾向，更有利于社会主义经济理论的创新和发展。

第 二 章

社会主义市场经济理论的理论基础

社会主义市场经济理论虽然是前所未有的崭新的经济学理论，但与其他经济学理论都有理论基础和来源一样，也不是凭空产生的无源之水、无本之木。社会主义市场经济理论的来源和理论基础是什么？长期以来，有人认为经典的马克思主义政治经济学没有市场经济理论，而且认为社会主义经济是计划经济，市场经济从概念到基本理论都是西方经济学特别是现代西方经济学提出的，自然社会主义市场经济理论的来源和理论基础只能是西方经济学的市场经济理论而不是马克思主义政治经济学。这种看法不符合实际，实际上，经典的马克思主义政治经济学并不是完全没有市场经济理论，虽然社会主义市场经济理论的确借鉴吸收了西方经济学的市场经济理论，也可以说西方经济学是社会主义市场经济理论的来源之一，但主要的来源和理论基础是马克思主义政治经济学。

第一节　主要来源和理论基础是马克思主义政治经济学

社会主义市场经济理论的主要来源和理论基础是马克思主义政治经济学，具体而言主要是马克思和恩格斯的经典商品经济理论、列宁和斯大林的社会主义商品经济理论和毛泽东的社会主义商品经济理论。

一、马克思和恩格斯的经典商品经济理论

事实上，经典的马克思主义政治经济学提出了包括商品、货币、价值、价格、商品生产和流通、劳动价值论、价值规律、供求规律、竞争规律、货币流通规律、价格变动规律、市场调节社会生产的规律等主要内容在内的商品经济一般原理。虽然马克思和恩格斯使用的是商品生产和商品交换的概念，分析的是商品生产和流通，没有明确提出商品经济、市场经济的概念，但市场经济是市场在资源配置中发挥决定性作用的经济形式，而市场经济中的生产和交换是商品生产和商品交换。商品经济是以商品生产和商品交换为基本特征的经济形式，市场经济实际上就是与小商品经济（又称简单商品经济）不同的在社会经济中占统治地位的高度发达的现代商品经济，可以说是商品经济的高级形式。在这个意义上而言，商品经济理论实际上就是最早的市场经济理论，所以说经典的马克思主义政治经济学没有市场经济理论的观点是不符合事实的。而且，经典的马克思主义政治经济学不仅提出了当时最完整最科学的商品经济即市场经济的一般原理（包括主要特征和普遍规律），更是重点分析了资本主义市场经济的基本特征和运行规律，提出了资本主义市场经济的基本原理。马克思的《资本论》，不仅是"资本主义生产方式论"，而且还是"一般商品经济论即一般市场经济论"、"资本主义市场经济论"。经典的马克思主义政治经济学关于商品经济即市场经济的基本原理正是社会主义市场经济理论的理论基础。

二、列宁和斯大林的社会主义商品经济理论

列宁和斯大林在社会主义革命和建设的实践过程中实际上已经初步提出了社会主义社会还存在商品经济的观点，在一定程度上发展了经典的社会主义经济运行特征的理论。列宁指出："在从资本主义向共产主义过渡

的初期，立即消灭货币是不可能的。"① 斯大林认为："在把一切生产资料公有化的同时，还应该消除商品生产"，但是只要存在两种基本生产成分即国营成分和集体农庄成分，"商品生产和商品流通便应当作为我国国民经济体系中必要的和极其有用的因素而仍然保存着"。还指出："商品生产不论在什么条件下都要引导到而且一定会引导到资本主义。这是不对的。并不是在任何时候，也不是在任何条件下都是如此！不能把商品生产和资本主义生产混为一谈"②。这些论述表明列宁和斯大林已经初步提出了社会主义商品经济的问题，实际上也是社会主义市场经济理论的来源。但是，另一方面斯大林又认为苏联的"商品生产的活动是限制在一定范围内的"，"在国内流通领域内，生产资料却失去商品的属性，不再是商品，并且脱出了价值规律发生作用的范围，仅仅保持着商品的外壳（计价等等）"，"价值规律在我国发生作用的范围受到了严格的限制，使得价值规律在我国的制度下不能起生产调节者的作用"③，这些看法又说明斯大林的社会主义商品经济理论是不彻底的、有矛盾的，存在缺陷，需要创新和发展。

三、毛泽东的社会主义商品经济理论

中华人民共和国成立以后，中国共产党坚持和发展了斯大林的社会主义商品经济理论。1959 年毛泽东指出："算账才能实行那个客观存在的价值法则。这个法则是一个伟大的学校，只有利用它，才有可能教会我们的几千万干部和几万万人民，才有可能建设我们的社会主义和共产主义。否则一切都不可能"④；他还指出："商品生产不能与资本主义混为一谈。为

---

① 《列宁选集》第 3 卷，人民出版社 1995 年版，第 749 页。
② 斯大林：《苏联社会主义经济问题》，人民出版社 1972 年版，第 8、12、10 页。
③ 斯大林：《苏联社会主义经济问题》，人民出版社 1972 年版，第 16、41 页。
④ 《毛泽东年谱》（1949—1976）第 3 卷，人民出版社 2013 年版，第 656 页。

什么怕商品生产？无非是怕资本主义"，"不要怕，我看要大大发展商品生产。商品生产，要看它是同什么经济制度相联系，同资本主义制度相联系就是资本主义的商品生产，同社会主义制度相联系就是社会主义的商品生产"[①]，"在现阶段，利用商品生产、商品交换、货币制度、价值规律等形式，有利于促进社会主义生产，有利于向社会主义的全面的全民所有制过渡，有利于将来向共产主义过渡逐步地准备条件"[②]。由这些论述可见，后来中国共产党能够在改革开放中提出社会主义市场经济理论，决不是偶然的。但是，不能认为这就是社会主义市场经济理论，因为，毛泽东也认为社会主义经济是计划经济不是商品经济，价值规律对生产不起调节作用是说不起决定作用，起决定作用的是计划，强调"我们是计划第一，价格第二"[③]。毛泽东的社会主义商品经济理论既是社会主义市场经济理论的直接来源，其有待提升的方面又为社会主义市场经济理论的形成和发展提出了必要性和可能性。

以上情况说明，社会主义市场经济理论并不是从零开始的，而是以马克思主义政治经济学关于商品经济即市场经济的基本原理为基础，以列宁、斯大林和毛泽东的社会主义商品经济理论为起源的社会主义经济运行理论的创新和发展。

第二节　参考借鉴吸收了西方经济学

社会主义市场经济理论的主要来源和理论基础，虽然主要是马克思主义政治经济学，但不可否认西方经济学也是社会主义市场经济理论的

[①] 《毛泽东年谱》（1949—1976）第 3 卷，人民出版社 2013 年版，第 504—505 页。
[②] 《毛泽东年谱》（1949—1976）第 3 卷，人民出版社 2013 年版，第 528 页。
[③] 《毛泽东年谱》（1949—1976）第 4 卷，人民出版社 2013 年版，第 289 页。

来源之一，因为社会主义市场经济理论的形成和发展参考借鉴吸收了西方经济学的市场经济理论。与马克思和恩格斯时代的市场经济相比，现代市场经济出现了许多新情况、新现象、新特点、新问题，马克思和恩格斯在当时不可能研究和提出相关的理论，现代西方经济学进行了研究，提出了一些新理论，社会主义市场经济理论也参考借鉴吸收了现代西方经济学的市场经济理论，特别是现代市场经济运行及其调节管理的理论和方法。

这里简略地概括归纳说明社会主义市场经济理论参考借鉴吸收了的西方经济学市场经济理论的相关内容，主要是合理有用的部分，不包括其错误的、不足的、被社会主义市场经济理论扬弃的部分。

一、市场经济含义和市场体系理论

西方经济学的市场经济理论认为，市场经济是由市场解决生产什么、如何生产和为谁生产等三个基本问题的经济组织方式，或者说是通过市场机制配置社会经济资源的经济形式①。萨缪尔森提出，"通常我们区分两种性质不同的经济组织形式"，即市场经济和指令经济。"市场经济是一种主要由个人和私人企业决定生产和消费的经济制度。价格、市场、盈亏、刺激与奖励的一整套系统解决了生产什么、如何生产和为谁生产的问题"；"与市场经济不同，指令经济是由政府作出有关生产和分配的所有重大决策。……政府通过它的资源所有权和实施经济政策的权力解答基本的经济问题。"他还认为"当代社会中没有任何一个社会完全属于上述两种极端中的一个。相反，所有的社会都是既带有市场成分也带有指令成分的混合

---

① 参见［美］保罗·萨缪尔森、［美］威廉·诺德豪斯：《经济学》，萧琛等译，华夏出版社1999年版，第5页；［美］D. 格林沃尔德：《现代经济辞典》，《现代经济辞典》翻译组译，商务印书馆1981年版，第275页。

经济。从来没有一个百分之百的纯粹的市场经济（尽管 19 世纪的英国很接近）"①。根据市场和政府作用的不同特点和差别，西方经济学还把市场经济划分为三种不同的主要模式，即以英美为代表的自由市场经济模式、以德国为代表的社会市场经济模式、以法国和日本为代表的政府导向型市场经济模式。

市场是市场经济的运行机制或者说是市场经济的枢纽。"市场的概念包括任何进行交易的场合"②，由于交易的对象或者说物品的不同，主要存在产品市场、劳动市场、资本市场等三大市场，其中劳动市场和资本市场又被称之为生产要素市场（简称要素市场）。西方经济学依据市场竞争和垄断状况的不同，把市场区分为完全竞争市场、完全垄断市场、垄断竞争市场、寡头垄断市场等四种类型，认为这四种不同类型的市场会产生不同的资源配置效率，各有利弊，总体上来看完全竞争市场更有利于资源优化配置、完全垄断市场最不利于资源优化配置。

各种不同类型的市场构成市场体系，市场体系是市场经济不可缺少的重要组成部分。市场经济要有效运行，市场机制要能更好地发挥作用，要求市场体系必须是一个由多种不同市场构成的完整的、自由的、竞争的、开放的体系，如果市场类型残缺不全、存在市场特权、歧视、限制、垄断、不正当竞争和封闭现象，市场就不能发挥或者不能有效发挥资源配置的调节作用，市场经济也就不能有效运行。

社会主义市场经济理论有批判地吸收借鉴了西方经济学的市场经济含义和市场体系理论，明确提出了社会主义市场经济的含义和特征的基本理论、更为完整系统深入的市场体系理论，详细内容将在后面有关章节展开论述。

---

① [美] 保罗·萨缪尔森、[美] 威廉·诺德豪斯：《经济学》，萧琛等译，华夏出版社1999 年版，第 5 页。

② [美] 斯蒂格利茨：《经济学》，姚开建等译，中国人民大学出版社 1997 年版，第 13 页。

二、市场经济的微观基础理论

西方经济学的市场经济理论认为，市场经济要有效运行，市场机制要有效发挥调节作用、实现资源的有效配置，要求市场经济中的生产经营主体——企业的制度安排和行为必须符合市场经济的要求，否则市场经济无法有效运行，市场机制不易发挥调节作用、难以实现资源的有效配置。所谓市场经济的微观基础，是指适合市场经济要求的企业制度和行为，具体而言，就是产权明晰、自主经营、自负盈亏的企业制度和行为。

由于市场经济是通过市场价格及其变动提供信息和利益激励来调节生产者和消费者的行为，促进生产要素在企业和产业部门之间流动，以推动市场供求关系变化、趋向供求平衡，从而实现经济资源的有效配置的，所以市场经济要求企业必须拥有生产经营自主权，掌握企业供产销、人财物的权利，生产什么、生产多少、怎样生产由企业自行决定，实行自主经营。否则，企业无法根据市场行情及其变化、按照市场机制配置资源的要求，从事和及时调整自己的生产经营行为，价格上涨企业不能自行增加生产，价格下降企业不能自主减少生产，市场调节调而不动，甚至反其道而行之，市场机制配置资源的作用就无法发挥。所以说，市场经济要求企业必须自主经营。

由于市场经济实行优胜劣汰的市场竞争，市场行情瞬息万变，存在不确定性和信息不完全、不充分、不对称，使得企业生产经营存在风险，决策可能正确也可能失误，竞争可能成功也可能失败，经营可能高效、持续进行也可能低效、无效甚至破产倒闭。为了促使企业更好运用自己掌握的生产经营自主权，正确决策，竞争成功，有效经营，从而更好实现资源的有效配置，企业必须承担盈亏责任。所以说，市场经济又要求企业必须自负盈亏。

企业要真正做到自主经营、自负盈亏，又必须产权明晰，即明确由谁掌握生产经营自主权、谁承担盈亏责任。否则，就可能出现权力滥用、不负责任决策、获利者或掌权者不承担责任、负盈不负亏、无人负责等不合理现象，就不能合理有效自主经营、自负盈亏，也就不能实现资源的有效配置。所以说，市场经济还要求企业必须产权明晰。现代市场经济中，股份制是占统治地位的企业制度，实行所有权与经营权分离的委托代理制，由企业所有者即股东掌握所有权、经营管理者掌握经营权，企业以法人资产承担盈亏责任，最终实际上是由企业资产所有者承担盈亏责任。

　　社会主义市场经济理论有批判地吸收借鉴了西方经济学的这些反映现代市场经济普遍特征和要求的市场经济的微观基础理论，提出了新的现代企业制度理论，详细内容将在后面有关章节展开论述。

三、市场经济的市场失灵和国家干预理论

　　西方经济学的市场经济理论在认为只有市场机制才能实现资源的优化配置的同时，也承认存在市场失灵。即使是特别推崇市场机制作用、反对国家干预、认为政府只应该是"守夜人"的西方经济学中的新自由主义经济学学派，也不得不承认存在"市场失灵"。新自由主义经济学的代表人物弗里德曼在其名著《自由选择》中就指出："用经济学术语来说，由于存在'外部的'或'邻里的'影响，即我们无法（也就是说，成本太高）向受到影响的人赔偿或收费，从而出现了'市场失灵'，第三者被强加了并非出于自愿的交易。"他之所以反对政府采取措施纠正市场失灵，是"因为政府措施同样会产生第三方影响，由'外部的'或'邻里的'影响导致的'政府失灵'并不比'市场失灵'少"[①]。

---

① ［美］米尔顿·弗里德曼、［美］罗丝·弗里德曼：《自由选择》，张琦译，机械工业出版社 2013 年版，第 31 页。

所谓"市场失灵"，按照美国著名经济学家斯蒂格利茨的说法，是指"市场不能导致有效率的结果"①。西方权威的《新帕尔格雷夫经济学大辞典》也认为："市场在资源配置方面是低效率的时候，就出现了市场失灵。"② 造成市场失灵的主要原因和表现是，由于垄断（包括市场竞争形成的垄断和自然垄断）、外部性、公共物品、信息不充分和不对称等因素的存在，使得市场在有些领域和方面难以发挥合理的调节作用、无法提供有效供给、不利于效率和公平的协调兼顾和资源环境的保护。《新帕尔格雷夫经济学大辞典》指出："如果市场太少、非竞争行为或均衡不存在，市场失灵就可能出现，即市场在资源配置上的低效率"，还提出导致市场失灵的因素还有"自然垄断、外在不经济、公共财货和信息垄断"，而且认为垄断行为造成的市场失灵是"根本性的"③。

应该怎样应对市场失灵？斯蒂格利茨指出："市场失灵的存在表明，如果政府能比市场做得更好，那么政府是可能在纠正市场失灵方面发挥作用的。"④《新帕尔格雷夫经济学大辞典》也认为："市场失灵往往成为对市场进行政治干预的理由。"⑤ 为了克服市场失灵、弥补市场机制的不足，西方经济学的凯恩斯主义学派主张实现国家干预，进行需求管理，运用财政政策和货币政策等宏观经济政策人为扩大投资需求和消费需求，以刺激经济增长；西方经济学的供给学派或者说里根经济学则主张进行供给管理，

---

① ［美］斯蒂格利茨等：《经济学》，姚开建等译，中国人民大学出版社 1997 年版，第 492 页。

② ［英］约翰·伊特韦尔等编：《新帕尔格雷夫经济学大辞典》第 3 卷，陈岱孙等编译，经济科学出版社 1992 年版，第 351 页。

③ ［英］约翰·伊特韦尔等：《新帕尔格雷夫经济学大辞典》第 3 卷，陈岱孙等编译，经济科学出版社 1992 年版，第 353 页。

④ ［美］斯蒂格利茨：《经济学》上册，姚开建等译，中国人民大学出版社 1997 年版，第 493 页。

⑤ ［英］约翰·伊特韦尔等：《新帕尔格雷夫经济学大辞典》第 3 卷，陈岱孙等编译，经济科学出版社 1992 年版，第 351 页。

减少国家干预，运用减税、加强市场竞争、缩小政府开支等措施，以增加投资和就业、提高生产要素的供给和有效利用。

西方经济学还普遍认为在政府干预经济中还存在"政府失灵"，不仅反对国家干预的弗里德曼认为："'政府失灵'并不比'市场失灵'少"，甚至主张可以实行政府干预的斯蒂格利茨也提出："对那些提议对市场失灵和收入分配不平等采取政府干预的人们，经济学家提醒他们也不要忘记政府同私人市场一样是有缺陷的。政府并不是某种具有良好意愿的计算机，总是能够做出对整个社会有益的无私决策。"① 相反，由于不完全信息、政府官员并非完全无私的动机和政府计划后果的不确定性，也可能使得政府干预经济的行为失败、无效甚至有害。曼昆也认为："市场中看不见的手有效地配置资源，但它并不一定能保证公平地配置资源。""政府应该为了实现更大的平等而进行收入再分配。"但是"当政府实施一些政策来使收入分配更平等时，它扭曲了激励，改变了行为，并使资源配置效率降低"②。

社会主义市场经济理论有批判地吸收借鉴了西方经济学的市场经济的市场失灵和国家干预理论，提出了更为完整系统深入的市场失灵、政府失灵与政府宏观调控和规划理论，详细内容将在后面有关章节展开论述。

四、市场经济的监管和法治理论

西方经济学的市场经济理论认为，除了因为存在市场失灵需要实行国家干预之外，还由于市场经济是竞争型经济，必须实行优胜劣汰的自由竞争，而竞争必然有胜负，有胜负必须有规则。市场交易必须有秩序地进行，自由竞争必须有规则地展开，都必须公平有序，不能搞垄断和不

---

① ［美］斯蒂格利茨：《经济学》，中国人民大学出版社 1997 年版，第 503 页。
② ［美］曼昆：《经济学原理》下册，生活·读书·新知三联书店、北京大学出版社 1999 年版，第 43 页。

正当竞争，否则不仅无法准确判定胜负，甚至有可能适得其反，不是优胜劣汰，而是优汰劣胜、"劣币驱逐良币"，因此需要政府制定相关法规、进行必要的监管；市场经济运行由利益驱动，市场主体之间会存在利益矛盾，市场竞争还可能发生利益冲突，如果矛盾和冲突尖锐化，也会使得市场经济难以正常运行，需要法律加以规范和协调；而且，市场经济是契约型经济，市场买卖关系、雇佣关系都是契约关系，都要签订契约、按合同进行，市场交易实质是所有权转让，所有权转让必须达成契约（协议、合同），而契约的签订和履行必须要有完备的法律规范和保障，不能杂乱无章，否则市场交易行为和交换关系无法维持；市场经济需要明晰产权，明晰产权也需要法律加以界定和维护；市场经济的正常有效运行，资源要能够在市场的调节下优化配置，要求生产要素必须自由流动、市场主体必须能够自由选择，而自由选择不是为所欲为、无法无天，是在严格的法律约束和保障下的自由选择，无法治则无自由；市场经济自身的局限性和消极方面，也需要有法律的引导和约束。

所有这一切决定，在市场经济中市场主体不能不讲诚信、不守规则、不择手段、只顾自己个人收益最大化不惜损害他人和公共利益。市场经济正常有效运行需要政府实行法治，建立完善的市场体系和相关监管机构，制定和执行一整套包括公司法、合同法、反垄断法、反不正当竞争法、消费者保护法、各类市场交易法规等等在内的法规政策，依法对市场主体和市场行为实行合理有效的监督管理，维护公平合理的市场秩序，规范市场竞争和生产经营行为，保障市场公平竞争，市场主体也必须合法合规进行市场交易和生产经营活动。只有完善的市场经济法治，使市场经济关系、经济运行和管理规范化、制度化，才能保证市场经济的健康发展。否则，必然带来无政府状态，引起经济混乱，增大交易成本，造成资源的低效或无效配置。

社会主义市场经济理论有批判地吸收借鉴了西方经济学的市场经济监

管和法制理论与方法，提出了与资本主义市场经济不完全相同的、具有社会主义性质和特点的社会主义市场经济的监管和法治理论与方法，详细内容将在后面有关章节展开论述。

五、市场经济的社会保障理论

西方经济学的市场经济理论认为，市场经济是竞争经济、风险经济，市场分配机制会产生收入的高低悬殊，扩大贫富的差距，导致贫富两极分化。市场竞争优胜劣汰，不保护弱者，会引起失业、破产，造成激烈的社会动荡；市场经济自身不能保障包括竞争失败者在内的每个社会成员的生活，必须建立社会保障制度，以保证社会全体成员的基本生活需要。这既是维持社会稳定的需要，也是现代市场经济顺利发展的必要条件。特别是第二次世界大战以后，西方发达市场经济国家吸收以往贫富两极分化、战争连绵不断、革命运动此起彼伏、社会动荡不已的经验教训，普遍建立包括失业救助、贫困救助、养老保障、医疗卫生保障、教育保障等在内的社会保障制度，在北欧和西欧国家甚至建立了一整套所谓"从摇篮到坟墓全覆盖的社会福利制度"，号称"福利国家"，以缓和社会矛盾、维持社会稳定，使得市场经济能够正常运行。

社会主义市场经济理论有批判地吸收借鉴了西方经济学的社会保障理论，提出了与西方发达市场经济国家不完全相同的、符合中国国情的、具有社会主义性质和特点的社会主义市场经济的社会保障理论，并以此为指导，建立起中国特色的社会保障制度，详细内容将在后面有关章节展开论述。

从以上两节的论述可见，社会主义市场经济理论，虽然借鉴吸收了西方经济学的市场经济理论，但其主要来源和基础并不是西方经济学的市场经济理论，而是马克思主义政治经济学的商品经济基本原理和最初的社会主义商品经济理论。社会主义市场经济理论的主要内容与西方经济学的市场经济理论的相关部分的内容存在本质的区别，而社会主义市场经济理论创新的内容更是西方经济学的市场经济理论中没有的内容，从下面将要论述的社会主义市场经济理论及其创新的具体内容也可以证明这一点。更重要的是，社会主义市场经济理论坚持马克思主义政治经济学的立场观点方法，是站在人民的立场或者说无产阶级的立场上，主要运用历史唯物主义和辩证唯物主义的观点和方法，而西方经济学的市场经济理论主要是站在资产阶级的立场、主要运用唯心主义和形而上学的观点和方法，两者更是存在本质的不同。比如说，资本主义市场经济中为什么会出现有购买力的需求不足或者说"有效需求"不足、进而引发生产过剩的经济危机？马克思主义政治经济学认为，是资本主义私有制的剥削导致广大劳动者有购买力的需求不足，是资本主义的基本矛盾即生产社会化与资本主义生产资料私有制之间的矛盾，而凯恩斯主义经济学则把影响需求不足的原因归结为边际消费倾向递减、资本边际效率递减和流动偏好等"三个心理规律"。站在人民的立场或者说无产阶级的立场上，主要运用历史唯物主义和辩证唯物主义的观点和方法，是马克思主义政治经济学的优势所在；站在资产阶级的立场、主要运用唯心主义和形而上学的观点和方法，是西方经济学的根本缺陷。所以说，社会主义市场经济理论的主要来源只能是马克思主义政治经济学，西方经济学的市场经济理论不可能是社会主义市场经济理论的主要来源，至多只是部分因素的借鉴。

第三节　社会主义市场经济理论与社会主义计划经济理论

从经济运行的方式来看，马克思主义政治经济学经典的社会主义经济理论认为，社会主义经济是计划经济（即社会生产自觉地依据社会需要有计划按比例协调发展的经济形式），不是商品经济更不是市场经济，与此相应的社会主义经济运行理论是社会主义计划经济理论，不是社会主义市场经济理论。但是，改革开放以来，中国不仅在实践上逐步把依据社会主义计划经济理论而建立的高度集中的传统计划经济体制改革为社会主义市场经济体制，而且在理论上提出了社会主义市场经济理论，这就产生了一个难以回避、必须正确认识和回答的重要理论问题：应该怎样正确认识社会主义计划经济理论与社会主义市场经济理论的相关关系，后者是否完全否定了前者，社会主义市场经济理论的提出是否意味着社会主义计划经济理论已经过时或者说是错误的、被抛弃了？对这个问题，社会上出现了完全不同的看法和回答：有的认为，实践证明社会主义计划经济理论是不正确的、应该抛弃，社会主义市场经济理论就是对社会主义计划经济理论的否定；也有的持相反看法，认为社会主义计划经济曾经取得辉煌的成就，社会主义计划经济理论是科学社会主义理论的重要组成部分，必须坚持，社会主义市场经济理论违背马克思主义政治经济学的基本原理，是错误的。实际上，这两种极端的观点都是不符合事实的。社会主义计划经济和社会主义市场经济都具有社会主义性质，社会主义计划经济理论和社会主义市场经济理论都具有正确性，两者并不是完全对立、非此即彼、相互否定的，两者的区别主要在于，社会主义计划经济理论是成熟完善的社会主义或者说社会主义高级阶段的经济运行方式理论，而社会主义市场经济理论则是中国社会主义初级阶段甚至有可能是中级阶段的经济运行方式理论，反映的是社会主义不同发展阶段的经济运行方式。这样认识社会主义计划经济理论与社会主义市场经济理论的区别和联系，才是真正的辩证唯物主义和历史唯物主义。

一、必须正确认识经典的社会主义计划经济理论和实践

正确认识社会主义计划经济理论与社会主义市场经济理论的相关关

系，首先必须正确认识经典的社会主义计划经济理论和社会主义国家实行计划经济的实践；正确认识经典的社会主义计划经济理论与实践，又必须弄清计划经济的设想是怎样提出来的，其有效运行需要具备什么条件。

市场配置资源以收益最大化为目标，即使是考虑市场需要也要服从什么赚钱就生产什么的基本原则，存在自发性、盲目性、事后性和市场失灵，是事后的纠错性的调节（即已经供过于求、生产过剩了、造成了资源浪费，才通过价格下跌的信号表现出来，然后再减少生产；是已经供不应求、短缺不足了，才通过价格上涨的信号表现出来，然后再追加生产，以达到供求平衡），不能事先直接按照社会需要来组织安排生产，甚至可能产生生产过剩的经济危机，可能造成资源的严重浪费和生产力的巨大破坏，市场调节在公共品的提供和自然垄断行业难以发挥有效作用，市场竞争优胜劣汰必然导致贫富两极分化。计划经济正是针对市场经济的这些缺陷，根据生产社会化的要求提出的一种新的经济运行状态和方式。从理论上来说，按照计划经济的设想，社会经济自觉地依据社会需要有计划按比例协调发展是社会经济运行最理想的状态。社会化大生产是实行高度分工专业化协作的大规模的生产、是要满足全社会需要的生产，如果由社会直接占有全部生产资料，事先根据社会需要在全社会范围内有计划按比例配置生产资料和劳动力，组织安排生产活动，就能减少甚至消除供过于求、生产过剩、积压、闲置、浪费和供不应求、短缺不足，更有效地利用生产要素，更好地满足社会需要。成熟完善的社会主义经济将不是传统计划经济那样的"短缺经济"，也不是资本主义市场经济那样的"过剩经济"，而是供求基本平衡协调的经济。计划经济能够在全社会范围内动员和集中必要的人力、物力和财力进行重大建设，自觉地调整经济结构和总量比例，消除"市场失灵"，从社会整体利益出发协调经济的发展，调节社会收入的分配，促进公用事业和基础设施的建设，注意保护自然资源和生态环境。但是，中外社会主义国家几十年搞计划经济的实践却表明，虽然取得了不可否认的重大成就，总的来说效率是不高的、成绩也是不理想的。

理论设想这么美好，为什么在实践上却不太成功呢？为什么计划经济的理论设想与实际效果存在明显的不一致，使得社会主义国家都不得不进行市场化改革、由传统计划经济体制转向市场经济体制呢？从计划经济有效运行的要求来看，这主要是由于迄今为止的计划经济存在信息局限性和利益局限性，现阶段还不具备计划经济有效运行的必要条件。[①]

计划经济的有效运行，实际上存在两个隐含的前提条件：一是计划的制定者和执行者必须真正从实际出发，不能从主观意愿包括良好的愿望出发，这就需要及时、对称地掌握完全、充分、准确的信息，否则计划就会不符合实际、出现计划赶不上变化的情形，结果可能造成积压和短缺并存、经济效益低下，甚至导致经济增长大起大落；二是计划的制定者和执行者必须"出以公心"、从全社会的需要和总体利益出发，不能只考虑个人、家庭和所在团体阶层的需要和利益，否则计划就有片面性、局限性，就不能得到全面准确的贯彻实施和落实，计划目标也难以实现。但是，在实际的计划工作中，由于信息局限性和利益局限性的存在，使得这两个前提条件难以具备。

所谓信息局限性是指国民经济中有众多的部门和企业、众多的商品和劳务、众多的消费者，特别是现代社会科学技术日新月异、新产品层出不穷、经济结构错综复杂、人们的需求也是极其纷繁多样、千变万化，由此会产生巨量信息、存在相当大的不确定性。在今天这种"信息爆炸"的时代，国家计划机构要全面、详细、准确、及时地收集和掌握广泛分散在各个方面的所有信息，即使是普遍采用电子计算机、互联网等现代科学技术手段，也几乎是不可能的；即使能够做到，巨量信息的收集、整理和传递的

---

① 参见简新华、余江：《市场经济只能建立在私有制基础上吗？——兼评公有制与市场经济不相容论》，载《经济研究》2016 年第 12 期。

成本也太高，代价也过大；即使国家计划机构掌握了所有这些信息，也难以在短期内编制出符合实际的计划并且及时下达到基层单位执行。再加上难以预料的不确定性的存在，许多情况的发生和变化是难以预知甚至无法预见的，使得这些事物更是无法计划的，计划往往赶不上变化，不可能制定完好无缺的计划。信息局限性使得计划的制定者和执行者必须及时、对称地掌握完全、充分、准确的信息，至少在社会发展的现阶段还无法达到。

所谓利益局限性是指无论是计划制定者还是执行者，自身都处于特定的物质利益关系之中，都有自己的特殊经济利益，与社会整体利益并不总是一致的，加之掌握的信息很难完整、准确、对称、及时，也就有可能只看到眼前的、局部的利益和目标，看不清长远的、宏观总体的利益和目标，不能很好地考虑经济发展的各个方面和各种经济规律的全面要求；掌握资源配置权力的人员就有可能只顾追求自身的局部利益，甚至以权谋私，导致腐败，忽视和损害社会的总体利益。

信息局限性和利益局限性的存在，而且迄今为止这两个局限性很难克服，使得计划难以具有科学性、准确性和有效性，往往引起计划决策失误，使得计划可能不符合实际、存在片面性，造成产需脱节、供销脱节、积压与短缺并存，导致经济增长大起大落、资源配置不当、经济效益低下，不能有效地满足社会需求。实事求是地说，马克思、恩格斯在提出计划经济设想的时候，没有看到和探讨这两个局限性，更没有找到克服这两个局限性的途径，他们提出的计划经济的设想的确需要完善。这也是社会主义国家传统计划经济体制不太成功而普遍实行市场化改革的重要原因。

其实，市场经济也存在信息不充分、不完全、不精确、不确定、不对称的信息局限性以及由此引起的市场调节的盲目性、事后性和追求个人利益最大化的利益局限性以及由此引起的市场调节的自发性，这也是造成市场经济存在缺陷和市场失灵的重要原因，而且是市场经济自身无法克服的。正是由于计划经济和市场经济都不是完美无缺的，都存在严重缺陷，而且迄今为止的国内外经济发展的实践证明，市场经济比计划经济更有效，所以中国的社会主义市场经济是要使市场在资源配置中起决定性作用和更好发挥政府作用。

计划经济的信息局限性和利益局限性是否永远都无法克服、计划经济是否只是一种美好的空想、是否不可能有效？正确的回答应该是，在长远的未来，随着科学技术的不断进步、发达繁荣，特别是信息化、网络化、数字化、大数据、云计算等信息网络技术的突飞猛进，人工智能、订单生产、按需生产、以需定产趋势的出现，劳动生产率将极大地提高，物质财富越来越丰裕、按需分配条件的逐步具备，教育水平的不断提高、人越来越全面自由发展，人类处理信息的能力也将极大地增强，工农、城乡、地区、体脑差别的不断缩小，民主监督制度越来越完善，私有制和私有观念的逐步消失，思想境界和道德价值观的不断提高，人们将突破个人和小团体利益的狭隘眼界，计划经济的信息局限性和利益局限性也会逐步减弱（虽然现在不敢肯定会完全消除，但至少能够在更大的程度上克服），从而极大地提高计划经济的科学性、准确性和有效性。因此，计划经济具有实现有效运行的可能，不是一个永远都不可能实现的美好的空想，只是现在甚至将来很长一段时期内还不能完全做到。

有学者正确地指出："计划性对于社会主义来说却不是可有可无的东西，而是公有制经济的本质属性之一。""公有制经济的发展不可能完全建立在自发市场的基础上，而必须依靠集体理性或社会的计划作为自己的实现形式。""对社会生产共同的控制就是社会主义经济中计划性的本质所在，社会主义市场经济中国家的宏观调控，就是以这种计划性为基础的，它与资本主义经济中的国家干预存在着本质区别。"[1] 这说明，社会主义市场经

---

[1]　张宇：《论公有制与市场经济的有机结合》，载《经济研究》2016 年第 6 期。

济虽然不是计划经济，但也是社会主义经济，应该具有计划性，按照社会生产自觉地依据社会需求有计划按比例协调发展的要求进行计划管理和调控，计划性也是社会主义市场经济的要求和特征，社会主义市场经济与资本主义市场经济主要区别在于，前者以公有制为主体的多种所有制为基础、以按劳分配为主体和共同富裕为目标、经济运行和发展还要按照计划性要求实行政府的计划调节、宏观调控。社会主义市场经济之所以称之为"社会主义"市场经济，不是一般而言的市场经济，更不是资本主义市场经济，不仅在所有制和收入分配上具有社会主义的性质特征，而且在经济运行、资源配置方式上还具有"计划性"。这一点也说明社会主义市场经济理论并没有否定马克思主义政治经济学的计划经济原理，两者是相容内洽的。

二、邓小平关于计划与市场的理论是发展而不是否定经典的计划经济理论

这里还有一个需要说明的重要理论问题，即计划经济是高度成熟的社会主义或者共产主义经济运行的基本特征和方式，与邓小平关于计划与市场的论述是什么关系，是否存在矛盾，邓小平的论述是否否定了马克思主义政治经济学的计划经济原理。通过深入的分析可知，邓小平关于计划与市场的论述并没有否定马克思主义政治经济学的计划经济原理，而是发展了马克思主义政治经济学关于计划与市场的理论。

第一，邓小平明确指出了计划和市场都是经济手段，社会主义和资本主义都可以用，这是马克思主义政治经济学原来没有明确提出的符合实际的新看法，但同时也必须清楚地认识到，计划不等于计划经济、市场不等于市场经济，计划经济和市场经济作为社会经济运行的方式或者资源配置的方式，都是在一定客观社会经济条件下才可能存在或者实行的，并不是只要有计划和市场就是计划经济和市场经济。计划经济只能以公有制为基

础，市场经济一直以私有制为基础，在社会主义初级阶段也可以与多种所有制和内部存在利益差别的不成熟完善的多种类型的公有制相结合；有计划并不必然就是计划经济（比如资本主义经济中的企业一开始就有微观计划，第二次世界大战后部分资本主义国家还有宏观经济计划，但都不能说是计划经济），有市场也并不必然是市场经济（比如高度集中的传统计划经济体制中就有市场，但不是市场经济）。邓小平只是讲资本主义也有计划，并没有说资本主义经济是计划经济，因为马克思主义政治经济学所说的计划经济必须以社会所有制即单一公有制为基础，以私有制为基础的资本主义经济永远不可能做到整个国民经济自觉地依据社会需要有计划按比例协调发展，即使有些资本主义国家比如日本、法国等也制定过社会经济发展计划并且也发挥了一定作用，但是并没有避免生产过剩经济危机的不断发生。

第二，邓小平所说的"计划经济不等于社会主义"、"市场经济不等于资本主义"，应该有两重含义：一是，首先肯定了计划经济是社会主义经济的一个重要特征，并没有完全否定社会主义经济是计划经济，只是指出计划经济只是社会主义经济的一个特征，社会主义经济的基本特征还包括公有制、按劳分配等，所以社会主义不能与计划经济画等号，也不能认为社会主义只能搞计划经济；同样，也肯定了市场经济是资本主义经济的一个重要特征，并没有否定资本主义经济是市场经济，只是指出市场经济只是资本主义经济的一个特征，资本主义经济的基本特征还包括资本主义私有制、雇佣劳动、存在剥削等，所以资本主义不能与市场经济画等号，不能认为只要是搞市场经济就是搞资本主义（在实际中，国内外不少人包括著名经济学家科斯、张五常都认为搞市场经济就是搞资本主义①，这是误

---

① 参见张五常：《中国的经济制度》，中信出版社 2009 年版，第 116 页；谌庄流：《世界制度经济学泰斗逝世》，载《环球时报》2013 年 9 月 4 日。

解）。二是邓小平这里讲的社会主义是指的社会主义初级阶段，强调的是社会主义初级阶段还不能实行单一公有制，还只能在一定程度上做到整个国民经济自觉地依据社会需要有计划按比例协调发展，还是要搞市场经济，社会经济运行在合理坚持实行计划调节（政府宏观调控）的同时还必须充分发挥市场调节的作用。只有到社会主义的高级阶段或者共产主义阶段才能实行完整意义上的计划经济。邓小平指出社会主义初级阶段可以搞市场经济、社会主义经济并非只能是计划经济、搞市场经济并不就是搞资本主义，这也不是完全否定计划经济理论，而是对马克思主义政治经济学计划经济理论的发展，使之更加符合实际、更为完善。①

三、社会主义市场经济理论是发展而不是否定马克思主义政治经济学

由于马克思主义政治经济学经典的社会主义经济理论认为，社会主义社会将消除商品、货币、市场和竞争，以全社会直接占有全部生产资料为基础的社会主义经济不是商品经济而是自觉地依据社会需要有计划按比例发展的经济（即计划经济），所以有人认为社会主义市场经济理论抛弃了经典的社会主义计划经济理论，是对马克思主义政治经济学的否定。实际上，这是一种误解。社会主义市场经济理论没有违背也没有否定社会主义经济不是商品经济而是计划经济这个马克思主义政治经济学的基本原理，而是发展、充实、完善了马克思主义政治经济学关于社会主义经济运行特征的基本理论。

社会主义市场经济理论对马克思主义政治经济学的社会主义经济运行

---

① 参见简新华、余江：《市场经济只能建立在私有制基础上吗？——兼评公有制与市场经济不相容论》，载《经济研究》2016 年第 12 期。

特征理论的发展，主要是说明了在社会主义社会实现全社会直接占有全部生产资料、经济自觉地依据社会需要实行有计划按比例协调发展之前的相当长的历史时期内，社会主义经济还是市场经济。社会主义是人类社会制度迄今为止的根本变革这一性质决定，从最早的空想社会主义试验开始到迄今为止的现代社会主义200多年的发展实践也表明，社会主义是一个相当长的历史时期，社会主义公有制、按劳分配、计划经济等基本制度和运行特征都不是短期就能够完全形成和成熟完善的，将要经历一个漫长的发展过程，必然要经过由资本主义社会甚至像中国这样的半封建半殖民地社会向社会主义社会过渡的时期，社会主义自身发展的初级阶段、中级阶段、高级阶段等若干成熟程度不同的发展阶段，不同发展阶段经济运行的特征也必然不同或者不完全相同。马克思主义政治经济学的经典理论只是论证了成熟规范的高级阶段的社会主义经济或者说共产主义经济应该是计划经济，并没有说明在这之前的若干社会主义经济发展阶段中社会主义经济运行的基本特征，社会主义市场经济理论则回答了这个问题，弥补了这个不足，提出了向社会主义过渡的时期、社会主义自身发展的初级阶段、中级阶段，能够而且需要搞市场经济。这是对马克思主义政治经济学突破性的重大发展。

的确，马克思主义政治经济学经典的社会主义经济理论认为，社会主义社会将要实行社会生产自觉地依据社会需要有计划按比例协调发展的计划经济的必然趋势。马克思曾经指出，"在一个集体的、以生产资料公有为基础的社会中，生产者不交换自己的产品；用在产品上的劳动，在这里也不表现为这些产品的价值"[①]。恩格斯也说："一旦社会占有了生产资料，商品生产就将被消除，而产品对生产者的统治也将随之消除。社会生产内部的无政府状态将为有计划的自觉的组织所代替"，"社会的生产无政府状

---

① 《马克思恩格斯选集》第3卷，人民出版社1995年版，第303页。

态就让位于按照社会总体和每个成员的需要对生产进行的社会的有计划的调节"①,"社会将按照根据实有资源和整个社会需要而制定的计划来管理这一切"②。正确的理解应该是,马克思和恩格斯的社会主义要消除商品生产、实行计划经济的科学预见,指的是全社会直接占有全部生产资料的高度发达成熟的社会主义经济或者共产主义经济的运行特征,并不是处于向社会主义过渡的时期,也不是社会主义发展的初级阶段甚至中级阶段的经济运行特征,因为这些阶段还没有发展到全社会直接占有全部生产资料(即单一公有制),还不可能也不应该消除商品生产和商品交换。

改革开放以来,中国共产党在理论上创立了社会主义市场经济理论,在实践上把传统的计划经济体制改革成了社会主义市场经济体制,但不能因此就认为中国共产党抛弃了经典的社会主义计划经济理论、否定了马克思主义政治经济学③。因为,社会主义市场经济理论只是提出,社会主义市场经济是中国社会主义初级阶段甚至可能还是中级阶段(实现社会主义现代化以后和达到共产主义之前的漫长时期)的经济运行特征,并没有否定在社会主义经济发展到高度发达成熟的高级阶段,当公有制经济发展到全社会直接占有全部生产资料的单一社会所有制以后,商品经济或者市场经济将走向消亡、社会经济将发展成为自觉做到依据社会需要有计划按比例协调发展的计划经济的必然趋势。而且,社会主义市场经济理论并没有抛弃社会主义经济必然具有计划性的经典社会主义经济理论的基本原理,坚持即使是社会主义初级阶段发展社会主义市场经济,也必须实行国家规划、宏观调控,更好发挥政府的重要作用。由此可见,社会主义市场经济理论不仅没有抛弃经典的社会主义计划经济理论、也没有否定或者违背马

---

① 《马克思恩格斯选集》第 3 卷,人民出版社 1995 年版,第 633、630 页。

② 《马克思恩格斯选集》第 1 卷,人民出版社 1995 年版,第 241 页。

③ 参见简新华、余江:《市场经济只能建立在私有制基础上吗?——兼评公有制与市场经济不相容论》,载《经济研究》2016 年第 12 期。

克思主义政治经济学，反而是创新发展了马克思主义政治经济学，完善了社会主义计划经济理论，使得我们对社会主义经济运行特征及其演进的认识更加全面、深刻、具体，更符合社会主义经济发展漫长时期的极其复杂的实际情况，也使得社会主义经济运行理论更加完整科学。

四、社会主义市场经济理论对社会主义计划经济理论的完善

由于马克思恩格斯的时代还没有社会主义国家和社会主义建设的实践，这种历史的局限性和实践的局限性，使得马克思主义政治经济学的经典社会主义计划经济理论，只是揭示了按照社会需要自觉地有计划按比例组织社会生产的必然趋势、提出了社会主义实行计划经济的简单设想，没有也不可能形成完整、系统、深入、具体、具有可操作性的社会主义计划经济理论。列宁、斯大林、毛泽东在社会主义建设的实践中发展了经典社会主义计划经济理论，建立了高度集中的计划经济体制，但是存在严重缺陷，很不健全完善。社会主义市场经济理论不仅提出了崭新的社会主义经济运行理论，而且还极大地发展和完善了社会主义计划经济理论，使得社会主义计划经济理论更为完整、深入，更符合社会主义经济的实际，主要包括以下内容。

（一）计划经济及其产生

计划经济是社会经济自觉地依据社会需要有计划按比例协调发展的经济形式或者说是计划在资源配置中发挥决定性作用的经济形式。

在理论上，计划经济是马克思和恩格斯科学分析资本主义生产方式矛盾运动和根本弊病的基础上，对未来社会即社会主义社会和共产主义社会经济运行方式的设想，是针对资本主义市场经济的根本缺陷并且能够克服

这种缺陷而提出的理想经济形式，是比市场经济更好更有效的经济形式。因为，社会化大生产是实行高度分工专业化协作的大规模的生产、是要满足全社会需要的生产，如果由社会直接占有全部生产资料，事先根据社会需要在全社会范围内有计划按比例配置生产资料和劳动力，组织安排生产活动，就能减少甚至消除生产过剩、积压、闲置、浪费和短缺不足，更有效地利用生产要素，更好地满足社会需要。

在实践中，正是由于马克思和恩格斯认为社会主义应该实行计划经济，所以社会主义国家在基本消除生产资料私有制、建立公有制以后，普遍建立起传统的计划经济体制、实行传统计划经济。计划经济是1917年俄国十月革命以后人类历史上第一个社会主义国家苏联最先采取、随后社会主义国家普遍实行的经济形式。由于这种实践中的计划经济存在严重缺陷，为了与马克思和恩格斯设想的计划经济相区别，我们把这种社会主义国家以往普遍实行的经济形式称之为传统计划经济，其相应的国民经济管理体制则称之为高度集中的传统计划经济体制。

（二）计划经济的基本特征

马克思和恩格斯设想的计划经济的基本内涵是，以社会直接占有全部生产资料（即单一公有制）为前提，社会生产的无政府状态将为有计划的自觉的组织所代替，按照社会总体和每个成员的需要对生产进行社会的有计划的调节。由于这种计划经济是还没有完全变成现实的经济形式，还无法具体描述其基本特征，所以这里只能说明传统计划经济的基本特征。

传统计划经济的基本特征是：第一，以国家所有制（又称全民所有制）和集体所有制这两种生产资料公有制为基础，个人消费品实行按劳分配原则；第二，由国家建立计划经济管理体制，用行政的方法对整个国民经济活动实行高度集中统一的计划管理，主要由国家掌握和配置资源，通过制定和执行经济计划来规划、调节经济运行，生产什么、生产多少、为谁生产、怎样生产以及所需的资源主要由国家计划决定和分配；第三，实行国有国营的企业制度，国有企业的生产经营权力主要掌握在行政机构的手中，所需的人财物都由国家无偿调拨配给，产品由国家统购包销，收入由国家计划分配，由国家统负盈亏；第四，虽然还存在商品交换和货币流通，但除了部分农产品和工业消费品之外，各种物资主要都是在国家计划的规定下进行流通，实际上是国家计划分配各种物资的形式之一，主要生产资料由国家计划直接统一分配使用，货币主要是进行经济核算的工具，价格是国家计划价格，既不反映价值也不反映供求关系变化，不存在市场竞争，企业优不胜劣不汰，市场对资源配置基本不起调节作用。

无论是马克思和恩格斯设想的计划经济，还是传统计划经济，都只能以公有制为基础，因为只有实行公有制，国家才有可能掌握资源、在总体上通过国家计划配置资源，所以只有实行公有制的社会主义经济和共产主义经济才有可能是计划经济，以私有制为基础的资本主义经济不可能是计划经济。虽然市场和计划都是经济调节手段，资本主义可以用社会主义也可以用，但是有市场调节或者计划调节不等于就是市场经济或者计划经济，只有市场或者计划在社会经济资源配置中发挥决定性作用，才是市场经济或者计划经济。比如：在小商品经济中、传统计划经济中，都存在某种程度的市场调节，但都不是市场经济；资本主义国家在一定范围内某种程度上也搞了国家干预、计划调节，但资本主义经济主要是实行市场调节，只是市场经济，不是计划经济。

（三）计划机制的作用机理

计划是指人们事前拟定的行为的具体内容和方式，就社会经济运行而言，是指预先确定的经济发展的目标、内容和方式。计划机制则是通过制定和执行经济计划来规划和调节社会经济活动的机制，计划经济是通过计划机制配置资源的经济形式。在国家存在的条件下，由于计划经济是由政府根据生产和需要的关系，通过制定、执行、检验、修正计划，采用行政方法来调配资源，所以又称之为政府配置或行政配置。除了微观主体内部自主的计划之外，在社会经济运行中，由于国民经济计划主要是政府制定和实施的，所以计划机制实际上是政府机制，计划资源配置就是政府配置资源，计划调节就是政府调节，计划的作用也就是政府的作用。社会主义市场经济中政府也要发挥经济管理调控作用，具体内容我们在以下有关章节中论述，这里主要概括说明传统计划经济中政府作用的机理。

传统计划经济中政府作用的机理和方式，具体来说，就是政府经济管理部门按照其掌握的社会需求信息、国家对经济发展的要求和现有的社会经济资源，编制国民经济计划，确定各种经济指标，然后作为必须执行的行政指令层层分解下达到各个地区、部门和企业，调拨分配相应的资源，再由各经济单位严格遵循国家计划的规定，运用分配到的资源从事生产活动。整个国民经济好比是一个大公司，其他各个部门、企业单位好比是下属的工厂和车间。为了保证计划的实现，国家集中权力，实行行政控制，直接经营管理企业，由行政主管机关直接掌握企业的人、财、物和供、产、销，对计划执行者生产什么、生产多少、用什么技术生产、投入品从哪里来、产出品到哪里去、开发哪几项新产品、追加多少投资、建设哪些项目等，计划都有明确的具体数量规定。

正是由于计划机制的这种政府直接掌握资源、按照整个社会的需要、对国民经济实行高度集中统一计划管理和调控的作用机理，使得传统计划经济既具有优点，也存在缺点。

（四）传统计划经济的优缺点及其产生的原因

传统计划经济的主要优点是：第一，计划经济运行的目的应该是最大限度地满足社会需要，能够自觉地规划短期增长和长远发展，调整经济结构和总量比例，从社会整体利益出发协调经济的发展，克服或者消除"市场失灵"，避免生产过剩的经济危机周期性地爆发；第二，"集中力量办大事"，在全社会范围内动员和集中必要的人力、物力和财力进行重大建设，更快更有效地突破重点和难点；第三，调节社会收入的分配，防止贫富两极分化；第四，更好地促进公用事业和基础设施的建设，注意保护自然资源和生态环境。

传统计划经济的实践证明，政府或者计划在资源配置中虽然能够发挥重要作用、具有市场没有的优点，但同样存在严重缺陷或者说失灵。所谓"政府失灵"或者"计划失灵"，是指政府或者计划在资源配置中失误、低效的情况。政府失灵的具体内容也就是传统计划经济的缺陷。传统计划经济的主要困难和不足是：第一，存在信息的局限性（不完全、不充分、不准确、不及时、不对称和不确定等），使得计划难以具有科学性、准确性和有效性，计划往往赶不上变化，计划决策容易失误，造成产需脱节、供销脱节，导致资源配置不当，不能有效地满足社会需求；第二，激励不足，预算约束软化，难以调动企业和职工的积极性、主动性和创造性，无法保证资源最有价值的利用，不可避免地会产生浪费现象；第三，采用行政的办法管理经济，存在利益的局限性（计划制定者和执行者会考虑自身利益，难以只从社会整体利益出发协调经济的发展），行政开支巨大，官僚主义可能比较严重，容易形成种种特权，产生腐败现象，还可能出现凭长官意志办事、主观臆断瞎指挥、脱离群众、脱离实际的情况，造成资源的错误配置和浪费；第四，可能烦琐僵化，统得过多，管得太死，扼杀企业领导和职工的创新精神和冒险精神，使企业丧失经济活力，导致技术进步缓慢、产品更新换代差、经济效益低下。

正是由于上述这些主要缺陷，使得世界上采取计划配置资源的国家无一例外地发生资源配置失误、结构比例失调、产品的普遍短缺与部分积压同时并存、效率低下、经济运行剧烈波动等严重问题。

（四）计划经济的历史地位

经典的社会主义经济理论认为，计划经济能够消除市场经济的缺陷，实行计划经济是人类社会演进的大趋势，社会经济运行方式将来必然会由市场经济转向计划经济。虽然曾经取得过重大经济发展成就的社会主义国家的传统计划经济总体而言是不太成功的，而且普遍进行经济市场化改革，放弃了传统计划经济体制，但是我们不能因此就断言计划经济不可能有效、是永远不可能实现的空想，因为传统计划经济及其体制的缺陷不是永远都无法克服的，在社会生产力高度发达和实现社会直接占有全部生产资料的条件下，尤其是大数据、云计算、互联网、人工智能、机器人、订单生产、按需生产、劳动生产率可能极大提高成为趋势的情况下，马克思主义政治经济学设想的计划经济将来是有可能实行的。

归纳起来说，社会主义市场经济理论对社会主义计划经济理论的发展和完善，主要体现在三个方面：一是认识到实行有效的计划经济不仅要生产力高度发达、实行单一的公有制，还必须克服包括不确定性在内的信息局限性和利益局限性；二是认识到社会主义是一个长期的发展过程，特别是在生产力发展水平落后的国家，需要经过初级阶段、中级阶段、高级阶段等若干发展程度不同的历史阶段，只有到了高级阶段才能完全实行计划经济，在这之前，还不具备商品货币消亡的条件，还必须实行具有计划性的社会主义市场经济；三是认识到在国家还存在、主要由政府实行国民经济的计划管理的情况下，还可能出现"政府失灵"，会降低计划经济的科学性和有效性，如何真正做到自觉地按照社会需要有计划按比例组织和调节社会生产、应该通过什么样的组织形式、采取什么样的具体措施，还没有现成的答案，需要在实践中不断探索。

第 三 章

市场经济基本理论的创新和发展

社会主义市场经济理论的创新和发展包括十六个方面的主要内容，本章论述社会主义市场经济理论对市场经济基本理论的创新和发展，包括对市场经济的一般原理、市场和市场经济的社会属性、市场经济不可逾越的历史地位等三个方面理论创新和发展的内容。

第一节　对市场经济的一般原理的创新和发展

马克思主义政治经济学的经典商品经济理论、西方经济学的市场经济理论都没有明确界定社会经济运行方式及其体制机制，更没有说明商品经济与市场经济的区别和联系，对市场经济的基本特征和优缺点的概括也不全面、准确，对市场经济的规律和市场机制作用机理的认识也不深入，社会主义市场经济理论弥补了这些不足，创新和发展了市场经济的一般原理，主要内容如下。

一、社会经济运行及其体制和机制

社会主义市场经济理论明确界定了社会经济运行方式及其体制机制，更清楚准确地说明了市场、市场机制、市场作用、市场调节、市场经济、市场经济体制的区别和联系。

社会经济运行在国家存在的条件下也可以说是国民经济运行，是指社会经济活动（生产、流通、分配、消费）的展开和调节，包括运行的状态和方式，其主要内容是经济资源的配置（在各个地区、部门、单位、个体之间的分配和使用）及其产出的分配和消费的状态和方式。社会经济运行的方式是指社会经济活动的展开和调节的方式，其主要内容是经济资源的配置及其产出的分配的方式，是社会生产方式的核心内容。除了以采集和狩猎为主的原始经济、以农业为主的自给自足的自然经济、以手工技术为基础的小商品经济以外，从产业革命（即工业革命）以来，人类社会经济运行的状态和方式即经济资源的配置、产出的分配的状态及其方式主要有两种，即市场经济和计划经济。所谓市场经济、计划经济是从社会经济运行的状态及其方式的角度而言的不同经济形式。

社会经济是要通过一定的经济机制来运行的，所谓经济机制或者称之为经济运行机制是指经济运行（包括展开和调节）采用的工具及其作用机理，是由社会经济的客观条件、基本特征和运行规律决定的，具有不以人的意志为转移的客观必然性。迄今为止人类社会发现的社会化大生产条件下的经济机制主要是市场机制和计划机制。所谓市场机制是指通过市场价格、供求、竞争及其变动的作用来反映和调节社会经济活动的机制，是价值规律、供求规律、竞争规律作用的方式；所谓计划机制则是指通过国家制定和执行经济计划来规划和调节社会经济活动的机制，是社会经济有计划按比例协调发展规律作用的方式。市场调节和计划调节只是市场机制和计划机制作用的体现。实践证明这两种机制并不是水火不容、完全对立隔绝的，不仅市场经济中的微观企业内部都要实行计划管理，在一定条件下宏观经济运行也能够实现市场机制与计划机制不同程度的结合。比如，现代资本主义市场经济中就存在国家干预、某种形式和程度的宏观经济的计划调节，传统计划经济中也存在一定范围一定程度的市场调节。

在实行高度分工专业化协作的社会化大生产条件下，经济上紧密联系的各个地区、部门、单位、个体之间可能存在差别、产生矛盾甚至发生冲突，要做到协调一致、和谐稳定，需要国家（主要是政府）对社会经济活动和经济关系进行必要的协调管理。所谓经济体制也称之为国民经济管理体制，就是国家管理经济的组织机构设置、规制和调节经济运行方式的总称，包括基本经济制度的具体实现形式、经济运行的具体组织形式和调控管理方式。经济体制的建立存在人为因素（包括人们的利益、能力、认识等）的影响，是可以选择、调整的，需要不断改革、完善。

以上说明可见，经济体制是就国家的经济作用而言的概念，而经济机制主要是就经济本身的运行方式而言的概念，由于国家管理经济必然要选择某种经济机制，所以经济体制中包含有经济机制的内容，但是经济体制也不能等同于经济机制，因为经济体制中还有经济机制中没有的内容。①

市场机制、市场作用、市场调节、市场经济、市场经济体制的区别和联系是，市场作用就是市场机制的作用或者功能，市场调节则是市场机制作用的内容，市场经济是市场（主要是市场机制）在资源配置中发挥决定性作用的经济形式，市场经济体制则是市场经济条件下国家管理经济的组织机构设置、规制和调节经济运行的方式；同理，计划机制、计划作用、计划调节、计划经济和计划经济体制之间也存在这样类似的区别和联系。

这里需要说明的是，由于社会经济计划主要是由政府制定和实施的，所以计划调节、计划机制和计划作用也可以说是政府调节、政府机制和政府作用，市场与计划的关系也可以说成是市场与政府的关系；又由于国家是由政府代表和管理的，所以政府调节、政府机制和政府作用又可以说成是国家调节（国家干预）、国家机制和国家作用。这三组概念虽然并不完

---

① 现在人们喜欢把体制机制连用、不加区别地混用，这是不准确的。

全相同，但是主要内容基本相同，而且理论界都在采用，为了简单明了，本书不加区别地通用。需要强调的是，计划调节、计划机制和计划作用不等于计划经济，计划经济也不能说成是政府经济或者国家经济，因为计划经济是社会经济自觉地依据社会需要有计划按比例协调发展的经济形式，或者说是计划在资源配置中发挥决定性作用的经济形式，有计划调节、计划机制和计划作用不等于就是计划经济。资本主义市场经济在一定范围一定程度上也可能存在计划调节、计划机制和计划作用，社会主义市场经济更是在更多的范围更大的程度上存在计划调节、计划机制和计划作用，但两者都是市场经济、不是计划经济。尽管社会主义市场经济具有计划性，但是也不能认为社会主义市场经济同时也是计划经济。按照马克思主义政治经济学的经典理论，真正意义上的计划经济应该是生产力高度发达、实行社会直接占有全部生产资料的条件下才能实行的社会经济运行方式，而这时国家、政府可能面临消亡，所以不能把计划经济说成是国家经济、政府经济。还需要指出的是，由于现代政府、国家往往是由政党组织和领导的，政党自然在社会经济运行中发挥着重要作用甚至领导作用，但是这种作用主要还是通过政府或者国家组织体现或者发挥出来的，实际上政府、国家的作用中就包含了或者说体现了政党的作用，就不需要学究式地烦琐地"创造"出政党调节、政党机制、政党经济的概念来。

二、商品经济与市场经济

马克思主义政治经济学经典的社会主义经济理论中没有明确提出商品经济和市场经济的概念，西方经济学的市场经济理论虽然界定了市场经济的含义，但是也没有说明商品经济与市场经济的区别和联系，社会主义市场经济理论弥补了这个不足，明确界定了商品经济和市场经济的含义，说明了商品经济与市场经济的区别和联系。

社会主义市场经济理论认为，商品经济是以商品生产和商品交换为基本特征的经济形式，市场经济是市场在社会经济资源配置中发挥决定性作用的经济形式。市场经济是在工业革命发生以后、在资本主义社会中开始形成的经济形式。要正确认识市场经济，首先还必须明白什么是商品经济及其与市场经济的区别和联系。英国古典政治经济学中没有市场经济的概念，经典的马克思主义政治经济学中也没有市场经济的范畴，市场经济是近几十年才开始流行起来的概念。

从社会经济运行角度看，在原始社会后期到市场经济形成之前，人类社会的经济形式是占主导统治地位的自然经济和处于补充从属地位的简单商品经济（即小商品经济）。商品经济是与自然经济相对的概念，是以生产的直接目的的不同为标准划分的社会经济形式。自然经济是以自给自足为基本特征的经济形式，也就是自己生产自己消费的经济形式，生产的直接目的是为了满足生产者及其所在经济单位的生活消费需要，追求的是使用价值。自然经济是原始社会、奴隶社会和封建社会占统治地位的经济形式，是与生产力发展落后、社会分工不发达、劳动生产率低下的小生产相适应的低级经济形式。商品经济是以商品生产和商品交换为基本特征的经济形式，生产的直接目的是为了交换，追求的是价值。

商品经济由来已久，经历了简单商品经济和成熟的或发达的商品经济两大发展阶段。简单商品经济是以手工技术、个体劳动和私有制为基础的商品经济，存在于资本主义社会以前的社会形态里，在社会经济中不占统治地位的商品经济的最初形式。由于简单商品经济中的生产仍是小生产，所以又称为小商品经济。简单商品经济是在资本主义社会中才发展成发达的商品经济。发达的商品经济是以机器大生产为基础、在社会经济中占统治地位的商品经济的高级形式。

由于市场经济中的生产是商品生产、交换是商品交换、运行机制是市场机制，所以市场经济也是商品经济。但是，并不是所有的商品经济都是市场经济，小商品经济还不是市场经济，只有发达成熟的商品经济即商品经济的高级形式才是市场经济。因为，市场经济是市场在社会经济资源配置中发挥决定性作用的经济形式，而市场要在社会经济资源配置中发挥决定性作用，商品经济必须在社会经济中占统治地位，必须形成完整、统一、竞争、开放的市场体系，商品和生产要素能够在市场价格信号的指引下在全社会范围内自由流动；而小商品经济即不发达成熟的商品经济，在社会经济中不占统治地位，也没有形成完整、统一、竞争、开放的市场体系，商品和生产要素难以在市场价格信号的指引下在全社会范围内自由流动，整个国民经济运行的机制主要还不是市场机制，所以不是市场经济。只有商品经济发展到在社会经济中占统治地位的发达成熟的高级阶段，形成完整、统一、竞争、开放的市场体系，商品和生产要素能够在市场价格信号的指引下在全社会范围内自由流动，市场成为整个国民经济运行的主要机制，商品经济才成为市场经济。市场经济是商品经济高度发展的产物，是高级形式的商品经济。市场经济与商品经济从本质上来说是一回事，都是以商品生产和商品交换为基本特征的经济形式，只是依据发展程度的差别特别是市场在社会资源配置中的作用不同来界定的同一种经济形式。只要有商品经济就必然有市场，但商品经济并不一开始就是市场经济，只是到了资本主义社会，商品经济成为占统治地位的经济形式，由市场对社会经济资源配置起决定性作用的时候，商品经济才发展成为市场经济。

三、市场经济的基本特征

社会主义市场经济理论对市场经济的基本特征进行了更为全面、准确的概括，认为现代市场经济具有以下主要基本特征，这些是现代市场经济都具有的共性或者说普遍特征。

（一）市场经济是市场在资源配置中发挥决定性作用的经济形式

社会主义市场经济理论提出，市场经济是市场在资源配置中发挥决定性作用的经济形式，也就是说社会经济运行主要由市场调节、不是主要由政府调节，否则，就不是市场经济。这里必须明确的是，市场的决定性作用，不能理解为生产什么、生产多少、怎样生产、为谁生产等四大基本经济问题完全由市场解决或者说主要由市场决定，因为马克思主义政治经济学认为，生产要素的所有制是社会经济活动的基础，生产什么、生产多少、怎样生产、为谁生产，首先由所有制决定。这是西方经济学的市场经济理论也不完全否定的，萨缪尔森等就明确指出："市场经济是一种主要由个人和私人企业决定生产和消费的经济制度。价格、市场、盈亏、刺激与奖励的一整套系统解决了生产什么、如何生产和为谁生产的问题。"① 他对市场经济的界定中就包含有所有制的因素。当然，从这个界定中可以看出，其包含的所有制是私有制，也就是说，在市场经济中四大基本经济问题是由私有制和市场共同解决的。社会主义市场经济理论认为，这只是资本主义市场经济的基本特征，不是市场经济的普遍特征，在社会主义市场经济中，公有制是主体，在四大基本经济问题的解决中要发挥主体作用。

（二）市场经济是货币经济

货币是充当一般等价物的特殊商品，是衡量商品价值的尺度和表现形式，是商品交换的媒介。作为商品经济高级形式的市场经济也是货币经济，也就是说，在市场经济中，一切经济活动都要通过货币进行，一切商品的价值都用货币来表现为价格，一切交换都要实行等价交换、按价格进行，一切交换行为都表现为货币的收支，货币还能够转化为资本，成为重

---

① ［美］保罗·萨缪尔森、［美］威廉·诺德豪斯：《经济学》，萧琛等译，华夏出版社1999年版，第5页。

要的生产要素，资本是能够增殖的价值，追求价值（赚钱发财）也表现为追求货币，增殖的多少也主要用货币来衡量。而且，作为价值的货币表现的价格是市场机制的核心，是市场经济运行的指示器和调节器，货币稳定（即没有严重的通货膨胀和通货紧缩）是市场经济正常运行最重要的条件之一。所以说，市场经济是货币经济。

（三）市场经济是利益驱动型经济

任何资源配置方式都必须有一定的激励机制，以推动经济行为主体按其要求去决策和行动，以保证其配置资源的作用得到有效发挥。市场经济的激励机制是利益刺激。自然经济追求的是使用价值，商品经济、市场经济追求的是价值。在市场经济中，生产经营者行为的直接目的是价值增殖（赚钱盈利），必然追求收益最大化；消费者行为的目的是满足生活需要，购买活动的准则是力争效用最大化即以尽量少的货币购买更多更好的消费品。尽管商品生产经营者也非常关心使用价值，但那是为了更好地实现商品的价值。因为使用价值是价值的物质承担者，没有使用价值的产品不能成为商品，使用价值不好的产品无人买或卖不了好价钱。追求自身的经济利益是市场经济运行的内在动力。市场机制正是通过市场行情的变动影响人们经济利益的得失，使人们自动地调整其行为，以实现资源的优化配置。所以说，市场经济是利益驱动型经济。

（四）市场经济是市场预算约束型经济

在市场经济中，人们追求自身经济利益时并不能为所欲为，除了别的经济形式都有的资源约束、行政、法律、道德约束之外，还必然要受到市场约束和预算约束，以保证资源配置趋向合理化。市场约束是由市场各种因素的综合作用对人们经济行为产生的制约。市场经济主要是由市场调节的经济，企业和个人的生产、消费、收益得失，必然受市场供求、价格和竞争情况的左右，必须根据市场信号进行决策，否则就不能实现收益最大化和效用最大化。由于市场经济是货币经济，人们的经济活动都要采取货币收支的形式，并要受货币收支情况的影响。还由于价值规律是市场经济的基本经济规律，商品交换必须实行等价交换，只有在商品生产成本（开支）低于销售收入时才能取得盈利。所谓市场经济的预算约束是指人们的预算（即收入开支安排）必须以收抵支、自负盈亏而形成的对经济活动和收支规模的制约。如果支大于收，就会出现亏损或负债；假若收大于支，则会产生盈利或资金闲置。预算约束要求企业和个人必须精打细算，节约开支，降低成本，提高资金的使用效果，力争盈利。

（五）市场经济是竞争型经济

市场经济实现资源有效配置的关键是市场竞争，因为没有竞争，合理的价格无法形成，商品生产经营者没有把资源运用到最有价值的方面去的压力，价格调节的作用难以发挥，资源的合理配置也就不能实现。市场经济中存在多个市场交易主体（供给者和需求者或者说生产者和消费者、卖者和买者），为了各自的利益最大化、生存和发展，必然会展开竞争（包括卖者与卖者之间的竞争、买者与买者之间的竞争、买卖双方的竞争），市场竞争优胜劣汰，能够扩大生产规模、促进技术进步、开发新产品、增加花色品种、提高产品的性能和质量、改进和加强管理、搞好服务、降低成本、增加收入，有利于资源优化配置。而竞争可能导致垄断，垄断则限制竞争积极作用的发挥，可能造成生产和技术停滞的趋势，不利于技术进步和资源优化配置，所以市场竞争应该是不受垄断限制的自由竞争。

（六）市场经济是效率优先型经济，可能出现贫富两极分化

效率和公平是现代社会发展的两个最基本的目标，市场经济是效率优先型经济。因为，市场经济运行的首要目标是经济效率，市场经济的功能

总的来说是实现社会经济资源的优化配置，而不是经济公平。市场机制的各个环节，市场经济的各种重要规律，特别是收益最大化的目的和优胜劣汰的市场竞争，都是围绕着提高资源的利用效率而发挥作用。而个人收益最大化的目的和优胜劣汰的市场竞争，则会扩大收入差距，甚至可能导致贫富两极分化。还必须看到的是，市场经济虽然会产生收入的不平等，甚至出现贫富高低悬殊、两极分化，但市场经济也不是完全没有公平。马克思早就说过，"商品是天生的平等派"[1]。市场经济要求实行等价交换、公平交易、机会均等、平等竞争，正因为如此，市场经济才得以存在和繁荣。

（七）市场经济是风险经济

在市场经济中，市场行情瞬息万变，市场供求会不断变化甚至大起大落，市场价格会起伏波动甚至暴涨暴跌，市场竞争可能失败，使得生产经营活动和就业、收入存在很大的不确定性，可能出现投资失败、经营失误、失业、收入大幅度下降的危险，使得部分人破产倒闭、一贫如洗、失去收入来源、出现生存危机，所以说市场经济是风险经济。

（八）市场经济是开放型经济和国际化经济

社会分工的存在是市场经济存在的基本必要条件之一，社会分工、协作、专业化日益高度发展和国际化，各地区、部门、企业、个人之间存在广泛密切的经济联系，商品货币关系渗透到社会生活的各个方面，统一的国内市场联结着广阔的国际市场，而且市场配置资源要求生产要素和商品必须自由流动，这些因素决定，市场经济不是划地为牢、闭关自守、互相封锁的封闭型经济，而是四通八达、联系广泛、内外开放的开放型经济。

---

[1] 《马克思恩格斯文集》第 5 卷，人民出版社 2009 年版，第 104 页。

社会分工由国内分工发展成国际分工，商品贸易由国内贸易发展成国际贸易，金融由国内金融发展成国际金融，市场由国内市场发展成国际市场，竞争由国内竞争发展成国际竞争，表明经济国际化（即全球化）是市场经济发展的必然趋势，市场经济是国际化经济或者说全球化经济。市场经济发展要求市场向所有投资者、生产者、经营者、消费者开放，要求自由贸易、自由流动、自由往来。只有内外开放，才能加强国内外商品、资金、技术、信息、人才的交流，做到互通有无、货畅其流、物尽其用、人尽其能，利用国际国内竞争的推动力，扬长避短、取长补短，获取国际分工的比较利益，推动市场经济的更快发展。正如古之方言：生意兴隆通四海，财源茂盛达三江。

（九）市场经济是自由选择、自主经营、分权决策型经济

市场经济要正常有效运行、资源要能够在市场的调节下优化配置，要求生产要素必须自由流动、市场活动主体必须能够自由选择；市场经济要求自由竞争，自由竞争要求自由选择。市场活动的主体可以自由选择经济活动的方式来实现自己的目标。只有自由选择，才能发挥每个人和企业的比较优势，才能促使人们把自己的知识、信息、能力、资产作最佳的运用，以取得最大的收益。自由竞争和自由选择是发挥个人创造力的最佳方法。消费者的自由选择是满足其需求的最有效的方法，能最有效地保护消费者的权益。自由选择的内容包括：自由投资经营、自由参与竞争、自由选择生产要素、职业、消费品等。自由竞争和自由选择决定市场经济必须实行自由投资、自由生产、自由贸易、自由消费、资源自由流动和企业自主经营制度。而且，自由竞争、自由选择的"自由"不是为所欲为、想怎么干就怎么干的绝对的自由，而是在严格的法律制度约束和政府必要管理和保障下的相对自由。

自由选择的前提是经济主体必须有选择权，选择就是决策，选择权就

是决策权，生产经营者的自主经营首先也需要有经营自主权，而经营自主权主要就是决策权。市场经济的主体是多元的，多元化的经济主体都有自己独立的经济利益，必然为了各自的利益实行多样化的选择，选择权即决策权必然分散掌握在各个经济主体手中，这就决定市场经济是分散决策的分权经济。

（十）市场经济是政府干预型经济

完全由市场调节的所谓"纯粹的"市场经济根本不存在，因为市场经济存在"市场失灵"，必须实行国家干预，由政府通过宏观经济调控予以克服纠正，所以市场经济是以市场配置资源方式为基础，同时实行国家干预的经济形式。但是，这种宏观经济调控，不是传统计划经济条件下的直接控制，即采取指令性计划，运用行政手段，直接管理企业的人、财、物、供、产、销；而是间接调控，即主要运用财政政策、金融政策、产业政策、就业政策、收入政策、人力政策等经济手段，影响经济主体的利益得失，间接地调节其经济行为。间接宏观调控通过市场实现，一般不直接干预企业的生产经营活动，为市场顺利运行创造有利条件，保证市场在资源配置方面的决定性作用，力求使市场经济既充满活力，又活而不乱；既保证效率优先，又兼顾社会公平。

（十一）市场经济是法治经济

由于市场交易是市场经济的主要活动之一，而市场交易必须有规制、有秩序地进行，要求国家必须制定和执行相应规制、维持市场秩序，否则，市场经济难以合理有效运行。由于市场经济是竞争型经济，而竞争必然有胜负而且优胜劣汰，必须公平有序、有规则地展开，不能搞垄断和不正当竞争，因此需要政府制定相关法规、进行必要的监管；否则，市场竞争难以合理有效展开，不仅可能优不胜劣不败、发挥不了优胜劣汰的积极作用，甚至可能适得其反、优败劣胜、"劣币驱逐良币"。由于市场经济存在市场失灵而且自身无法克服，需要实行国家干预、予以克服，市场经济自身的局限性和消极方面，需有法律的引导和约束。由于市场经济运行由利益驱动，市场主体之间会存在利益矛盾，市场竞争还可能发生利益冲突，需要政府通过法律加以规范、协调和解决；否则，矛盾和冲突可能尖锐化，也会使得市场经济难以正常运行。由于市场经济是契约型经济，市场买卖关系、雇佣关系都是契约关系，都要签订契约、按合同进行，契约的签订和履行必须要有完备的法律规范和保障；否则，契约得不到兑现、合同得不到履行，市场经济也就不能有效运行。由于市场经济需要明晰产权，明晰产权也需要法律加以界定和维护；由于市场经济要正常有效运行、资源要能够在市场的调节下优化配置，要求生产要素必须自由流动、市场活动主体必须能够自由选择，而自由选择不是为所欲为、无法无天，是在严格的法律约束和保障下的自由选择，无法治则无自由。所有这一切都要求市场经济必须实行法治，建立完善的市场体系和相关监管机构，制定和执行一整套法规政策，依法对市场主体和市场行为实行合理有效的监督管理。

（十二）实行社会保障型经济

市场经济是竞争经济，市场竞争实行毫不留情的优胜劣汰、不保护弱者，竞争中必然会有失败者，而且是多数，不仅会引起收入减少、失业，甚至可能导致破产倒闭、一贫如洗、无法生存；市场经济是风险经济，生产经营活动和就业、收入存在很大的不确定性，可能出现投资失败、经营失误、失业、收入大幅度下降的风险，使得部分人出现生存危机；市场经济的分配机制会扩大收入的差距，甚至"赢家通吃"，导致贫富两极分化、高低悬殊。由此可见，市场经济自身不能保障每个社会成员的基本生活，可能引起社会不稳定，甚至发生剧烈的动荡，使得市场经济不能正常运行和发展，所以必须建立社会保障制度，合理有效保证社会全体成员的基本生活需要，适当保护、救助市场经济中的弱者和失败者，以维持社会稳定，为市场经济的顺利运行和发展创造必要条件。

现代市场经济的社会保障制度，不同于传统计划经济的社会保障制度。后者以就业保证、退休保障、公费医疗、福利住房、义务教育为主要内容；以国家统包统配和平均主义为主要特征。前者以退休养老保险、人身医疗保险、失业救济、义务教育为主要内容；由国家、企业、家庭、社会共同承担保障费用，福利保障开支不完全按公民权发放，注意与工作业绩挂钩，尽量防止保障过度、国家负担太重和平均主义倾向，以免保障不可持续、造成不必要的浪费、过多地牺牲市场经济的效率。

四、市场经济的普遍规律

经济规律是经济现象和经济活动内在的、本质的、必然的联系。揭示客观经济规律是经济学的主要任务，探索市场经济的运行规律则是市场经济理论的主要任务。价值规律、供求规律和竞争规律是马克思主义政治经济学的经典商品经济理论揭示的商品经济普遍存在的三个最重要的规律，社会主义市场经济理论则进一步认为，这三大规律也是市场经济的普遍规律，制约和推动着市场经济的运行和发展，商品生产和交换或者说市场经济活动都是按照这三大规律的要求进行的，市场配置资源主要就是通过这三大规律的作用得以实现，并且吸收借鉴了西方经济学现代市场经济理论中相关的合理部分，对这三大规律的内容、作用和作用机理作出了更为全面、系统、深入、具体的说明。

（一）价值规律

1.价值规律的内容

价值规律是市场经济的基本规律，其主要内容包括两个方面的客观必

然性：一是商品的价值量由生产商品的社会必要劳动时间决定；二是商品
交换按价值量进行，实行等价交换。

　　商品价值量为什么必须由社会必要劳动时间决定？因为只有这样，交
换才能进行，商品经济才能存在和发展。商品价值的本质是劳动，因此价
值量是生产商品所耗费的劳动量。劳动量又如何计量呢？由劳动时间衡
量。生产花费的劳动时间越多，耗费的劳动力（体力和脑力）越多，商品
的价值量越大。由于生产条件、技术水平和劳动态度不同，不同的商品生
产者的劳动生产率有差别，生产同一种商品所耗费的时间会不一样。那
么，一个人越是懒惰，技术水平越低，越是不熟练，花的时间越多，生产
的商品岂不是越有价值吗？这样，勤快能干的人就要吃亏，又有谁还愿意
积极肯干、钻研技术呢？商品经济又怎么能存在和发展呢？事情当然不会
如此。商品价值不由每个商品生产者各自耗费在某种商品上的劳动时间即
个别劳动时间决定，而由社会必要劳动时间决定。社会必要劳动时间是在
现存的社会正常的生产条件下，在社会平均的劳动熟练程度和劳动强度下
制造某种使用价值所需要的劳动时间。社会必要劳动还必须是社会总劳
动（包括物化劳动和活劳动）①的组成部分，是得到社会承认的劳动。只
有商品在市场上卖掉，这种商品才被证明是社会需要的，生产这种商品的
劳动才真正是社会必要的，也才能形成价值；否则，生产这种商品的劳动
就是白费，得不到社会承认，不能形成任何价值。这样，个别劳动时间低
于社会必要劳动时间的商品生产者，按社会必要劳动时间决定的价值出卖
商品，就能获得更多收入；相反，个别劳动时间高于社会必要劳动时间的
商品生产者，按社会必要劳动时间决定的价值出卖商品，就会亏本。个别
劳动时间是由生产条件、技术水平和劳动态度决定的，商品价值由社会必

---

①　劳动有三种形态：潜在的劳动即劳动力，流动的劳动即正在进行的劳动，凝固的劳动
　　即已经完成而凝结在产品中的劳动。活劳动包括潜在的和流动的劳动；物化劳动是指
　　物质化了的劳动，即凝固的劳动，实际上就是指产品（主要是生产资料）。

要劳动时间决定，就能够激励商品生产者不断改善生产条件、提高技术水平、端正劳动态度，降低个别劳动时间，以取得更多收入，这样也就能够促进劳动生产率提高、商品经济发展。而且，只有商品在市场上卖掉，生产这种商品的劳动才能得到社会承认，才能取得收入，还能够促进商品生产者按照市场需求进行生产。

为什么商品必须实行等价交换？这是因为两种商品只有按价值量进行交换，才能使交换成为互利互惠的事情而持久地延续下去，商品经济也才能存在和发展。如果是不等价交换，交换的一方占便宜，另一方吃亏，交换将不可能继续，商品经济也就不能存在和发展。不等价交换虽然在短期内可能出现，但从长期的趋势看，商品交换必然趋向于等价交换。

2.价值规律的作用

价值规律在市场经济中发挥着极其重要的调节作用，一般来说主要表现在以下三个方面：

第一，调节社会总劳动在各个部门的分配。价值规律要求由社会必要劳动量决定商品价值量，而社会必要劳动量又必须是社会总劳动量的组成部分，必须是得到社会承认的劳动。商品生产者的劳动要形成价值，必须生产社会需要的产品。否则，产品无人要、卖不掉，所耗费的劳动就不是社会所必要的，就是劳动的浪费，不能形成价值，商品生产者就会亏本破产。如果出现这种情况，说明社会总劳动在各部门的分配不合理，必须调整。商品生产者为了避免亏本破产，必然减少或停止过剩产品的生产，把劳动从生产过剩产品的部门转移到生产社会需要产品的部门中去，扩大社会需要产品的生产。价值规律就是这样决定社会在它所支配的全部劳动时间中能够用多少时间去生产每一种特殊商品，调节着社会总劳动的分配和社会生产。

第二，促进社会生产力的发展。价值规律决定商品价值不由个别劳动时间决定，个别劳动时间低的商品，按社会必要劳动时间决定的价值出售，能够取得超额收入；个别劳动时间高的商品，按社会必要劳动时间决定的价值出售，则会亏损。这就迫使商品生产者必须努力使自己生产商品的个别劳动时间等于或低于社会必要劳动时间，这样才能赚钱，不致亏本。为此，商品生产者必然不断改善生产条件，改进生产技术，提高劳动熟练程度，改善劳动的组织管理，提高劳动生产率，从而缩短个别劳动时间。价值规律就是这样刺激技术进步，推动生产发展。

第三，引起商品生产经营者的贫富差距。价值规律使得个别劳动时间低的商品生产经营者获得较多的收入，个别劳动时间高的商品生产经营者收入减少，从而引起收入的差距。而且，收入越多的商品生产经营者，越有条件采用先进技术，降低个别劳动时间，会越来越富；收入越少的商品生产经营者，越没有条件采用先进技术，难以降低个别劳动时间，会越来越穷。在一定社会条件下，商品生产经营者就可能发生两极分化，一极发财致富，成为资本家；另一极亏本破产，沦为无产者。

（二）供求规律

1.供求规律的内容

供给与需求（简称"供求"）是市场经济的两个基本方面，供求规律是市场经济中商品供求与价格相互影响，使供求趋于平衡，价格与价值趋于一致的客观必然性。市场上商品交换存在供给和有支付能力的需求双方，供求关系一般有供不应求、供过于求、供求平衡三种情况。由于供给和需求要受许多因素的制约，所以经常处于变动之中。供求关系决定商品的价值能否实现和实现多少。供求变动引起价格波动，价格波动反过来又调节供求变化。供求不平衡和价格背离价值是市场常态；供求平衡和价格与价值一致只是偶然现象，但供求和价格的相互制约必然使供求趋于平衡、价格与价值趋向一致。商品供不应求时，价格必然上涨，价格高于价值，能够刺激生产，扩大供给，抑制消费需求，使供求趋于平衡，价格下降，趋向价值；商品供过于求时，价格必然下降，价格会低于价值，能够抑制生产，减少供给，刺激消费需求，使供求趋于平衡，价格上升，趋向价值。

在市场上，商品按价格买卖，价格随供求变化而涨落，经常背离价值，是不是对价值规律的否定呢？完全不是如此。因为，供求平衡时，价格符合价值；价格随供求变化而升降，始终是以价值为中心；从单个交换过程来看，价格可能高于或低于价值，但从较长时期多次交换过程上看，价格上涨部分和下跌部分可以互相抵消，长期平均计算的价格仍等于价值。价格受供求影响自发地围绕价值上下波动，供求规律的存在，不仅不是对价值规律的否定，相反正是价值规律起作用的表现形式。价值规律正是通过供求规律起作用的。

2. 供求规律的作用

供求规律在市场经济中主要有以下几个方面的作用：

第一，促进资源的合理配置。供求规律通过供求和价格的相互作用，能够使产品供过于求的部门的过多资源流向产品供不应求的部门，实现资源的合理流动，促进资源的优化配置。

第二，协调生产和消费的关系。供求规律通过价格和供求的变动，能够刺激不足的生产和消费，抑制过度的生产和消费，缓和或克服供不应求或供过于求的情况，使生产和消费趋于平衡。

第三，调节收入分配。供求规律通过价格和供求的作用，调节着商品生产经营者的收入，使供不应求的产品的生产经营者的收入增加，供过于求的产品的生产经营者的收入减少。

（三）竞争规律

1. 竞争存在的原因

竞争是一种在人类社会和自然界广泛存在的现象，我们这里所讲的竞争，专指市场竞争。市场竞争是在市场经济中人们争夺经济利益的斗争，竞争规律是指市场经济中商品生产经营者为争夺经济利益而斗争，并且优胜劣汰的客观必然性。竞争是市场经济的普遍现象。为什么市场经济中必然会存在竞争？这主要是因为价值规律和商品生产经营者之间利益差别的存在。价值规律决定生产条件和交换条件优越、劳动生产率高、个别劳动时间低的商品生产经营者，能获得更多收入，相反，则亏本破产；各个商品生产经营者都有着自己独立的经济利益，都希望实现收益最大化。这两点决定商品生产经营者之间必然会展开竞争，争夺有利的生产条件和交换条件，谋取更高的收入，避免亏损破产。市场竞争存在的终极原因在于市场经济中资源的稀缺性①与需求的矛盾性，决定人们必然为了满足自己的需要而争夺有限的资源，以求得生存和发展。

2. 竞争的内容和形式

市场竞争的内容十分广泛，涉及商品生产和交换的各个方面、各个环节、各种因素，包括：产品质量、性能、品种、花色、价格、商标、广告、销售、服务、资金来源、投资场所、原材料、市场、技术、管理、人才、信息等等。

市场竞争的形式多种多样，可以从各种不同的角度划分竞争类型。按照竞争的主体不同，竞争可分为买方竞争、卖方竞争、买卖双方的竞争；按照竞争的领域范围不同，竞争可分为部门内竞争和部门间竞争，国内竞争和国际竞争；按照竞争的程度不同，竞争可分为完全竞争（自由竞争）和不完全竞争（垄断竞争）；按照竞争的性质不同，竞争可分为正当竞争（合法竞争）和不正当竞争（非法竞争）。

3. 竞争的作用

竞争是市场经济的灵魂，是市场机制的关键。商品生产经营者"不承

---

① 这里必须说明的是，所谓的资源的稀缺性是相对的，不是绝对的、永恒的、完全不可克服的，是有可能随着新技术的发展而出现代替性资源的。

认任何别的权威，只承认竞争的权威，只承认他们互相利益的压力加在他们身上的强制"①。没有竞争，价值规律的要求无法贯彻，市场配置资源的作用不能实现。竞争在市场经济中发挥着多方面的巨大的作用。

第一，促进资源的优化配置，提高经济效益。追求利益最大化的竞争，能够引导资源流向最有利用价值的地区、部门和企业，促使企业选择最有利的投资方向，实行最合理的资源组合，精打细算，节约资源，提高资源的使用效率。

第二，推动技术进步和劳动生产率提高。市场竞争，优胜劣汰，毫不留情。商品生产经营者要在竞争中站住脚，打败竞争对手并得以生存和发展，就必须努力改进技术，更新设备、加强经营管理、提高劳动生产率，增强市场竞争能力。

第三，激发经济活力，带来经济繁荣。竞争存在失败的风险，是一种强大的外在压力，迫使商品生产经营者不断进取，丝毫不敢懈怠，竞争推陈出新，驱除腐朽落后、因循守旧。凡是没有竞争的地方，就没有压力和进取心，久而久之就会陷入停滞状态；凡是有竞争的地方，就能激发各方面的积极性和创造性，形成你追我赶、力争上游的局面，经济就充满生机和活力。竞争是实现经济繁荣的巨大推动力。被誉为第二次世界大战后西德"经济奇迹之父"的艾哈德再三强调：经济竞争是达到普遍繁荣的"唯一可能的途径"，"竞争是获致繁荣和保征繁荣最有效的手段"②。

第四，丰富人们的物质文化生活。激烈的市场竞争，必须以质、以优、以新、以廉、以快、以奇取胜，促使商品生产经营者不断创新，提高产品质量，增加花色品种，开发新产品，搞好售前、售中、售后服务，降低生产成本，提供价廉物美的产品，开辟销售渠道，加快商品流通，从而

---

① 《马克思恩格斯文集》第 5 卷，人民出版社 2009 年版，第 412 页。
② [德] 艾哈德：《来自竞争的繁荣》，祝世康等译，商务印书馆 1987 年版，第 14—15 页。

繁荣市场，满足社会需求，丰富人们的物质文化生活。

竞争是一把双刃剑，除了具有上述积极作用之外，还会产生消极作用，"竞争建立在利害关系上"，"竞争的规律是：需求和供给始终力图互相适应，而正因为如此，从未有过互相适应。双方又重新脱节并转化为尖锐的对立"①，可能导致技术封锁、以邻为壑、损人利己；竞争会产生垄断，垄断必然会引起停滞和腐朽；竞争存在盲目性和自发性，可能造成经济混乱和资源浪费；竞争优胜劣汰、大鱼吃小鱼，会扩大贫富差距；还可能出现不正当竞争、违法乱纪、胡作非为、尔虞我诈、弄虚作假、坑蒙拐骗、损害国家和消费者利益的现象。竞争可能产生的消极作用是不能忽视的，但更要看到市场经济不能没有竞争，正如英国经济学家约翰·穆勒所说："竞争也许并不是可以想象的最好的刺激物，但它目前却是不可少的刺激物。"②

五、市场机制及其作用机理

市场经济三大规律是怎样发挥作用的，也就是说价值规律、供求规律和竞争规律的作用机理是什么？社会主义市场经济理论同样以马克思主义政治经济学经典商品经济理论为基础，并且吸收借鉴了西方经济学现代市场经济理论中相关的合理部分，更加全面、系统、深入、具体地说明了市场经济三大规律的作用机理。社会主义市场经济理论认为，三大规律的作

---

① 《马克思恩格斯选集》第 1 卷，人民出版社 2012 年版，第 35 页。

② [英] 约翰·穆勒：《政治经济学原理及其在社会哲学上的若干应用》下卷，胡企林、朱泱译，商务印书馆 1991 年版，第 361 页。必须指出的是，约翰·穆勒这句话的全文是："竞争也许并不是可以想象的最好的刺激物，但它目前却是不可少的刺激物，而且谁也说不出什么时候进步不再需要竞争。"其中的后半句是不正确的，不是"谁也说不出什么时候进步不再需要竞争"，马克思主义政治经济学早已指出，共产主义社会里商品经济将消亡，市场竞争自然也就不复存在。

用也就是市场机制的作用，三大规律的作用机理也就是市场机制的作用机理。

市场，从现象上看是商品交换的场所，从实质上看是商品交换关系的总和。市场怎样配置资源呢？市场配置资源是通过市场机制实现的，市场的作用实际上是就是市场机制的作用。市场机制是市场上供求、价格和竞争关系的变化而自动地调节社会经济活动，引导资源向更有利用价值的方向流动，促进资源使用效率的提高，从而实现社会经济资源的配置并且趋向优化的机制。

市场机制的作用机理，具体来说就是，社会经济资源在各个经济地区、部门和单位的配置，一般存在三种情况：一是资源配置恰当，在市场上表现为产品供求平衡，价格基本不变，资源不需增加，也不应减少；二是资源配置不足，在市场上表现为产品供不应求，价格上涨，生产者收益上升，追求收益最大化和竞争的压力，必然引起资源流入、生产增加，与此同时，消费者由于价格上涨而减少消费，导致市场需求下降，生产者和消费者这种双向作用的结果，能够促进供求趋向平衡、资源配置趋向合理；三是资源配置过多，在市场上表现为产品供过于求，价格下跌，生产者收益下降，追求收益最大化和竞争的压力，必然引起资源流出、生产减少，与此同时，消费者由于价格下跌而增加消费，导致市场需求增加，生产者和消费者这种双向作用的结果，能够促进供求趋向平衡、资源配置趋向合理。市场竞争优胜劣汰，还能够促使生产者为了生存和发展而自觉地努力改进技术、加强管理、降低消耗和成本、开发新产品、节约高效利用资源。

市场价格是市场机制的核心，是反映市场供求情况的灵敏的晴雨表，是市场经济有效的自动调节器。价格通过及时传递市场信息，直接影响人们的经济利益来调节社会经济活动。比如，市场上某种商品价格上涨，一方面告诉人们此种商品供不应求，应该扩大生产，减少消费；同时又增加此种商品生产经营者的收入，刺激其增加供给，减少消费者支付同样货币所能购买到的此种商品数量，迫使其节制消费。价格就是这样既给人们提供了应该如何行动的信息，又形成了促使人们必然去这样行动的动力。正如美国经济学家米尔顿·弗里德曼所说："价格体系的真正美妙之处——而且我使用'美妙之处'一词是经过考虑的——完全在于：依信息而行动之动力伴随着传递出来的信息。"①

市场机制就是这样通过对市场交易主体的利益激励和约束、提供决策的信息，推动不断创新，决定生产什么、生产多少、怎样生产和为谁生产，使资源在各个经济部门和单位之间流进和流出，逐步趋向资源配置的合理化。市场机制的这种作用机理，正是市场经济优缺点产生的根本原因。

六、市场经济的优缺点

社会主义市场经济理论在马克思主义政治经济学的经典商品经济理论和资本主义商品经济理论以及西方经济学的市场经济理论的基础上，更为全面明确具体地说明了市场经济的优缺点或者说优越性和缺陷。

（一）市场经济的优点

市场经济的优点主要是：第一，能够同时提供供求信息和激励，刺激或抑制生产和消费，自动调节商品的供求，在微观经济主体的经济行为的自我调整中求得供求的平衡，在一定程度上做到产需结合、供销结合，把有限的资源配置于最适宜的使用方面；第二，可以发挥优胜劣汰的作用，调动各方面的积极性，推动不断创新，促进技术的进步和经营管理的加

---

① ［美］米尔顿·弗里德曼：《弗里德曼文萃》，高榕、范恒山译，北京经济学院出版社1991年版，第25页。

强，开发新产品，增加花色品种，改善产品和服务的质量，降低消耗和成本，节约劳动，提高资源的利用效率。

（二）市场经济的缺点

市场在资源配置中虽然具有相当大的优越性，但市场并不是万能的，市场作用的领域不是无所不包的，市场本身的作用也不是无限的，存在多方面的失灵或者无效，主要是：必然引起经济运行和发展的起伏波动，可能造成严重的生产过剩和企业破产倒闭，带来无法挽回的经济损失和资源浪费；会出现财产和收入分配的高低悬殊，可能导致贫富两极分化；难以很好地解决自然垄断性的非盈利性的公共产品的供给、维持生态平衡、保护自然环境和资源等问题。

市场经济缺点的集中表现就是存在"市场失灵"，社会主义市场经济理论关于市场失灵的内容和原因，本书第六章还会具体说明。

第二节　市场和市场经济的社会属性理论

市场经济是否具有某种社会制度属性？这是一个东西方经济学家都长期存在误解的问题。在社会主义市场经济理论提出来之前，无论是西方经济学，还是经典的马克思主义政治经济学都认为，市场姓"私"、姓"资"，市场经济就是以私有制为基础的完全由市场自发调节的资本主义经济；计划姓"公"、姓"社"，计划经济就是以公有制为基础的有计划按比例发展的社会主义经济。这种长期流行的传统看法，把市场经济与资本主义经济画等号，把计划经济与社会主义经济画等号，把二者当作具有截然相反的社会制度属性的经济形式。社会主义市场经济理论突破了这种传统观念，既提出市场是经济手段、市场经济是经济运行方式、可以存在于不同的社会形态之中，又指出正是由于存在于不同的社会形态之中，所以又具有不同的社会制度属性。

一、市场和市场经济可以在不同社会形态中存在

社会主义市场经济理论与以往的经济学理论不同的是，明确提出，市场是经济调节手段，本身并不必然姓"私"、姓"资"，市场机制并不反映资本主义生产关系的性质，资本主义社会可以采用，社会主义社会也可以采用，市场经济是资源配置方式，既可以在资本主义社会中存在，也可以在社会主义社会中存在。

二、市场经济有姓"资"姓"社"之分

社会主义市场经济理论还认为，市场和市场经济本身虽然没有社会属性，但市场经济不是存在于真空之中的，必然是存在于某种特定的社会形态之中，与某种特定的社会制度相结合，从而打上某种特定的社会烙印，具有特定的社会性质。不同社会形态中存在的市场经济，除了具有普遍的共性之外，还会存在不同的社会特性。市场经济与以私有制为基础的资本主义经济制度结合在一起，就是资本主义市场经济；与以公有制为主体的社会主义经济制度结合在一起，就是社会主义市场经济。江泽民同志明确指出："我们搞的市场经济，是同社会主义基本制度紧密结合在一起的。""社会主义'这几个字是不能没有的，这并非多余，并非画蛇添足，而恰恰相反，这是画龙点睛。所谓'点睛'，就是点明我们的市场经济的性质。"[1]

---

[1]　江泽民：《社会主义市场经济体制是同社会主义基本制度结合在一起的》，载《论社会主义市场经济》，中央文献出版社 2006 年版，第 202、203 页。

习近平同志也强调:"我们是在中国共产党领导和社会主义制度的大前提下发展市场经济,什么时候都不能忘了'社会主义'这个定语。之所以说是社会主义市场经济,就是要坚持我们的制度优越性,有效防范资本主义市场经济的弊端。"① 社会主义市场经济之所以称为"社会主义"市场经济,不是一般而言的市场经济,更不是资本主义市场经济,不仅在所有制和收入分配上具有社会主义的性质特征,而且在经济运行、资源配置方式上还具有"计划性"。现代资本主义市场经济与社会主义市场经济存在的不同特性,将在第四章第三节进一步论述。

三、社会主义市场经济不是"市场社会主义"

所谓"市场社会主义",在理论上最早是波兰经济学家奥斯卡·兰格在 20 世纪初提出的一种社会主义经济体制模式,按照波兰经济学家弗·布鲁斯的界定,"市场社会主义是一种经济体制的理论概念(或模式),在这种经济体制中,生产资料公有或集体所有,而资源配置则遵循市场(包括产品市场、劳动市场和资本市场)规律";在实践上南斯拉夫曾经实行过与这种"市场社会主义"类似的经济形式。无论是在理论上还是在实践上,这种"市场社会主义"都不是社会主义市场经济,两者虽然都强调在资源配置中发挥市场调节的作用、克服计划经济存在的官僚主义缺陷、也没有从根本上改变社会主义基本经济制度,但还是存在显著的不同。两者的主要差别是:中国社会主义市场经济以公有制为主体、私有制占相当大比重的多种所有制为基础,要形成完整统一竞争开放的市场体系,市场在资源配置中起决定性作用;南斯拉夫市场社会主义则主要是以实行工人

---

① 中共中央文献研究室编:《习近平关于社会主义经济建设论述摘编》,中央文献出版社 2017 年版,第 64 页。

第三章　市场经济基本理论的创新和发展

自治的公有制企业为基础，市场在资源配置中也没有起决定性作用。①

20世纪80年代，牛津大学的戴维·米勒教授等英国学者提出了"市场社会主义"理论，这种"市场社会主义"是指"用市场来实现社会主义的目的"，而"社会主义的目的"则主要是"消除强者对弱者的剥削，实现人与人之间在收入、福利、地位和权利诸方面的较大平等，满足人的基本的物质和精神需求等等"②。这种"市场社会主义"同样也不是社会主义市场经济，因为这是要在西方发达国家保持资本主义私有制和市场经济基本不变的条件下，"用市场来实现社会主义的目的"，而在资本主义基本经济制度基本不变的情况下，他所说的"社会主义的目的"大部分都是不可能实现的，特别是在不改变资本主义私有制的情况下，剥削不可避免，依靠市场根本不可能消除剥削，至多只能在的满足人的基本的物质和精神需求方面有所改进，而且这也不是"用市场"能够做到的，必须依靠政府和社会。

第三节　市场经济不可逾越的历史地位理论

无论是经典的马克思主义政治经济学，还是现代西方经济学，都没有说明商品经济与市场经济的区别和联系，更没有明确提出商品经济和市场经济在社会经济发展中的历史地位，社会主义市场经济理论首次明确提出，市场经济是商品经济的高级形式，商品经济的充分发展是社会经济发展的不可逾越的阶段，也就明确肯定了市场经济是社会经济发展的不可逾

---

① 参见张德修：《东欧经济概论》，北京大学出版社1986年版；[英]伊特韦尔等：《新帕尔格雷夫经济学大词典》，陈岱孙主编译，经济科学出版社1992年版，第363页。

② [英]索尔·埃斯特林等：《市场社会主义》，邓正来等译，经济日报出版社1993年版，第1页。

越的阶段的历史地位。

一、商品经济的充分发展是人类社会经济发展不可逾越的阶段

1984 年，中国共产党第十二届三中全会通过的中国经济改革的第一个纲领性文件首次指出，"商品经济的充分发展，是社会经济发展的不可逾越的阶段"，由于市场经济是商品经济的高级阶段，也就是"充分发展"的商品经济，因此这实际上就是说市场经济是社会经济发展不可逾越的阶段。

从社会经济运行的角度看，人类社会经济形式发展的总趋势是从自然经济和处于次要地位的小商品经济过渡到市场经济即高度发达的商品经济，再由市场经济过渡到未来计划经济。社会经济发展必然具有这种时序性，是由不同发展阶段社会生产力发展的水平、特点和趋势决定的。[①]

由于原始社会初期以采集和狩猎为主，没有出现社会分工，还谈不上是社会生产，所以在畜牧业与农业分离的第一次社会大分工后出现的自给自足的自然经济是人类社会的第一种经济形式，在手工业与农业分离的第二次社会大分工后开始出现的小商品经济即商品经济的初级形式，在相当长的一个历史时期内与自然经济并存，二者都是与生产力水平低下和社会分工不发达相适应的低级经济形式。自然经济以手工技术和自然分工为基础，生产规模狭小，各经济单位之间常常是"鸡犬之声相闻，老死不相往来"，是一种闭关自守、效率低下、自给自足的封闭型经济。随着社会生产力的发展，特别是科学技术进步、分工专业化协作水平和劳动生产率的

---

① 参见简新华：《中国社会主义市场经济体制的新探索》，载《广西财经学院学报》2019年第 5 期。

不断提高，它必将被先进的经济形式所取代。

社会经济发展的关键在于合理配置资源，不断提高劳动生产率。实行市场竞争优胜劣汰、自由选择、价格调节的市场经济，能够使社会资源流向最有价值的使用方面，实现资源的有效配置，成为迄今为止资源配置更有效的经济形式。随着社会生产力的不断发展，社会分工越来越细，专业化程度越来越高，协作越来越密切，商品经济必将逐步取代自然经济，成为一种占统治地位的经济形式，发展成市场经济。社会分工和协作、生产的社会化和专业化，是提高劳动生产率的决定性因素。以发达的社会分工和机器大生产为基础的市场经济，存在广泛的国内外经济联系，是一种充满活力、效率较高的开放型经济，能够促进社会分工和协作的进一步发展、生产社会化和专业化程度的进一步提高，甚至促进经济全球化，从而极大地推动劳动生产率的提高和社会生产力的发展。市场经济在自然经济和小商品经济基础上产生与发展起来，是对自然经济的否定和扬弃，使社会经济演进到一个新的阶段。

二、市场经济并不"万能万岁"

市场经济必然代替自然经济，商品经济的初级形式必然发展到商品经济的高级形式，是历史已经证明了的事实，是人类社会经济发展中的巨大进步。但市场经济同时存在市场失灵、会导致贫富两极分化、难以保证社会经济持续稳定协调发展等严重缺陷，不可能是永恒的，也必将随着社会生产力的高度发展，转变为更高级的经济形式——未来的计划经济。

未来计划经济是建立在生产力高度发达、物质产品极端丰富的基础上，由社会直接占有全部生产资料，自觉地根据社会需要有计划地组织社会生产，产品不通过商品货币交换的形式由社会直接实行按需分配的未来社会的理想经济形式。

市场经济是衔接自然经济和未来计划经济的中间环节，是社会经济形式演变不可逾越的必经阶段，自然经济不可能不经过市场经济发展阶段直接过渡到未来计划经济。因为，向未来计划经济过渡必须生产力高度发达、创造极大的物质财富，落后的自然经济形式不可能做到，只有通过发展市场经济、调动各方面的进取心、积极主动性和创造力，才能不断推动科学技术进步、管理加强、经济发展、生产出丰富的产品和劳务、增加国民收入、改善人民的生活，为向未来社会过渡创造必要的物质前提。任何一个民族要繁荣经济，任何一个国家要实现现代化，都必须充分发展市场经济，舍此别无他途。否则，美好的愿望只会是空想。

正是由于市场经济存在许多优越性和巨大的历史作用，所以社会上存在一种崇拜迷信市场经济的"万能万岁论"，认为市场无所不能，既能够实现经济的持续有效增长，又可以保持社会的和谐稳定，是最好的经济运行方式，将永远存在。事实证明，这是一种类似于宗教的市场原教旨主义，是不符合实际的非科学的观点。社会主义市场经济理论认为，市场经济在当前乃至未来相当长时期内是不可逾越的，但不是万能的，不应该也不可能是永恒的，最终还是要被更有效更优越的经济形式取而代之。

第 四 章

社会主义市场经济存在原因和基本特征
理论的创新和发展

社会主义市场经济理论的创新和发展包括十六个方面的主要内容，本章论述社会主义市场经济存在原因和基本特征理论的创新和发展，包括社会主义初级阶段市场经济存在的必要性和可能性、市场经济与社会主义的一致性和矛盾性及两者的结合、社会主义市场经济与资本主义市场经济和社会主义计划经济的区别和联系等三个方面理论创新和发展的内容。

第一节　社会主义初级阶段市场经济存在的原因

无论是经典的马克思主义政治经济学，还是现代西方经济学，都认为社会主义经济不是市场经济，为什么中国现在认为"社会主义社会也可以搞市场经济"、社会主义经济也可以是市场经济？也就是说社会主义市场经济存在的原因是什么、中国社会主义初级阶段为什么要发展社会主义市场经济？这是社会主义市场经济理论面临的最大理论难题。社会主义市场经济以马克思主义政治经济学的经典商品经济理论为基础，说明了社会主义初级阶段存在市场经济的原因。社会主义市场经济理论认为，社会主义初级阶段发展市场经济，既是必要的，也是可能的，中国社会主义初级阶段具备市场经济存在的充分必要条件，社会主义市场经济体制更有利于社会主义经济的发展。[①]

一、市场经济存在的必要条件和充分条件

市场经济不是人类社会一开始就有的，也不是将永远存在的，而是在一定社会条件下才能存在和发展的，要正确说明中国社会主义初级阶段为什么要搞市场经济或者说社会主义初级阶段的经济也是市场经济，首先必须明确市场经济存在的必要条件是什么，再看中国社会主义初级阶段是否具备这些条件。假若具备，就必然是市场经济；如果不具备，就不可能是市场经济。

（一）市场经济存在的必要条件

马克思主义政治经济学科学地分析了商品经济的原因，揭示了商品经济存在的必要条件。马克思在《资本论》中指出："商品生产和商品流通是极不相同的生产方式都具有的现象，尽管它们在范围和作用方面各不相同。"[②]"这种分工是商品生产存在的条件，虽然不能反过来说商品生产是社会分工存在的条件。在古代印度公社中就有社会分工，但产品并不成为商品。或者拿一个较近的例子来说，每个工厂内都有系统的分工，但是这种分工不是由工人交换他们个人的产品引起的。只有独立的互不依赖的私人劳动的产品，才作为商品互相对立。"[③] 列宁也说过："社会分工是商品经济的基础。"[④] 恩格斯在《反杜林论》中则进一步提出，"一旦社会占有

---

① 参见简新华：《中国特色社会主义政治经济学重大疑难问题研究》，安徽大学出版社 2018 年版，第 205—207 页。

② 《资本论》第 1 卷，人民出版社 2004 年版，第 136 页。

③ 《马克思恩格斯文集》第 5 卷，人民出版社 2009 年版，第 55 页。

④ 《列宁全集》第 3 卷，人民出版社 2013 年版，第 17 页。

了生产资料，商品生产就将被消除"①；斯大林强调必须按照《反杜林论》全文的意思理解，恩格斯这里所讲的社会占有的生产资料应该是"一切生产资料"、"全部生产资料"。② 从这些经典论述及相关论著中可见，商品经济的存在，必须具备两个前提条件：一是社会分工；二是产品属于不同的所有者。

商品经济的本质特征是为交换而生产、必须实行等价交换，因为不为交换而生产就不是商品经济，不实行等价交换，商品经济就不可能持续存在。生产者为什么要交换产品？这是因为社会分工决定单个生产者只能生产一种或者几种产品，而生活需要是多方面的，所以为了满足自己生活的需要，生产者必须互通有无、交换产品，生产的直接目的是为了交换，而不是消费。没有社会分工就没有交换、没有交换就没有商品生产，但是仅有社会分工还不够，还必须要符合产品属于不同所有者，因为只有这样，交换不仅是必要的而且必须是有偿等价的，生产和交换也才是商品生产和商品交换。即使存在社会分工，如果产品是大家共同占有的，或者不实行等价交换、能够无偿拿走或者无代价分配、享有、占用别人的产品，就对生产者不利，生产和交换也不可持续，也就不可能有商品经济。这里的不同所有者不一定必须是私有者，因为公有者（公有企业）与私有者之间、不同的公有者之间也存在利益差别、也需要等价交换，基本要求是一致的。以上情况说明，只有同时具备这两个缺一不可的必要条件，社会生产才能成为商品生产，交换才能成为商品交换，社会经济也才能成为商品经济。由于市场经济是商品经济的高级形式，本质上也是商品经济，所以商品经济存在的这两个前提条件自然也是市场经济存在的必要条件。

---

① 《马克思恩格斯选集》第 3 卷，人民出版社 2012 年版，第 815 页。
② [苏]斯大林：《苏联社会主义经济问题》，中共中央马克思恩格斯列宁斯大林编译局译，人民出版社 1961 年版，第 8 页。

（二）市场经济存在的充分条件

市场经济不是小商品经济，而是商品经济的高级形式，因此市场经济存在的条件除了上述商品经济存在的一般必要条件之外，还必须具备一些特殊的条件，这就是商品生产必须在社会生产中占统治地位，必须基本形成完整、统一、竞争、开放的市场体系，商品和生产要素能够在市场价格信号的指引下在全社会范围内自由流动。只有同时具备这些条件，市场才能在社会经济资源配置中发挥决定性作用，市场经济也才能存在。总而言之，市场经济存在的充分必要条件是：社会分工存在，产品属于不同所有者，商品经济在社会经济中占统治地位，基本形成完整、统一、竞争、开放的市场体系，商品和生产要素能够在市场价格信号的指引下在全社会范围内自由流动。不具备这些条件，是不少国家市场经济发展不起来的重要原因。

二、社会主义初级阶段具备市场经济存在的充分必要条件

毫无疑问，资本主义经济完全具备市场经济存在的充分必要条件，所以是市场经济。社会主义经济是否也可能是市场经济呢？根据市场经济存在的充分必要条件，可以确定只要社会主义社会中存在市场经济存在的充分必要条件，社会主义经济也可能是市场经济。社会主义经济能不能具备这些条件呢？社会主义市场经济理论认为这是可能具备的。

（一）社会主义初级阶段市场经济存在的必要条件

中国社会主义经济发展 70 多年的实践告诉我们，在社会主义初级阶段的相当长的历史时期内，社会主义社会都将存在社会分工和多种所有制形式，不同所有制经济的产品属于不同所有者，必须实行等价交换，所以具备商品经济存在的必要条件。在中国社会主义初级阶段的经济是商品经济的大背景下，即使在公有制经济内部，虽然全民所有制经济的产品或收

益应该由全民共同享有，集体经济的产品或收益应该由集体成员共同享有，但由于存在不同的公有制形式（比如全民所有制和集体所有制）和多种不同公有制的实现形式（比如国营制、集体经营制、公司制、股份制、合作制、承包制、租赁制、委托经营制等），产品也属于不完全相同的所有者，必须实行等价交换，所以说社会主义初级阶段的公有制经济也是商品经济。即使是同类公有制经济（比如国有经济即全民所有制经济）内部的单个公有制企业（比如国有企业）或单位，由于每个公有制企业或者经济单位占用的资源数量、质量、品种不同，特别是职工努力和企业生产经营管理的情况也有差别，使得产出和资源利用的效率不一样，为了鼓励企业提供更多更好产出、提高资源利用效率，必须允许单个公有制企业拥有相对独立的经济利益（即生产经营得越好获得的收益越多），产品也属于具有相对独立性的不同的单个公有制企业或单位生产和占有，社会也不能无偿占用或者调拨拿走公有制企业的产出（产品和劳务），公有制企业相互之间也必须实行等价交换，否则就会挫伤企业和职工的积极性，造成资源的低效利用甚至浪费，所以同类公有制企业的生产和交换也是商品生产和商品交换，这也说明社会主义初级阶段的公有制经济也是商品经济。社会主义初级阶段具备商品经济存在的必要条件，也就是具备市场经济存在的必要条件。

（二）社会主义初级阶段市场经济存在的充分条件

社会主义初级阶段不仅具备市场经济存在的必要条件，而且可以具备市场经济存在的充分条件。由于公有制经济和非公有制经济都可以是商品经济，商品经济就能在社会经济中占统治地位，而且社会主义社会还能够建立完整、统一、竞争、开放的市场体系，让商品和生产要素在全社会范围内自由流动，使得市场也可以在社会资源配置中发挥决定性作用，所以社会主义初级阶段也能够具备市场经济存在的充分条件，社会主义经济也可以是市场经济。

由以上说明可见，社会主义市场经济理论对社会主义初级阶段存在市场经济的原因的论证，并不违背马克思主义政治经济学关于商品经济存在的必要条件的基本原理，而是坚持运用和发展了马克思主义政治经济学经典商品经济理论的基本原理。

三、社会主义市场经济发展的必要性

社会主义初级阶段不仅存在充分必要条件，不仅必然而且可能，社会主义初级阶段必须发展社会主义市场经济的必要性，还在于市场经济的发展不可逾越，只有充分发展市场经济，才能够为建成社会主义、最终实现共产主义创造必要的条件。中国现阶段之所以要搞社会主义市场经济，具有不以人的意志为转移的客观必然性，主要是因为中国现在处于社会主义初级阶段，市场经济还没有得到充分发展，生产力发展的总体水平比较低、存在多层次、不平衡，还做不到全社会直接占有全部生产资料、还不可能也不应该实行单一的公有制，即使是公有制经济内部的各个经济单位也存在利益差别，也不可能完全做到社会经济自觉地依据社会需要有计划按比例协调发展，更不可能完全消灭剥削和贫富差别、实现共同富裕、按需分配和人的自由全面发展，所以还必须发展市场经济，发挥市场机制和竞争优胜劣汰的积极作用，推动科学技术进步、生产规模扩大、经济效益提高，促进社会主义经济更快更好的发展，创造巨大的物质财富和科学技术基础，为实行单一公有制、计划经济，最终消灭剥削和贫富差别、实现共同富裕、按需分配和人的自由全面发展提供必要的条件。

四、社会主义制度与市场经济的相容性

现代西方经济学的市场经济理论认为，市场经济只能建立在私有制基

础之上，因为市场经济的有效运行必须要有适应市场经济要求的微观基础即产权明晰、自主经营、自负盈亏的企业制度，而只有私有制企业才能做到产权明晰、自主经营、自负盈亏。与之对应，西方经济学家据此认为，社会主义国家是以公有制为基础的，而公有制则产权模糊、不可能真正做到自主经营、自负盈亏，不适应市场经济的要求，所以公有制与市场经济是不相容的，市场经济不可能以公有制为基础，而公有制是社会主义最基本的经济制度，因此社会主义制度与市场经济不相容，也就是说在社会主义制度下不可能发展市场经济。

社会主义市场经济理论批驳了社会主义制度与市场经济不相容的观点，提出包括国有企业在内的公有制企业，通过"转机改制"（转换企业经营机制、改行现代企业制度）的改革，能够做到产权明晰、自主经营、自负盈亏，从而适应市场经济的要求，所以社会主义制度与市场经济是能够相容的，在社会主义制度下也是可以发展市场经济的。中国国有企业改革和社会主义市场经济发展的实践也证明了这一点。

五、"私有化"的谬误

改革开放以来，特别是 1992 年正式提出中国经济体制改革的目标就是要建立社会主义市场经济体制以后，国内外都有人提出中国必须实行"私有化"（即把公有制改变为私有制）的主张，他们认为"私有化"的理由主要有两点：一是市场经济只能以私有制为基础，公有制与市场经济不相容、不适应市场经济的要求，社会主义国家要进行市场化的改革、建立市场经济体制、发展市场经济，就必须进行产权改造重塑、把公有制改革为私有制。二是公有制必然产权不清、缺乏经营自主权、官僚主义严重、激励不足、预算约束软化、无人负责、没有活力、创新能力弱、技术进步缓慢、经济效率低下、发展不可持续，而私有制产权明晰、自主经营、自负盈亏、激励充足、预算约束硬化、充满活力、创新能力强、技术进步快、经济效率高，所以要更快更好地发展经济，必须实行"私有化"。①

社会主义市场经济理论批驳了"私有化"的谬误，指出主张"私有化"的两个主要理由都是不能成立的：一是通过改革完善公有制和国有企业管理制度与生产经营机制，公有制与市场经济可以相容、能够适应市场经济的要求，不一定要把公有制改变为私有制。二是公有制在法律上是产权明晰的即公有制的产权属于全民或者劳动者集体所有，虽然在高度集中的传统计划经济体制中，公有制企业特别是国有企业在不同程度上存在缺乏经营自主权、官僚主义相对严重、激励不足、预算约束软化、无人负责的现象、活力不足、创新能力弱、技术进步比较缓慢、经济效率不高的情况，但这些并不是由公有制和国有企业性质决定必然存在的不可克服的缺陷，通过改革完善公有制和国有企业制度，是能够有效克服的；私有制企业的确能够做到产权明晰、自主经营、自负盈亏，在市场经济中有一定优势，但并不必然是高效的、可持续的，并且存在严重的不公平，因为私有制存在剥削，会导致贫富两极分化，对所有者激励充分而对劳动者却可能是负激励，而且私有制的这种缺陷是由私有制的性质决定的、自身无法克服。中国社会主义市场经济发展的巨大成就证明，搞市场经济不一定要实行"私有化"；在现实市场经济中，每天都有成百上千家私有制企业破产倒闭、相当数量的国有企业在市场经济条件下经营成功的实践，证明公有制可以适应市场经济的要求，并不一定必然"低效短命"，私有制也不必然是"高效永恒"。

中国之所以不能搞"私有化"，更重要的还是因为：从根本上来说，

---

① 参见简新华：《改革以来社会主义所有制结构理论的发展》，载《学术月刊》2000年第3期。

从长远来看，公有制比私有制优越，公有制更适应社会化大生产的要求，能够解放最主要的生产力——劳动者，调动劳动者的积极性、主动性和创造性，最终消灭剥削，消除贫富两极分化，实现社会公平、共同富裕和所有人的全面自由发展；而且，公有制是社会主义的经济基础，是共产党执政的经济基础，是广大人民群众的根本利益之所在，如果"私有化"，将动摇和损毁社会主义和共产党执政的经济基础，使得数以亿计的广大劳动者辛辛苦苦几十年用血汗和生命积累起来的财富落入少数暴发户的手中，再次沦为无产者。所以，中国必须坚持社会主义方向、发展公有制经济，反对"私有化"。①

第二节　市场经济与社会主义结合的可能性和困难性及途径

中国既要坚持社会主义方向，又要搞市场经济，自然就需要把社会主义制度（主要是公有制）与市场经济有机结合起来，而社会主义市场经济正是社会主义与市场经济的结合，要真正实现社会主义与市场经济的有机结合，切实做到两者扬长避短、优势互补，还必须实事求是地认识市场经济与社会主义的一致性和矛盾性，找到有机结合的有效途径。

一、市场经济与社会主义结合可能性和困难性

社会主义市场经济理论认为，社会主义与市场经济，既具有一致性又

---

① 社会主义制度与市场经济的相容性和"私有化"的谬误，本书在下面的有关章节还会展开深入论述。

存在矛盾性，两者的一致性决定两者具有有机结合的可能性，两者的矛盾性则决定两者存在有机结合的困难性。

（一）市场经济与社会主义的一致性

社会主义市场经济理论认为，市场经济与社会主义一致性的主要表现是，搞市场经济有利于社会主义经济的发展、社会主义根本任务的完成、社会主义生产目的的实现。邓小平同志指出："社会主义的本质，是解放生产力，发展生产力，消灭剥削，消除两极分化，最终达到共同富裕。"[①]社会主义的根本任务是发展生产力，社会主义生产的根本目的是要满足广大人民群众日益增长的物质文化生活需要，而迄今为止的世界经济发展的历史表明，市场经济是社会经济发展不可逾越的阶段，市场机制是比传统计划经济机制更有效的资源配置方式，更有利于促进供需平衡、推动科学技术的进步、社会经济的发展。社会主义初级阶段如果搞市场经济，能够更快更好的发展社会主义经济、实行社会主义生产的目的、满足人民需要。所以说，市场经济与社会主义具有一致性，这是两者有可能结合的基础。

（二）市场经济与社会主义结合的困难性

社会主义与市场经济虽然具有一致性，能够互相结合，但不可否认的是两者也存在矛盾性或者说实现有效结合的困难性。所谓社会主义与市场经济的"矛盾性"主要是指两者的目标及其实现方式存在不一致性。具体来说就是：社会主义生产的目的是要尽可能满足社会需要，社会主义追求的目标是效率和公平兼得，力求国民经济有计划按比例协调发展，最终要消除剥削和贫富两极分化、达到共同富裕，实现这种目标在相当大的程

[①] 《邓小平文选》第 3 卷，人民出版社 1993 年版，第 373 页。

度上要依靠政府的作用；市场经济中市场主体生产经营的目的是收益最大化，市场经济是效率优先型经济，主要通过自由选择、市场竞争来推动经济效率的提高，而且市场竞争优胜劣汰，市场机制不相信眼泪、不保护弱者，很难保证社会公平，必然会产生财富和收入的高低悬殊、贫富两极分化，市场机制作用的自发性、盲目性、事后性还可能导致社会经济运行的周期性起伏波动，甚至可能爆发生产过剩的经济危机，造成严重的资源浪费，使得社会主义的共同富裕和国民经济有计划按比例协调发展的要求难以实现。市场经济要求自由选择，社会主义要求政府调控，而政府调控就可能在一定程度上一定范围内限制自由选择。虽然政府作用能够在一定程度上克服市场失灵、有助于实现社会主义的目标要求，但政府也可能出现失灵，可能出现决策失误和不合理的调控管理，不仅影响社会主义目标的有效实现，而且还会干预和限制市场机制应有作用的有效发挥。社会主义与市场经济的这种矛盾性，给两者的有效结合带来困难。必须明确的是，不能因为这种困难性的存在，就片面地将两者截然对立起来，认为两者完全不能相结合，因为这种困难不是不可克服的。

二、市场经济与社会主义结合的途径

市场经济与社会主义的结合是有条件的，不是必然自动实现的，存在三种可能性：一是不结合；二是结合好；三是结合不好。两者不结合不是社会主义初级阶段的正确选择，中国社会主义市场经济需要解决的是社会主义与市场经济结合得好不好的问题。如果两者结合得好，就能够优势互补，既发挥社会主义特别是公有制的优越性，又实现市场经济的有效性；假若两者结合得不好，也有可能是既不能发挥社会主义特别是公有制优越性，又实现不了市场经济的有效性，甚至可能扬短避长、丢掉优点留下缺陷。中国现在面临的艰巨任务是，必须努力创造结合的条件，探索合理有效结合的方式，克服市场经济与社会主义结合的困难性，在充分发挥市场经济作用的同时，采取合理的国家干预、政府调控，有效克服市场失灵并避免政府失灵，真正做到市场有效、政府有为、扬长避短、优势互补，实现社会主义与市场经济的有机结合。社会主义与市场经济相结合的途径，主要是公有制与市场经济相结合的途径，公有制与市场经济相结合的途径主要又是公有制企业做到适应市场经济要求的途径。公有制企业主要是国有企业如何才能适应市场经济的要求，真正做到自主经营、自负盈亏、产权明晰，是社会主义（主要是公有制）能不能真正实现与市场经济相结合的核心问题。

第三节　社会主义市场经济与资本主义市场经济和社会主义计划经济

在社会主义初级阶段中国要实行的不是一般意义的市场经济，更不是资本主义市场经济，而是社会主义市场经济。

一、社会主义市场经济与资本主义市场经济的区别和联系

市场经济都是建立在社会基本经济制度基础上的，由于存在不同的社会基本经济制度，因此建立在不同社会基本经济制度基础上的市场经济，必然具有不同的社会性质和特征。现在世界上存在两种社会性质不相同的市场经济，即资本主义市场经济和社会主义市场经济，社会主义市场经济理论分析和说明了这两种市场经济的内涵、基本特征及其区别、联系和发展趋势。

（一）资本主义市场经济的内涵和基本特征

资本主义市场经济是与资本主义基本经济制度相结合的市场经济，即以资本主义私有制为基础的市场经济。由于是资本主义，必然存在生产社会化与资本主义私有制的基本矛盾及其派生的个别生产的有组织性和社会生产的无政府状态的矛盾、生产无限增长的趋势与劳动人民有购买力需求相对不足的矛盾。很明显，在资本主义社会中，生产目的是追求剩余价值最大化即利润最大化，以按资分配为主体，剥削和贫富两极分化广泛存在，必然要受资本主义基本矛盾、基本经济规律和生产目的制约，发生周期有长有短的生产过剩经济危机。自由资本主义时期的市场经济运行基本实行自由放任、处于无政府状态，垄断资本主义特别是国家垄断资本主义时期虽然存在国家所有制经济，实行国家干预、福利国家制度，但资本主义的基本矛盾及其派生的矛盾只是有所缓和，并没有根本改变，以私有制为基础、社会生产无政府状态、剥削和贫富两极分化、生产过剩经济危机等基本特征也无法从根本上消除。

（二）社会主义市场经济的内涵和基本特征

社会主义市场经济是在社会主义初级阶段与社会主义基本经济制度相结合的市场经济，即以社会主义公有制为主体的多种所有制为基础的市场经济。由于是社会主义，必然以公有制和按劳分配为主体，存在社会生产力发展不足与广大人民群众不断增长的物质文化需求的矛盾，社会生产的根本目的是最大限度满足社会需求，必然要受社会主义基本矛盾、基本经济规律和生产目的制约，在资源配置中发挥市场决定性作用的同时更好地发挥政府的重要作用，按照社会主义经济计划性的要求实行国家的计划调节、宏观调控，目的是要促进社会主义经济持续稳定协调高质量高效益发展，最终要消灭剥削和贫富两极分化、实现共同富裕；由于是社会主义初级阶段，必须发展多种不同的所有制经济、实行包括按要素分配在内的多种不同的分配方式，还不能完全实现计划经济，会存在贫富差距、也不可能完全实现共同富裕。

（三）社会主义市场经济与资本主义市场经济的异同和联系

社会主义市场经济与资本主义市场经济存在什么异同、具有什么区别和联系呢？由于两者都是市场经济，所以两者必然具有相同的运行特征，包括：都要形成完整统一竞争开放的市场体系，主要由市场形成价格，在社会经济活动中发挥市场的决定性作用，即主要通过市场机制配置经济资源，既能够通过市场竞争优胜劣汰的作用，优化资源配置、促进科技进步和经济增长、提高经济效益，也可能导致贫富差距扩大、经济运行较大的起伏波动，都存在市场失灵和剥削现象，需要国家干预，市场有效发挥作用需要维持社会稳定，而维持社会稳定则需要建立社会保障制度。由于两者的基本经济制度不同，所以两者也必然存在重大差别，主要区别在于：两者的所有制基础不同，前者以公有制为主体的多种所有制为基础，后者以私有制为基础；两者的分配制度不同，前者实行以按劳分配为主体的多种分配方式、以消灭剥削和实现共同富裕为最终目标，后者实行以按资分配为主体、不存在按劳分配、始终存在剥削和贫富两极分化；两者经济运行和发展的调节方式不完全相同，前者还要按照计划性要求能够更为合理有效地实行国家的计划调节、宏观调控，市场作用受到的限制更多，克服市场失灵的可能性更大，后者社会经济运行的无政府状态突出，难以合理有效做到国家的计划调节、宏观调控、市场作用受到的限制更少，克服市场失灵的可能性更小。

由于先有资本主义市场经济、积累了大量的市场经济发展和管理的经验教训，后有社会主义市场经济、怎样科学管理和有效发展还在探索之中，所以社会主义市场经济需要也能够学习借鉴资本主义市场经济发展和管理的有效经验与方法。当然，社会主义市场经济具有与资本主义市场经济不同的社会性质，存在同时发挥社会主义优越性和市场经济有效性的可能性，能够更好地克服市场失灵、消除资本主义市场经济的缺陷。不过，从人类社会经济运行演进的大趋势来看，两者都只是过渡经济形态，即使社会主义市场经济能够优胜于资本主义市场经济，在相当大的程度上可以克服市场失灵，但也不能从根本上消除市场失灵，难以最终完全实现共同富裕，必然都要趋向实行社会所有制、按需分配和人的自由全面发展的共产主义计划经济。

二、社会主义市场经济与社会主义计划经济的区别和联系

社会主义市场经济，既与资本主义市场经济有本质的区别，又不同于社会主义计划经济。这里的社会主义计划经济，既包括马克思主义政治经济学经典社会主义经济理论中的社会主义计划经济，还有高度集中的传统计划经济。

（一）社会主义市场经济与社会主义计划经济的区别

社会主义市场经济与经典社会主义经济理论中的社会主义计划经济的区别主要是：经典社会主义经济理论中的社会主义计划经济，以单一的公有制（即全社会直接占有全部生产资料）基础，实行全社会统一的按劳分配，商品经济消亡，不存在商品、货币和市场，社会生产按照社会需要自觉地有计划按比例协调发展，计划在资源配置中起决定性作用；而社会主义市场经济以包括多种公有制形式在内的多种所有制为基础，实行以按劳分配为主体的多种分配方式，不仅存在商品、货币和市场，而且市场机制在资源配置中发挥决定性作用。

社会主义市场经济与高度集中的传统计划经济的区别则主要是：高度集中的传统计划经济以两种公有制为基础，几乎没有非公有制经济，国有

企业实行国有国营的企业制度，存在商品、货币和不健全完善的市场，市场机制基本不起调节作用，国家主要采用行政方法对社会经济实行高度集中统一管理，计划在资源配置中发挥决定性作用，实行采用商品货币形式、标准和具体方式也不完全统一的按劳分配，不存在按资分配等其他多种分配方式；而社会主义市场经济则是以公有制为主体的多种所有制为基础，非公有制经济占相当大的比重，国有企业主要实行现代企业制度，实行以按劳分配为主体的多种分配方式，存在商品和货币，要建立健全完整、统一、竞争、开放的市场体系，市场在资源配置中发挥决定性作用，政府要实行宏观调控和规划管理，社会经济运行具有与两种计划经济都不完全相同的计划性。

（二）社会主义市场经济与社会主义计划经济的联系

社会主义市场经济与传统的高度集中统一的计划经济的联系主要在于，后者是前者的基础或者说前提，前者是改革后者的产物，但前者没有完全否定、也没有从根本上改变后者，而是后者的完善和发展，是要克服后者的缺陷、弥补后者的不足，两者都具有社会主义性质，发展的方向都是成熟完善的社会主义和共产主义。社会主义市场经济与经典社会主义经济理论中的社会主义计划经济的联系则主要是，后者是前者发展的方向或者说必然趋势，前者是要更好地发展社会主义经济，为实现后者创造必要的经济技术条件。

第 五 章

社会主义市场经济基本内容理论的创新和发展

社会主义市场经济理论的创新和发展包括十六个方面的主要内容，本章论述社会主义市场经济基本内容理论的创新和发展，包括社会主义市场经济的所有制、资本、企业制度、分配方式、社会保障、法律制度等六个方面理论创新和发展的内容。

第一节　社会主义市场经济的所有制理论

所有制是市场经济存在的基础，市场经济的所有制理论的主要内容是市场经济与所有制的关系和市场经济的所有制基础。西方经济学的市场经济所有制理论存在根本缺陷，马克思主义政治经济学的经典商品经济所有制理论也有不足。社会主义市场经济理论创新和发展了市场经济的所有制理论，主要包括三个方面的内容：市场经济所有制的一般原理、社会主义市场经济与所有制的关系和社会主义市场经济的所有制基础。

一、市场经济与所有制

社会主义市场经济理论对市场经济所有制一般理论的创新和发展的主要内容是，说明了社会经济运行方式与所有制的关系、市场经济的所有制基础。

（一）社会经济运行方式与所有制

社会经济运行方式或者说机制，主要是由生产力和生产关系两个方面的因素决定的。

从生产力方面来看，社会经济运行方式首先是由社会生产力的状况（特征和水平）决定的，不同的生产力状况决定社会经济运行方式也不同。在没有出现社会分工或者社会分工极为简单、生产力极为落后的情况下，只能是自给自足的自然经济；只有在出现社会分工并且有了剩余产品的前提下，才有可能出现简单商品经济；也只有在产业革命发生，出现机器大生产，社会分工普遍化、多样化之后，商品经济才有可能在全社会占统治地位，简单商品经济也才有可能演进成市场经济；在生产力高度发达、物质产品极端丰富、人能够自由全面发展、不再奴役般地服从社会分工的条件下，才可能实行马克思、恩格斯设想的计划经济（社会经济自觉地依据社会需要有计划按比例协调运行和发展）。

从生产关系方面来看，社会经济运行方式又主要是由生产资料的所有制状况（所有制的种类及其结构）来决定的，因为所有制的性质决定生产的目的和达到目的的方式，而生产目的也就是社会经济运行的目的，经济运行方式则是达到目的的方式的重要组成部分，而且是受生产目的制约的，所以说所有制是社会经济运行方式的基础，或者说社会经济运行方式都是建立在一定的所有制基础上、受所有制制约的。不仅不同生产力状况下的社会经济运行方式会不同，比如社会分工不发达条件下的自然经济与社会分工高度发达条件下的市场经济就完全不同；而且不同所有制基础上的社会经济运行方式也会有很大的差别，即使都是社会分工高度发达条件下的市场经济也会因为所有制状况的不同而存在本质区别，比如以资本主义私有制为基础的资本主义市场经济与主要以公有制为基础的社会主义市场经济就存在本质的差别。那种认为社会经济运行方式完全是中性的，与所有制无关的看法是不符合实际的，也是非科学的观点。

（二）市场经济的所有制基础

所有制决定社会经济运行的目的和方式，市场经济作为一种独特的社会经济运行方式或者说从经济运行角度来看的经济形式，自然也是以一定的所有制为基础的。市场经济的所有制基础的内容包括两部分：一是所有制的具体类型，即私有制（包括个体所有制）、公有制、混合所有制等；二是所有制结构，即社会所有制的总体构成状况，包括存在哪些所有制类型、各种不同所有制在总体中所占的比重、所处的地位、所起的作用和相互之间的关系等。

市场经济与所有制的相互关系主要是：所有制是市场经济存在的必要条件和决定性因素之一，决定市场经济运行的目的，制约市场经济运行机制的作用（主要是影响市场机制不同性质的功能、是有效还是失灵和作用发挥的程度），也是决定市场经济能否持续有效运行和发展的基本因素，除了市场经济的共同特征和普遍运行规律之外，不同所有制基础上的市场经济具有不同的性质特征和独特的运行规律；市场经济的运行和发展又会影响所有制的保持和变化，市场经济的持续有效运行和发展有助于其存在的所有制基础巩固和维持，否则会导致其存在的所有制基础调整和改变。比如，资本主义私有制就是决定资本主义市场经济存在的必要条件之一，而且决定资本主义市场经济运行的目的是利润最大化，虽然追求赚钱发财的内在动力和市场竞争优胜劣汰的外在压力，能够促进资本主义市场经济的发展，但是资本主义私有制决定社会生产不可避免地会存在无政府状态（即使是实行国家干预也难以完全避免）、必然发生贫富两极分化和经济危机，社会经济不可能保持持续稳定高效发展。资本主义市场经济如果能够持续有效运行和发展，就有利于资本主义私有制的巩固和维持；如果受阻、中断、低效甚至无效，则必然引起资本主义私有制的调整和改变，这正是资本主义私有制最终会走向灭亡的基本原因。

二、马克思主义政治经济学和西方经济学的市场经济所有制理论

当今世界的经济学，以阶级性和科学性为标准来划分，主要有两大类：一是马克思主义政治经济学，即无产阶级的科学的经济学；二是西方经济学，即资产阶级的在一定时期一定程度上部分具有科学性的经济学，这两类经济学的市场经济所有制理论是不完全相同的。

（一）马克思主义政治经济学的经典商品经济所有制理论

马克思主义政治经济学的经典商品经济理论也就是经典市场经济理论认为，社会分工和私有制是商品经济（即商品生产和商品交换）存在的缺一不可的两个基本条件。也就是说，私有制是商品经济的所有制基础或者说商品经济只能建立在私有制的基础上，资本主义经济就是以资本主义私有制为基础的市场经济。

由于马克思、恩格斯设想的社会主义社会要消灭私有制、实行单一的公有制或者说全社会直接占有全部生产资料，所以不存在商品经济存在的条件，商品经济必然消亡，在单一公有制基础上的社会主义经济运行方式是计划经济即社会经济自觉地依据社会需要有计划按比例协调发展，不是商品经济更不是市场经济。

由于马克思、恩格斯的时代，基本建立起社会主义基本经济制度的社会主义国家还没有出现，这种历史的局限性和实践的局限性使得马克思、恩格斯不可能提出社会主义市场经济理论，经典的商品经济理论中也就不可能有社会主义市场经济的所有制理论。斯大林虽然在苏联社会主义革命

和社会主义建设中根据社会主义的实际情况，在遵循马克思主义政治经济学所有制决定商品经济的基本原理的同时又突破了只有私有制条件下才可能有商品经济的观点，提出由于社会主义社会出现了两种不同的公有制，所以还要实行商品经济，但又认为这不是完全意义上的商品经济，"商品生产的活动是限制在一定范围内的"，"仅仅保持着商品的外壳（计价等等）"，市场（价值规律）"不能起生产调节者的作用"①。这就是说，只要是所有制不完全相同、不是单一的全民所有制，就可能存在商品经济，应该说这是对马克思主义政治经济学经典商品经济理论的所有制理论的发展。但是，既承认社会主义经济可以是商品经济，又说只是"外壳"；既说存在商品经济又认为市场在社会生产中不起调节作用，市场是商品经济的运行机制，价值规律是商品经济的基本经济规律，对商品生产和商品交换是不可能不起调节作用的，否则就不可能是商品经济，所以说斯大林的社会主义商品经济理论很不彻底，自身也存在自相矛盾的不足。

（二）西方经济学的市场经济所有制理论

西方经济学的市场经济所有制理论的基本观点是，市场经济只能建立在私有制基础之上，因为市场经济的有效运行必须要有适应市场经济要求的微观基础即产权明晰、自主经营、自负盈亏的企业制度，而只有私有制企业才能做到产权明晰、自主经营、自负盈亏。在他们看来，社会主义国家是以公有制为基础的，而公有制则产权模糊，不可能真正做到自主经营、自负盈亏，甚至不可能有市场经济条件下的真正的企业（在改革开放的初期，有日本经济学家在对中国考察以后，就得出过中国没有真正的企业的结论），公有制与市场经济是不相容的，所以社会主义国家要实行市场经济就必须进行产权改造重塑、实行"私有化"。

---

① ［苏］斯大林：《苏联社会主义经济问题》，人民出版社 1961 年版，第 16、41 页。

现代西方经济学家的著名代表萨缪尔森指出："市场经济是一种主要由个人和私人企业决定生产和消费的经济制度"①；斯蒂格利茨也提出市场经济"必须存在私人财产，以及应有的权利"②。由此可见，他们认为市场经济的微观基础是私人企业。虽然他同时也提出："从来没有一个百分之百的纯粹的市场经济"，"所有的社会都是既带有市场成分也带有指令成分的混合经济"，但这个观点并没有否定市场经济以私有制为基础，因为他认为存在"两种本质不同的经济组织方式"或者说"配置稀缺资源的机制"，即市场经济和"指令经济"，而"指令经济是由政府作出有关生产和分配的所有重大决策"，是"政府通过它的资源所有权和实施经济政策的权利解答基本的经济问题"③，这表明他实际上认为指令经济与市场经济不同，是以国家所有制为基础的。自由主义经济学的代表人物米瑟斯更是明确指出，存在"人类生产分工以及合作的两种不同的制度：其中一种是以生产资料的私有制为基础，另一种是以生产资料的公有制为基础"④。新自由主义经济学的代表人物弗里德曼也认为，有"两种可供选择的组织经济的方式"，"即中央集中计划和控制还是私有制的市场，更通俗地说，社会主义还是资本主义"⑤。

以上情况说明，西方经济学普遍认为，市场经济只能以私有制为基础，资本主义经济是以私有制为基础的市场经济、社会主义经济是以公有

① [美] 保罗·萨缪尔森、[美] 威廉·诺德豪斯：《经济学》，萧琛等译，华夏出版社1999年版，第5页。
② [美] 斯蒂格利茨：《经济学》上册，姚开建等译，中国人民大学出版社1997年版，第29页。
③ [美] 保罗·萨缪尔森、[美] 威廉·诺德豪斯：《经济学》，萧琛等译，华夏出版社1999年版，第5页。
④ [奥] 路德维希·冯·米瑟斯：《自由与繁荣的国度》，韩光明等译，中国社会科学出版社1995年版，第61页。
⑤ [美] 米尔顿·弗里德曼：《资本主义与自由》，张瑞玉译，商务印书馆2004年版，第2页。

制为基础的计划经济，搞市场经济必须实行"私有化"。西方经济学的市场经济的私有制理论，虽然有基本符合资本主义市场经济实际的一面，但存在根本缺陷，也没有并且不可能提出社会主义市场经济的所有制理论。

三、社会主义市场经济所有制理论的创新和发展

像创立以前没有的社会主义市场经济理论本身就是重大创新一样，提出以往也没有的社会主义市场经济所有制理论本身也是创新，是对已有的市场经济所有制理论的重大突破和发展。社会主义市场经济所有制理论，突破了商品经济只能以私有制为基础、社会主义经济只是计划经济不是商品经济、社会主义社会不可能也不应该实行市场经济、市场经济与公有制不相容、社会主义国家要发展市场经济就必须实行私有化等传统观念和流行看法，既弥补了马克思主义政治经济学的经典商品经济所有制理论的不足，又克服了西方经济学的市场经济所有制理论的缺陷。

社会主义市场经济所有制理论创新和发展的主要内容包括以下几点：

（一）新的市场经济所有制理论

创立了新的市场经济所有制理论是社会主义市场经济所有制理论创新和发展的集中体现，主要是提出了市场经济与公有制相容论、明确了社会主义市场经济的所有制基础。

1.市场经济与公有制相容论

新的市场经济所有制理论首先是突破了市场经济必须以私有制为基础、公有制与市场经济不相容、社会主义国家要实行市场经济必须"私有化"的传统和流行观念，继承和发展了存在社会分工和不同所有制是市场经济存在的两个不可缺少的必要条件的马克思主义政治经济学的经典商品经济所有制理论，提出了市场经济与公有制相容论。

市场经济与公有制相容论的理论基础或者说经济学道理是，社会分工和不同所有制之所以是市场经济存在的两个必要条件，是因为社会分工决定产品必须交换或者说是为交换而生产，不同生产资料所有制决定产品属于不同所有者，不能无偿占用，必须等价交换，这样社会生产就成为商品生产、交换就成为商品交换、社会经济也就成为市场经济。而这里的不同所有制，不能只理解为不同的私有制，应该是既有不同的私有制，还包括私有制与公有制的不同、不同的公有制，即使是同样的公有制比如全民所有制内部不同的企业单位，由于所占用的生产资料的数量、质量和种类结构及其使用效率存在不同，具有相对独立的经济利益，其产品也不能无偿调拨和占用，也必须等价交换，否则不利于调动公有制企业生产经营的积极性、主动性、创造性，也就不利于资源的优化配置、公有制企业和社会经济的发展，因此市场经济不一定只能以私有制为基础，公有制也可以与市场经济相容，公有制经济也可以是市场经济，社会主义国家实行市场经济，不一定必须实行"私有化"。

2. 社会主义市场经济的所有制基础

社会主义市场经济所有制理论还明确了社会主义市场经济的所有制基础，是以公有制为主体、国有企业为主导、非公有制为重要组成部分的多种所有制。社会主义市场经济理论提出，在中国社会主义初级阶段，一方面社会主义本质要求必须实行公有制，更好地解放保护发展生产力，真正消灭剥削、消除贫富两极分化、最终实现共同富裕；另一方面，适应生产力的状况和发展的要求，还不能实行单一的公有制，需要实行包括各种非公有制在内的多种所有制。即使是公有制也会存在多种不同类型和实现形式，中国社会主义初级阶段之所以要实行社会主义市场经济正是由这样的多种所有制形式及其多种实现形式决定的，中国的市场经济之所以称为"社会主义市场经济"，从根本上来说就是因为是以公有制为主体和主导的市场经济。

（二）社会主义市场经济的所有制类型

社会主义市场经济所有制理论提出，社会主义市场经济中的多种所有制主要包括公有制、非公有制和混合所有制三大类。

1.公有制主要有全民所有制、集体所有制

全民所有制（即社会主义国家所有制），生产资料属于全体人民所有，由国家代表全体人民掌握所有权，存在国有国营、股份制经营、委托代理经营、承包经营、租赁经营、混合经营等多种实现形式和经营方式。集体所有制，生产资料属于集体中的劳动者共同所有，存在集体所有集体经营、承包经营、合作经营、股份合作经营、委托经营、租赁经营等多种实现形式和经营方式。

2.非公有制主要有个体所有制、国内私有制、外国资本所有制

个体所有制，生产资料属于个人或者家庭所有，主要以个人和家庭成员的劳动为基础，采取个体经营方式。国内私有制，生产资料属于国内私人所有，主要以雇佣劳动为基础，存在个人业主制、合伙制、公司制（股份制）等多种形式。外国资本所有制，生产资料属于从外国到中国的投资者所有，主要是外国独资企业。

3.混合所有制就是公私混合所有制

所谓混合所有制，是指生产资料按一定比例属于公有和私有投资者共同所有，简单地说就是公与私混合所有，主要包括公有制与非公有制的混合、公有制与外资的混合如中外合资企业、合作企业。由于私有制即资产属于私人所有、资产所有权量化到个人，公有制即资产属于多人以致全民共同所有、资产所有权不量化到个人，而混合所有制即资产所有权属于参与混合的个人和公有制企业或者单位共同所有，资产量化到参与混合的个人和公有制企业或者单位，所以是公有与私有的混合。如果是由不同个体所有者联合、不同私有制企业联合、个体与私有制企业联合、中国非公有制与外资联合、不同外资企业联合组成的经济体的所有制，不是混合所有

制，而是非公有制独特的具体形式和经营方式，都属于非公有制；假若是不同公有制联合组成的经济体的所有制，也不是混合所有制，而是公有制独特的具体形式和经营方式，属于公有制。

混合所有制不是非公非私的所谓"中性所有制"①。有人认为，混合所有制经济不姓"公"也不姓"私"，所以是中性的，都"混合"了，还要去区分什么"姓公姓私"？其实不然。有分类才有混合，所谓混合是指不同事物掺杂合并在一起，首先必须有事物不同性质的类型区分，才有不同类型的混合；首先必须有私有制、公有制之分，才会有混合所有制，不然是什么与什么混合？即使是混合所有制，本身也不是中性的，仍然有谁是主体、谁控股、是什么性质的问题。私人与私人的"混合"，比如私人合作制、私人股份制，由于资产都量化到个人，所以属于私有制类型，不是混合所有制；公有与公有的混合，由于资产不量化到个人，所以属于公有制类型，也不是混合所有制。只有公有与私有的混合，才是混合所有制。即使是由公有与私有混合而成的"混合所有制"，也不是不公不私或者非公非私的"中性"所有制，同样具有"姓公姓私"的性质和特征。如果是私有者控股或者说以私有制为主体，就主要呈现私有制的性质和特征、属于私有制范畴；如果是公有者控股或者说以公有制为主体，就主要呈现公有制的性质和特征、属于公有制范畴。

至于国家所有制是什么性质，则由国家的阶级性质决定。尽管国有资产也不量化到个人，但不一定是公有制。如果国家主要代表掌握私有资产权的阶级的利益，其国家所有制就属于私有制性质，如奴隶社会、封建社会和资本主义社会的国家所有制；如果是由国家主要代表无产阶级、全民掌握属于公有的资产的国家所有制，就属于公有制性质，如社会主义社会

① 参见简新华：《"所有制中性"是市场经济规律还是谬论?》，载《上海经济研究》2019年第5期；《"所有制中性"不是中国特色社会主义理论的重要观点》，载《福建师范大学学报（哲学社会科学版）》2019年第5期。

的国家所有制。

所谓民营经济、民营企业是经营方式概念，不是所有制概念。民营是相对国营而言的，凡不是由国家直接经营的企业或者说经济，就是民营企业、民营经济。民营经济、民营企业也不全是私营经济、私营企业，因为私营经济就是私有制经济的另一种称呼，私营企业也是私有制企业的另一种说法。更不能把民营经济、民营企业说成是由人民来经营的经济或者说企业，因为人民是一个总体概念，不可能直接经营企业或者说经济，即使可以把"民营"说成是"人民经营"，那全民所有制企业和集体所有制企业或者说公有制经济应该也是"人民经营"的企业或者说经济，这岂不是说，除了外资企业以外，包括全民企业、集体企业在内的所有企业都是民营企业了，这显然是不科学的，只会造成更大的思想混乱。

（三）社会主义市场经济的所有制结构

社会主义市场经济所有制理论还明确了社会主义市场经济的所有制结构，指出以公有制为主体和主导、非公有制是重要组成部分、两者共同发展是中国社会主义初级阶段的所有制结构。由于公有制是社会主义经济制度、政治制度和社会和谐稳定的基础，是解放保护发展生产力的根本保证，是最终消灭剥削、消除贫富两极分化、实现共同富裕的前提条件，所以从总体来说，必须以公有制为主体和主导，在国民经济的比重上占优势、掌握国家经济命脉、拥有控制力、引导社会主义社会经济发展的方向。为了真正发挥主体和主导作用，必须毫不动摇地巩固和发展公有制经济，支持国有资本和国有企业做强做优做大，增强国有经济竞争力、创新力、控制力、影响力、抗风险能力。由于非公有制适应市场经济发展的要求，在调动各方面的积极性主动性创造性、增加投资、扩大就业、推进技术进步、发展经济、提高收入、满足社会多方面的需要等方面具有重要的积极作用，是国民经济的重要组成部分；又由于非公有制也存在追求个人收益最大化的自发性、盲目性，私有制经济中还存在剥削，可能出现损害国家和公众利益、偏离社会主义方向的行为，所以必须"对非公有制经济依法实行监督和管理"，毫不动摇地鼓励、支持、引导非公有制经济的健康发展。[①]

四、"所有制中性论"的谬误

2018年以来，中国有人提出"所有制中性论"，认为所有制中性是"市场经济的规律"，"所有制中性论"是"中国特色社会主义理论的重要观点"，主张"淡化所有权，强化产权"，"突破公有制、私有制这样一些思想的束缚"，"长期应该淡化并取消国企、民企、外企的所有制分类"，"摘下企业头上的'所有制帽子'"，"凡是在中国境内注册的企业，在法律上要一视同仁，政策上要平等对待"。实际上，"所有制中性论"既不是市场经济的规律，也不是中国特色社会主义的观点，而是违背马克思主义政治经济学基本原理甚至是一般经济学的基本常识，也不符合社会主义市场经济所有制理论的谬论[②]。

（一）"所有制中性论"否定所有制的内涵、违背马克思主义政治经济学的基本原理

正确判断"所有制中性论"的对错，首先必须弄清什么是"中性"、所有制是不是、可不可能是"中性"。何谓"中性"？按照商务印书馆2016年出版的《现代汉语词典》的解释，是指既不呈酸性又不呈碱性的

---

① 参见《中华人民共和国宪法》，人民出版社2018年版，第13页。

② 参见简新华：《"所有制中性"是市场经济规律还是谬论?》，载《上海经济研究》2019年第5期；《"所有制中性"不是中国特色社会主义理论的重要观点》，载《福建师范大学学报（哲学社会科学版）》2019年第5期。

性质、与阴性阳性不同的性质、不含褒贬色彩的性质，也就是指事物不存在对立、相反、排斥等特性的中间状态，即所谓不酸不碱、不阴不阳、不正不负、不对不错、不褒不贬、不左不右，等等。

按照"中性"的词义，所谓"所有制中性"就应该是指所有制没有阶级性、社会性的区别，是不公有也不私有、非社会主义也非资本主义的，不存在"姓公姓私"、"姓资姓社"之分。而这种理解是违背所有制内涵及其基本特征的，也是不符合实际的。众所周知，所有制是资产（主要是生产资料）属于谁所有的社会关系和制度安排，是生产关系的核心和基础——这里的"谁"包括个人、阶级、集团、国家或者社会，资产属于不同的所有者，所有制就具有不同的性质和特征、就必然存在不同的类型，不同的社会以不同的所有制为基础。依据所有者的构成及其性质和特征的不同，所有制主要存在三大类：私有制即资产属于私人所有、资产所有权量化到个人；公有制即资产属于多人以致全民共同所有、资产所有权不量化到个人；混合所有制即资产所有权属于参与混合的个人和公有制企业或者单位共同所有，资产量化到参与混合的个人和公有制企业或者单位，是公有与私有的混合。

由于客观存在的所有者的不同，所有制必然具有不同的性质和特征、必然存在不同类型的划分，不可能是"中性"的。如果没有阶级性、社会性的区别，不存在"姓公姓私"、"姓资姓社"之分，也就不存在不同所有制之分，也就不存在所有制本身。而且所有制及其不同类型的划分是客观存在的，不是哪个人想取消就能取消的。害怕、否定所有制有"姓公姓私"的区分，主张取消所有制划分，其实质就是认为私有制应该是唯一的所有制形式、公有制不应该存在、必须完全私有化。

什么是所有制的"中性"？有的"所有制中性论"者提出，"所有制也要中性，各种所有制都要平等竞争、一视同仁"。这就是说，他们所谓的"中性"，就是指"各种所有制都要平等竞争、一视同仁"。这种观点混淆了所有制本身的性质与对待不同所有制应该遵循的原则，是不准确、不科学的。既然承认有"各种所有制"，就必然有"姓公姓私"的本质区别，怎么可能是"中性"的呢？"各种所有制都要平等竞争、一视同仁"实际上讲的是对待或者处理各种不同所有制应该遵循的原则，并不是各种所有制本身的性质。

所谓"淡化所有权，强化产权"的说法，也是违背马克思主义政治经济学甚至一般的经济学常识的谬论。什么是产权？不就是财产的所有或者占有权、处置权、使用或者经营权、收益权的总称嘛！产权是一个整体，包括所有权，而且所有权是其他产权的基础，"淡化所有权，强化产权"是什么意思？作为基础的所有权淡化了，产权整体或者其他各种产权还能强化吗？显然，这是不符合逻辑和常识的主张。

（二）从"竞争中性原则"得不出"所有制中性论"，两者都不是市场经济规律

"所有制中性论"者提出"所有制中性"还有一个重要依据是，"竞争中性原则"要求"所有制中性"是市场经济规律。有人提出，"竞争中性原则是一个发达市场经济国家通行的概念"，"这一概念可以进一步延展到'所有制中性'，所有制也要中性，各种所有制都要平等竞争、一视同仁"。"两个中性原则是一个市场经济的规律，现在我们要深化市场经济改革，而且要由市场决定资源配置，理所当然要搞所有制中性、竞争中性。"也有人认为，"要公平竞争，不宜再区分民企国企"，"推进竞争中性要摘下企业头上的'所有制帽子'"。还有人把"竞争中性"说成是"所有制中立"。这些观点是不符合逻辑的，从"竞争中性原则"得不出"所有制中性论"，"所有制中性"是市场经济规律的观点不能成立，"所有制中立"的说法也是不准确科学的。

的确，市场要真正做到优胜劣汰、优化资源配置，要求市场主体必须

一视同仁、公平竞争，即应该遵循所谓"竞争中性原则"。否则，有的企业享有特权优惠、有的被限制歧视，竞争就不公平，就可能优不胜劣不汰，甚至"劣币驱逐良币"、劣胜优汰，资源也就不能流向效率最高的领域和企业、无法实现优化配置。从理论上来说，竞争中性原则是市场经济有效运行的要求。2019 年 3 月召开的第十三届全国人民代表大会通过的《政府工作报告》也要求"按照竞争中性原则，在要素获取、准入许可、经营运行、政府采购和招投标等方面，对各类所有制企业平等对待"。但是，从实际上来看，在现实市场经济中，对所有企业一视同仁、公平竞争的所谓"竞争中性原则"，并不能保证必然被遵循或者说很难真正做到，即使是以私有制为基础的所谓自由市场经济也没有真正做到。比如，垄断企业与中小企业之间的竞争就不可能是平等竞争。2008 年美国政府对大量中小企业任其破产倒闭、对高盛等特大金融企业和通用汽车公司等特大制造业企业大力救助；2019 年，美国政府对波音公司加以保护，等等，就是明证。

所谓规律就是必然性，既然由于企业所有制本质和利益的差别决定，平等竞争只是市场经济有效运行的（但现实很难能真正做到的）一个原则要求，不具有必然性，因此也就不能说是市场经济的规律，这也是市场失灵的重要方面。而且，即使真正做到了公平竞争，也不能完全消除市场失灵，也不能保证社会经济持续稳定协调高质量高效益发展，因为公平竞争只是市场经济有效运行的一个必要条件，不是充分条件。[①]

既然竞争中性不是市场经济的规律，自然从中引申出来的"所有制中性"也不可能是市场经济的规律。而且，从"竞争中性原则"也得不出"所有制中性论"。为什么竞争中性就必然要求"所有制也要中性"呢？"所有

[①]　详细论述参见简新华：《应该怎样正确认识市场和政府在经济运行中的作用？》，载安徽大学出版社 2018 年 11 月出版的《中国特色社会主义政治经济学重大疑难问题研究》。

制中性论"者并没有说出所以然来。从前面的论述可知，所有制不可能是中性的，竞争中性是对待或者处理各种不同所有制应该遵循的原则，并不要求所有制本身必须是中性的。恰恰相反，要"对各类所有制企业平等对待"，是以存在"各类所有制企业"为前提的，也就是说，是以企业所有制非中性即具有不同所有制性质为前提的。由此可见，从竞争中性原则不仅推不出"所有制中性"，相反竞争中性原则本身就是否定"所有制中性论"的。

至于有人说的"所有制中立"，其内涵也是指各种不同所有制企业都必须公平参与市场竞争、不能因企业所有制的不同而设置不同的规则，这实际上就是竞争中性原则，但是把"竞争中性"说成是"所有制中立"，同样也不准确科学。因为，竞争中性原则是指国家政府、社会组织等对不同所有制企业应该保持中立的不偏不倚的立场，一视同仁、公平对待，不应该厚此薄彼，主体是国家政府、社会组织，对象是不同所有制性质的企业；所谓"所有制中立"，应该是指不同所有制企业本身要保持中立的立场，但是企业为什么保持中立的立场、对谁保持中立的立场、保持什么样的中立立场？都不明确，是一个模糊不清的概念。而且，竞争中性原则的内涵已经很清楚，提出者对"所有制中立"内涵的解释也就是竞争中性原则的内涵，再生造出一个内涵不准确的新概念，只会引起思想混乱。

（三）中国特色社会主义理论没有"所有制中性"的观点

以"所有制中性"是中国特色社会主义理论的重要观点的看法来论证"所有制中性"观点的正确性，只是贴了一个标签、下了一个结论，既没有引证党和国家的相关重要文献和领导人的重要讲话中关于"所有制中性"的明确论述，又没有清楚地说明"'所有制中性'是中国特色社会主义理论的重要观点"的理由和依据。实际上，这种看法认为，"所有制中性"观点的理论依据是"两个毫不动摇","所有制中性"的实践依据是新时代社会主义市场经济的发展要求，而"两个毫不动摇"、社会主义市场经济是中国特色社会主义理论的重要内容，不言而喻，自然"'所有制中性'是中国特色社会主义理论的重要观点"。但是这种推论是不科学、不正确的，而且是不符合事实的。

的确，在社会主义初级阶段发展社会主义市场经济，必须毫不动摇地做强做优做大公有制经济，毫不动摇地鼓励、支持、引导非公有制经济的发展，但这是以存在公有制经济与非公有制经济的区分为前提的，恰恰是否定"所有制中性论"的，是"所有制非中性论"！所以说，从"两个毫不动摇"和非公有制经济也是社会主义市场经济的重要组成部分中得不出"所有制中性"的结论，中国特色社会主义理论没有"所有制中性"的观点，把"所有制中性"的错误观点强加到中国特色社会主义理论中，不仅是非科学的、不负责任的，而且是极其有害的。

第二节　社会主义市场经济的资本理论

资本是市场经济的生产要素，资本理论是关于资本的产生、特性、行为规律和作用的理论。西方经济学的资本理论存在根本性缺陷，马克思主义政治经济学的经典资本理论也有不足，社会主义市场经济的资本理论继承和发展了马克思主义政治经济学的经典资本理论，主要内容是社会主义市场经济中资本存在的原因、特性、行为规律、作用以及发挥资本积极作用和有效控制其消极作用的途径，是社会主义市场经济理论的重大创新和重要组成部分，也是社会主义市场经济理论的关键难点之一。

改革开放以来，不仅现实生活中存在资本，不断有学者提出社会主义社会中的资本问题，而且从 20 世纪 90 年代开始，党和国家的重要文献也开始使用资本范畴、提出与资本有关的问题和要求。1993 年党的十四届三中全会通过的《中共中央关于建立社会主义市场经济体制若干问题的决定》提出，"出资者按投入的资本额享有所有者的权益"，"资本市场要积极稳妥地发展债券、股票融资"，在党的文献中首次正式使用"资本"和"资本市场"的范畴；党的十五大报告则进一步提出了"公有资本"的范畴，指出"不能笼统地说股份制是公有还是私有，关键看控股权掌握在谁手中。国家和集体控股，具有明显的公有性，有利于扩大公有资本的支配范围，增强公有制的主体作用"。社会主义市场经济的资本理论正是在这种背景下提出和逐步形成的，是以马克思的经典资本理论为基础、与西方经济学的资本理论根本不同的、以前没有的新资本理论。

一、西方经济学的"资本实物论"和马克思的经典资本理论

资本是市场经济的重要生产要素，对于资本的本质和特征及其来源，在经济学中存在不同看法，最具代表性的理论是西方经济学的"资本实物论"和马克思的经典资本理论。

（一）西方经济学的"资本实物论"

所谓"资本实物论"，是指认为资本就是生产资料、并不体现资本家剥削雇佣工人的生产关系的理论，是马克思早就批判过的"见物不见人"的西方经济学的资本理论。西方经济学家对资本的来源、性质特征和作用的看法，虽然不完全一致且存在分歧，但有一点却是他们中大多数人的共识，即认为资本就是除土地（或自然资源）之外的生产资料，存在于人类社会的所有社会形态之中，是永恒的范畴，不承认资本体现着特定的生产关系特别是资本家剥削雇佣工人的关系。从约翰·穆勒的"凡是用于生产

的产品都是资本"①，托伦斯的"在野蛮人用来投掷他所追逐的野兽的第一块石头上，在他用来打落他用手摘不到的果实的第一根棍子上，我们看到占有一物以取得另一物的情形，这样我们就发现了资本的起源"②，庞巴维克的"作为生产的工具或手段的资本"③，到萨缪尔森的"资本资源是一个经济体为生产其他物品而生产出来的耐用物品"④，斯蒂格利茨的资本的"第一个意义指机器与建筑物，也就是有时被称为资本物品的东西"⑤，曼昆的"资本这个术语指生产中所用的设备与建筑物存量"⑥，都是认为资本就是物，而不是物掩盖下的人与人之间的经济关系——从而将资本视为在任何社会中都会存在，甚至连原始人的木棒和石器都是资本。把资本看成生产资料，而生产资料是物质，只有自然属性，本身没有社会属性，当然在各种社会中都存在，不是资本主义社会特有的经济范畴。

"资本实物论"显然不符合实际，没有抓住资本的本质特征。虽然资本是生产要素，存在货币资本、生产资本、商品资本等多种表现形式，以物的形式表现出来，似乎从来就存在，但实际上，资本不是物，而是生产要素的价值形态，是生产关系；并不是永恒范畴，而只是历史范畴；不是人类社会从来就有的，只是商品经济的产物，只在商品经济或市场经济条件下才存在。马克思明确指出："资本不是物，而是一定的、社会的、属于一定历史社会形态的生产关系，后者体现在一个物上，并赋予这个物以

①　[英] 约翰·穆勒：《政治经济学原理》上卷，赵荣潜等译，胡企林、朱泱校，商务印书馆 1991 年版，第 75 页。
②　《马克思恩格斯全集》第 32 卷，人民出版社 1998 年版，第 172 页。
③　[奥] 庞巴维克：《资本实证论》，陈端译，商务印书馆 1983 年版，第 105 页。
④　[美] 保罗·萨缪尔森、[美] 威廉·诺德豪斯：《经济学》，萧琛等译，华夏出版社 1999 年版，第 6 页。
⑤　[美] 斯蒂格利茨：《经济学》上册，姚开建等译，中国人民大学出版社 1997 年版，第 16 页。
⑥　[美] 曼昆：《经济学原理》下册，梁小民译，生活·读书·新知三联书店、北京大学出版社 1999 年版，第 15 页。

独特的社会性质。"①"黑人就是黑人。只有在一定的关系下，他才成为奴隶。纺纱机是纺棉花的机器。只有在一定的关系下，它才成为资本。脱离了这种关系，它也就不是资本了，就像黄金本身并不是货币，砂糖并不是砂糖的价格一样。"②

（二）马克思的经典资本理论

马克思在《资本论》等经典著作中提出了马克思主义政治经济学的经典资本理论，全面系统深入科学地分析和揭示了资本主义社会资本的来源、内涵、外延、本质、特征、类型、运动规律、功能、作用及其演进的必然趋势，这里只简略概述经典资本理论的要点。

经典资本理论认为，资本是特定历史条件的产物，商品经济的存在和劳动力成为商品是货币转化为资本或者说资本存在的前提条件；资本主义社会中的资本本质和基本特征主要是，资本是能够带来由雇佣工人剩余劳动创造被资本家凭借资本所有权无偿占有的剩余价值的价值，是资本家剥削雇佣工人的手段，体现着资本家剥削工人的关系；资本必须不断地进行循环和周转，由货币形式转变为生产资料和劳动力形式，再转变为商品形式，然后回到货币形式的运动中才能增殖，追求剩余价值是资本运动的内在动力，市场竞争是资本运动的外在压力；由于资本是能够增殖（获得收入）的价值，资本的所有权实际上是一种能够取得收入的权利，所以资本必须实行有偿转让、有偿占用，买卖必须按价付款，借贷要付利息，租赁要交租金；由于资本必须增殖，所以必然会不断从增殖少甚至不增殖的企业和产业部门流出，向价值增殖更多的企业和产业部门转移；资本为了取得更多的剩余价值，必然会不断把取得的剩余价值转化为资本，进行资本

① 《马克思恩格斯文集》第 7 卷，人民出版社 2009 年版，第 922 页。
② 《马克思恩格斯选集》第 1 卷，人民出版社 2012 年版，第 340 页。

积累，扩大资本的规模，等等。

经典资本理论认为，无偿占有劳动者剩余价值的剥削性、不择手段地侵占别人财富的掠夺性、无止境地追求私人利润最大化的贪婪性，是资本主义社会的资本、私有制资本的特性。马克思在《资本论》中指出："资本来到世间，从头到脚，每个毛孔都滴着血和肮脏的东西。"还引用英国《评论家季刊》的论述："资本害怕没有利润或利润太少，就象自然界害怕真空一样。一旦有适当的利润，资本就胆大起来。如果有 10% 的利润，它就保证到处被使用；有 20% 的利润，它就活跃起来；有 50% 的利润，它就铤而走险；为了 100% 的利润，它就敢践踏一切人间法律；有 300% 的利润，它就敢犯如何罪行，甚至冒绞首的危险。"[1]

经典资本理论还认为，社会主义社会实行全社会直接占有全部生产资料的公有制和社会生产按照社会需要自觉的有计划按比例进行的计划经济，不是商品经济，不存在商品货币关系，劳动力也不是商品，因此也就不可能存在资本。

二、社会主义市场经济资本理论的主要内容

社会主义市场经济中是否也存在资本、存在的原因是什么、应不应该存在资本、与资本主义市场经济条件下的资本有什么异同、具有什么样的性质特征和行为规律、在社会主义市场经济条件下应该如何发挥资本的积极作用、有效控制其消极作用？这是关系整个社会主义市场经济理论能否成立的重大疑难问题，社会主义市场经济资本理论回答了这个关键问题[2]，其主要内容包括：

---

[1]　《马克思恩格斯全集》第 23 卷，人民出版社 1972 年版，第 829 页注释 250。

[2]　参见简新华、余江：《社会主义市场经济的资本理论》，载《经济研究》2022 年第 9 期。

（一）社会主义市场经济中资本存在的客观必然性

长期以来，中国政治经济学的教科书把资本界定为能够带来剩余价值的价值，是属于资本家私人所有的剥削工人的工具，体现着资本家剥削工人的生产关系，是资本主义社会特有的经济范畴。从理论上说，由于资本是由货币转化而来的，是一种劳动创造的具有能够增殖的特殊功能（带来剩余价值或者说利润）的价值，社会主义社会应该消灭资本家私有制及其对工人的剥削和商品货币关系，所以社会主义社会不存在资本；但是，从现实的社会主义社会来看，无论是第一个社会主义国家苏联，还是社会主义的新中国，都还存在商品生产和商品交换即商品经济，存在商品和货币，用于生产经营的货币和生产要素也有价值，也要增殖。那么，这种在社会主义国家中普遍存在的用于生产经营的也要增殖的价值，不是资本，又是什么？与资本主义社会的资本有什么区别呢？理论与实际出现了矛盾，这就产生了一个必须从理论上说清的重大问题：在社会主义社会中，更准确地说是在社会主义初级阶段的社会主义市场经济中为什么会、能不能、应不应该存在资本？社会主义市场经济的资本理论做出了以下的回答。

按照马克思主义政治经济学经典资本理论的基本原理，商品经济的存在和劳动力成为商品是货币转化为资本或者说资本存在的前提条件。马克思在《资本论》中指出："商品生产和发达的商品流通，即贸易，是资本产生的历史前提"，还强调"有了商品流通和货币流通，决不是就具备了资本存在的历史条件。只有当生产资料和生活资料的占有者在市场上找到出卖自己劳动力的自由工人的时候，资本才产生"①。由此可见，马克思认为，商品流通是资本的起点，劳动力成为商品是货币转化为资本的关键。马克思还进一步指出："货币占有者要把货币转化为资本，就必须在商品

---

① 《马克思恩格斯文集》第5卷，人民出版社2009年版，第171、198页。

市场上找到自由的工人。这里所说的自由，具有双重意义：一方面，工人是自由人，能够把自己的劳动力当做自己的商品来支配，另一方面，他没有别的商品可以出卖，自由得一无所有，没有任何实现自己的劳动力所必需的东西。"[①]这就是说，劳动者拥有人身自由而且自由得一无所有，是劳动力成为商品的两个必要条件。这些都是马克思提出的资本主义社会中资本产生或者说存在的基本原理。

社会主义市场经济资本理论在坚持马克思经典资本理论的基本原理的基础上，对社会主义市场经济中资本存在的原因及其特性和行为规律，作出了创新性的理论说明，提出社会主义市场经济中也存在资本，主要原因是：

第一，市场经济的存在是社会主义市场经济中存在资本的前提条件。商品经济（包括市场经济即发达的商品经济）是资本产生和存在的前提条件，中国社会主义初级阶段的经济是市场经济，自然也就具备资本存在的前提条件。这是符合马克思经典资本理论的基本原理的，因为如前所述，马克思明确指出："商品生产和发达的商品流通，即贸易，是资本产生的历史前提。"当然，这只是社会主义市场经济中存在资本的一个重要条件，仅有这个条件还不够。

第二，社会主义市场经济中劳动力也是商品，具有货币转化为资本的必要条件。马克思还指出："有了商品流通和货币流通，决不是就具备了资本存在的历史条件"，劳动力成为商品才是货币转化为资本的关键，也就是说，商品经济不是资本产生和存在的唯一条件，更重要的是劳动力必须成为商品。这也是不能违背的马克思经典资本理论的基本原理。社会主义市场经济中的劳动力是不是商品呢？这是社会主义市场经济的资本理论面临的一个最大的理论难题。破解这个难题的关键，就是社会主义市场经

---

① 《马克思恩格斯文集》第5卷，人民出版社2009年版，第197页。

济中是否存在劳动力成为商品的两个必要条件。若存在，劳动力就是商品，货币就能转化为资本，也就可能存在资本；如不存在，劳动力就不是商品，货币就不能转化为资本，也就不可能存在资本。

也如前所述，马克思明确指出劳动力成为商品的两个必要条件是劳动者拥有人身自由而且自由得一无所有。实际上，社会主义市场经济中存在劳动力成为商品的两个必要条件：一是社会主义市场经济中的劳动者毫无疑问拥有人身自由；二是社会主义市场经济中的劳动者也主要靠劳动谋生，虽然由于全民所有制的存在，使得社会主义市场经济中的劳动者不是"一无所有"，但公有的生产资料所有权并不量化到个人，劳动者虽然能够享受到公有制经济带来的福利，但是不能凭借公有生产资料的所有权取得个人收入，主要只能依靠自己的劳动谋生，而且只有得到雇佣才能参加劳动，所以劳动力实际上也是商品。在这里需要特别指出的是，我们不能死抠"一无所有"这个劳动力成为商品的必要条件，应该抓住问题的实质。"一无所有"的实质内涵是指劳动者除了劳动力之外，不能主要凭借其他生产要素的所有权取得收入，只能主要依靠劳动谋生。否则，如果认为劳动者不是完全"一无所有"、劳动力就不是商品，就会得出不符合实际的荒谬结论。比如，现代资本主义社会中，不少雇佣劳动者拥有少量甚至相当数量的股票，也不是"一无所有"，能说他们的劳动力不是商品吗？显然不能做这样不符合实际的断定。当然，并不是只要拥有人身自由的劳动者不能凭借或主要依靠生产资料的所有权取得个人收入，而只能主要依靠劳动谋生，其劳动力在任何条件下都必然是商品，比如原始社会和未来共产主义社会的劳动力就不是商品，因为劳动力成为商品还应有一个大前提，必须在商品经济或者市场经济条件下才必然如此。[①] 而且，在市场

---

① 关于社会主义市场经济中劳动力是商品问题的详细论述，可参见简新华：《试解劳动力商品与按劳分配的理论难题》，载《经济学动态》1998 年第 10 期和《社会主义劳动力商品理论在改革时期的发展》，载《中国经济问题》1999 年第 6 期。

经济条件下，包括劳动力在内的所有生产要素都是商品，存在各种要素市场，都要通过市场买卖，实现合理流动、优化配置。中国改革的纲领性文件《中共中央关于建立社会主义市场经济体制若干问题的决定》明确提出，要重点培育的市场包括"劳动力市场"，而劳动力市场买卖的就是劳动力，劳动力是商品自然是符合逻辑的结论。这里还需要说明的是，劳动力不等于劳动者，在市场经济条件下劳动力成为商品不等于是劳动者成为商品，买卖劳动力并不就是买卖劳动者，决不是买卖人口、"卖身为奴"，劳动者是有人身自由的，出卖自己的劳动力并不是出卖自己的人身自由。

第三，资本不是资本主义社会特有的经济范畴，还可能存在于包括社会主义初级阶段在内的其他社会形态。历史事实表明，资本并不是在资本主义社会才产生和存在的，早在奴隶社会、封建社会的简单商品经济中，原始形态的资本就已经出现了。马克思在《资本论》中就几次明确指出："生息资本或高利贷资本（我们可以把古老形式的生息资本叫作高利贷资本），和它的孪生兄弟商人资本一样，是洪水期前的资本形式，它在资本主义生产方式以前很早已经产生，并且出现在极不相同的社会经济形态中。"[①]"在奴隶制度下，用于购买劳动力的货币资本，起着固定资本的货币形式的作用，它只是随着奴隶一生的能动期间的消逝，逐渐得到补偿。"[②]这些论述说明，资本是资本主义社会特有经济范畴的观点是不符合马克思的经典资本理论的，资本并不是只存在于资本主义社会，也可能存在于"极不相同的社会经济形态中"，也不能认为资本只是体现资本家剥削工人的关系、不能体现别的经济关系。实际上，在不同的社会条件下存在的资本，可以体现不同的经济关系。马克思明确指出："资本只有一种

---

① 《资本论》第3卷，人民出版社1975年版，第671页。
② 《资本论》第2卷，人民出版社1975年版，第538页。

生活本能，这就是增殖自身，获取剩余价值。"① 由此可见，资本是能够增殖的价值或者说带来收益的价值，这才是资本最一般、最基本的特征，反映了各种不同社会形态中资本的共同的性质。中国改革开放以来的经济事实也证明，社会主义市场经济中普遍存在能够增殖的价值，也就是普遍存在资本。

（二）社会主义市场经济中资本的性质和特征

由于资本可以存在于不同社会形态之中、存在不同所有制的资本，资本既具有共性（普遍性即存在于不同社会形态中不同所有制的资本都具有的共同性质）又具有个性（特殊性即存在于不同社会形态中不同所有制的资本特有的性质），所以社会主义市场经济中资本的性质和特征，既具有不同社会形态中的不同所有制的资本的共性，又存在社会主义市场经济中不同所有制资本的特性。

1. 所有资本的共性

共性存在于个性之中，特殊性中包含着普遍性，马克思经典资本理论关于资本主义社会中的资本本质和基本特征的基本原理，实际上同时也反映了在不同社会形态中存在的不同所有制的资本的共性或者说普遍特征，即"资本一般"的规定性，也就是包含有资本性质的一般原理。社会主义市场经济理论据此提出，所有资本的主要的普遍特征或者说一般特征主要有：

一是，资本的本质特征是能够增殖，都体现生产关系，能够带来剩余价值只是增殖的途径。马克思指出："一般剩余劳动，作为超过一定的需要量的劳动，必须始终存在。"② 他还强调，"使各种社会经济形态例如奴

---

① 《资本论》第1卷，人民出版社1975年版，第260页。
② 《资本论》第3卷，人民出版社1975年版，第925页。

隶社会和雇佣劳动的社会区别开来的，只是从直接生产者身上，劳动者身上，榨取这种剩余劳动的形式"①。由于包括原始社会后期在内的所有社会中劳动者的劳动都存在必要劳动和剩余劳动的区分，在商品经济中都能创造价值，如果把剩余价值理解为资本主义社会中雇佣劳动者剩余劳动创造的价值，能够带来剩余价值的价值就是资本主义社会的资本，是资本主义的经济范畴；如果把其他社会劳动者剩余劳动创造的价值也称为剩余价值，能够带来剩余价值就是所有资本的本质特征。正是因为只有增殖才成为资本，所以资本具有增殖性和逐利性，生产经营的目的是取得利润，必然追求收益最大化或者说利润最大化。

二是，正是因为只有不断地增殖才成其为资本，一旦停止增殖就不是资本了，而只有不断地进行循环和周转、转换资本形态的运动也就是生产经营活动，才能不断地增殖，所以资本具有运动性和连续性。

三是，由于资本存在于商品经济（市场经济）中，是不可缺少的生产要素（严格地说，是生产要素的价值形态），并且在市场经济中从事生产经营活动，而商品经济中存在优胜劣汰的市场竞争，资本只有在竞争中获胜或者说处于有利地位才能有效增殖，否则就会亏本破产，所以资本具有竞争性，必然积极参与竞争，努力提高竞争能力，力求在竞争中取得成功。

四是，由于资本为了更多地增殖，必然会不断从增殖少甚至不增殖的企业和产业部门向价值增殖更多的企业和部门转移，所以资本具有流动性。

五是，资本为了取得更多的剩余价值，必然会不断把取得的剩余价值转化为资本，扩大资本的规模，所以资本具有积累性和扩张性。

六是，由于资本必须实行有偿转让、有偿占用，所以资本具有有偿性。

---

① 《资本论》第1卷，人民出版社1975年版，第244页。

七是，由于资本作为市场经济的生产要素，主要以货币的形式存在，具有组织联合其他生产要素从事生产经营活动的特殊功能，所以具有组合性。

八是，由于市场经济是风险经济，市场行情瞬息万变，市场供求会不断变化甚至大起大落，市场价格会起伏波动甚至暴涨暴跌，价格提供的信息也存在不完全、不充分、不对称、不及时的缺陷，市场竞争优胜劣汰，使得资本的决策可能正确也可能失误、投资和生产经营可能成功也可能失败，这种情况和资本的逐利性决定，资本在一定程度上必然具有自发性、盲目性、投机性和冒险性。

2. 社会主义市场经济中资本的特殊性

社会主义市场经济中的资本除了具有上述所有资本的共性之外，还具有特殊性。由于社会主义市场经济中存在公有制资本和私有制资本，这种特殊性不仅表现为这两种不同性质资本的特殊性，而且即使是私有制资本也具有与资本主义市场经济中私有制资本不完全相同的特点。

资本主义社会的资本与社会主义社会的资本都是能够增殖的价值、都体现生产关系，两者本质区别只是在于后者并不一定体现私人资本家剥削雇佣工人的关系，只有社会主义市场经济的私有制资本才体现剥削关系。

社会主义市场经济中公有制资本的特殊性主要是：资本属于劳动者或者全体人民共同所有，增殖的价值或者说利润也属于劳动者或者全体人民共同所有，是消灭剥削、消除两极分化、实现共同富裕的基础条件，生产经营活动虽然要考虑收益最大化，但是社会主义制度和公有制的性质决定，资本和利润只能用于发展社会主义经济，公有制资本的生产经营活动必然要受到社会主义制度和公有制性质的制约，增殖不是生产经营的唯一目的，还必须考虑社会公共利益，最终目的也不是增殖，而是满足社会需要，不能毫无限制、不择手段地追求利润最大化，不存在剥削，任何个人都不能凭借公有制资本的所有权取得个人收入，体现的是劳动者之间互助合作的关系。

社会主义市场经济中私有制资本与公有制资本不同的特殊性主要是：资本属于私人所有，增殖的价值或者说利润也属于私人所有，生产经营活动主要以私人利润最大化为目的，存在资本所有者对劳动者的剥削。社会主义市场经济中的私有制资本还具有与资本主义市场经济中的私有制资本不同的特殊性，主要是：资本的行为必须遵守社会主义的相关法律规章，服从社会主义国家的调控和管理，不能只顾资本所有者的利润最大化，不能损害广大消费者、劳动者、其他生产经营者和社会的利益。

（三）社会主义市场经济中资本的行为规律

行为是人的行为，资本是一种价值、生产关系，资本本身是没有行为的，所谓资本的行为规律实际上就是资本所有者和经营者的行为规律，在资本主义社会就是人格化的资本即资本家的行为规律，在社会主义市场经济中就是资本所有者和经营者的行为规律。资本的行为规律首先是由资本的本质和基本特征决定的，同时还要受到资本的价值增殖运动或者说生产经营活动所在的社会形态和经济运行方式的影响。由于资本具有共性和个性，所以资本的共性即普遍性决定必然存在资本行为的普遍规律，资本的个性即特殊性则决定必然存在资本行为的特殊规律。社会主义市场经济中资本的行为规律，既有资本行为的普遍规律，又有与资本主义市场经济中不同的资本行为的特殊规律，还有不同所有制资本的行为的特殊规律。

1.资本行为的普遍规律

资本的普遍特性和同样都是在商品经济中从事生产经营活动的共性决定资本行为具有普遍规律或者说一般规律，主要有：

一是，反映资本本质的增殖性、逐利性决定，资本行为存在资本生产经营的目的是价值增殖的规律，这是资本行为的基本规律，决定资本的其他行为规律的内容和行为方式；

二是，资本都是在商品经济中进行生产经营活动的，决定必然存在资本都必须按照市场要求从事生产经营活动的行为规律；

三是，资本的竞争性决定，存在资本必然尽可能提高竞争能力的行为规律；

四是，资本的逐利性和市场竞争会导致垄断，垄断能够带来超额垄断利润决定，资本存在谋求垄断和全面控制权利的行为规律；

五是，资本的运动性、连续性决定，资本存在连续不断地进行生产经营活动的行为规律；

六是，资本的流动性决定，存在资本必然不断从无利、低利企业和产业部门向高利企业和部门流动的规律；

七是，资本的积累性和扩张性决定，资本存在不断把取得的剩余价值转化为资本、扩大资本规模的行为规律；

八是，资本的有偿性决定，存在必然节约高效利用资本的行为规律；

九是，资本的有偿转让和流动性还决定，必然形成资本市场，通过资本市场进行资本的转让和流动，而资本市场的发展会产生各种有价证券即虚拟资本，资本市场的竞争也会导致资本集中和垄断，形成万能的垄断者——金融资本，资本通过买卖股票、债券、黄金、外汇和各种金融衍生产品，就可以更快更容易地获得更多的收益，甚至"一夜暴富"，通过金融资本的垄断控制就能够谋取暴利，不必直接从事实体经济的生产经营而增殖，虚拟经济的运行甚至可能脱离实体经济，这些情况和资本的逐利性决定，资本存在"脱实向虚"的证券化、虚拟化、金融化趋向；

十是，资本的自发性、盲目性、投机性和冒险性决定，资本或多或少会存在投机和冒险行为的规律。

2.社会主义市场经济中资本行为的特殊规律

不同社会形态中存在的资本和不同所有制的资本，除了存在上述资本行为的普遍规律之外，还存在资本行为的特殊规律，资本的特殊性和存在的不同社会形态决定资本行为的特殊规律。社会主义市场经济中资本行为的特殊规律主要有：

（1）社会主义市场经济中公有制资本行为的特殊规律主要是：公有制资本的公有制性质决定，公有制资本生产经营活动的最终目的是为了劳动者或者全体人民的共同利益、满足社会需要，收益最大化只是直接目的，而且直接目的也是为了更好地达到最终目的；公有制资本的公有制性质还决定，公有制资本及其利润收入只能用于社会主义经济社会发展、增进劳动者或者全体人民的共同利益，任何个人都不能凭借公有制资本的所有权取得个人收入。

（2）社会主义市场经济中私有制资本行为的特殊规律主要是：私有制资本的私有制性质决定，私有制资本生产经营活动的目的主要是私人收益最大化，一切行为都必然以私人收益最大化为中心。

（3）社会主义市场经济中的资本，包括公有制资本和私有制资本，除了都具有上述资本行为的普遍规律之外，还存在在社会主义市场经济条件下才有的共同的行为规律，即无论是公有制资本还是私有制资本，其生产经营行为都必然受到社会主义制度的制约、都需要服从社会主义国家的调控和监督，这也是与资本主义市场经济条件下资本行为规律不同的特殊规律。

（四）社会主义市场经济中资本的积极作用和消极作用

在不同的社会形态中不同所有制的资本的作用是不相同的，不同的社会、不同的阶级会站在不同的立场上以不同的标准和方法作出不同的分析和评价。社会主义市场经济资本理论站在无产阶级和人民大众的立场上，以是否有利于经济社会的发展、经济效率的提高、社会公平和共同富裕的实现、社会和谐稳定的维持作为标准来分析评价社会主义市场经济中资本的积极作用和消极作用及其产生的原因。

总的来说，资本的积极作用是有利于经济社会的发展、经济效率的提高、社会公平和共同富裕的实现、社会和谐稳定的维持；资本的消极作用是不利于经济社会的发展、经济效率的提高、社会公平和共同富裕的实现、社会和谐稳定的维持。资本的积极作用和消极作用产生的主要原因是资本的特性和行为规律。资本的特性和行为规律决定资本不仅具有创造性、产生积极作用，也具有破坏性、产生消极作用。由于社会主义市场经济中存在两种不同性质的资本，即公有制资本和私有制资本，两者在社会主义市场经济中的作用也不完全相同。

1. 社会主义市场经济中公有制资本的作用及其产生的原因

社会主义市场经济中公有制资本既具有积极作用，也可能产生消极作用。

公有制资本的积极作用主要有：

一是资本的增殖性、逐利性和生产经营的目的是价值增殖的行为规律、资本的竞争性和必然尽可能提高竞争能力的行为规律，也就是追求价值增殖的内在动力和市场竞争的外在压力，再加上资本的运动性、连续性，决定资本必然不断开发和利用一切可以利用的资源、扩大生产经营规模、改进技术、加强和完善管理、降低成本、开发新产品、增加花色品种、提高产品质量和性能、提高劳动生产率等，因为这些措施都是增加收益和提高竞争力的重要途径，能够持续不断地实现资本价值增殖和收益最大化，同时也有利于经济社会的发展、就业的扩大、经济效率的提高、国民收入的增加，为实现共同富裕创造必要的物质条件，这是社会主义市场经济中资本最大的积极作用；

二是，资本存在于市场经济中，是市场经济发展不可缺少的生产要素，资本都必须按照市场要求从事生产经营活动的行为规律，决定公有制资本也要适应市场经济的要求，有利于社会主义市场经济的发展；

三是，资本按照市场要求从事生产经营活动的行为规律，资本的流动性和不断从无利、低利企业和产业部门向高利企业和产业部门流动的规律，能够促进供需结合、产销结合、供求平衡，推动生产要素流向更有效率的企业和产业，从而有利于实现资源的优化配置和经济效率的提高；

四是，资本的积累性和不断把取得的剩余价值转化为资本、扩大资本规模的行为规律，能够不断增加生产要素、扩大生产规模，为经济社会发展提供更有利的条件；

五是，资本的有偿性和节约高效利用资本的行为规律，能够促进资本节约和高效利用，从而提高经济效益；

六是，资本的证券化、虚拟化和金融化的趋势，具有更好满足资本需求、促进资本使用效率提高的积极作用；

七是，资本或多或少会存在投机和冒险行为的规律，会使得资本敢于突破、勇于创新、不断进取、更具有活力，有利于科技进步和经济发展；

八是，资本的组合性具有独特的推动市场经济发展的重要作用，马克思指出："资本一旦合并了形成财富的两个原始要素——劳动力和土地，它便获得了一种扩张的能力，这种能力使资本能把它积累的要素扩展到超出似乎是由它本身的大小所确定的范围，即超出由体现资本存在的、已经生产的生产资料的价值和数量所确定的范围。"[1] 马克思在《资本论》中还说："资本主义商品生产，——无论是社会地考察还是个别地考察，——要求货币形式的资本或货币资本作为每一个新开办的企业的第一推动力和持续的动力。"[2] 资本具有的这种"第一推动力"的作用在社会主义市场经

---

① 《资本论》第 1 卷，人民出版社 1975 年版，第 663 页。

② 《资本论》第 2 卷，人民出版社 1975 年版，第 393 页。

济中也存在；

九是，公有制资本的公有制性质和生产经营活动的最终目的是为了劳动者或者全体人民的共同利益、公有制资本及其利润收入属于公有，只能用于增进劳动者或者全体人民的共同利益的行为规律，决定公有制资本不仅更有利于推动社会主义经济社会的发展，而且能够消灭剥削，更有利于实现社会公平和共同富裕、维持社会和谐稳定，这是公有制资本特有的积极作用。

社会主义市场经济中的公有制资本，并不是只有积极作用，也可能出现消极作用。主要是由于资本的逐利性和生产经营的目的是价值增殖的行为规律、资本的竞争性和必然尽可能提高竞争能力的行为规律，再加上谋求垄断和全面控制权利的行为规律，不仅能够使得公有制资本具有上述积极作用，也可能存在自发性、盲目性，产生消极作用。因为，要实现收益最大化、在市场竞争中取胜，除了上述正面的能够产生积极作用的措施之外，还存在形成和保持市场垄断与行政垄断、不正当竞争、假冒伪劣、以次充好、以劣从优、尔虞我诈、坑蒙拐骗、欺行霸市、缺斤少两、囤积居奇、投机诈骗、盲目扩张、人为压低克扣劳动者的工资收入、不顾劳动者的劳动安全保护和必要的福利待遇、破坏资源环境等负面的不正当甚至不合法的手段。这些手段与民争利，牟取暴利，损害消费者、劳动者、其他生产经营者和社会的利益，极不利于经济社会持续高效发展，更不利于社会公平和稳定和谐。在公有制企业制度和管理制度不健全完善、国家监管不力不到位的情况下，公有制资本也有可能在不同程度上采用这些手段，产生消极作用。而且，在公有制企业制度和管理制度不健全完善、国家监管不力不到位特别是高度集中统一管理过多、过度、过死、越位，激励监督约束机制不健全完善、政府过多过度支持保护的情况下，公有制资本还可能出现墨守成规、不思进取、保守僵化、缺乏活力、创新不足、技术进步缓慢、效益低下的现象。

2.社会主义市场经济中私有制资本的作用及其产生的原因

社会主义市场经济中私有制资本既具有积极作用，也必然存在消极作用。

在社会主义市场经济中，上述除了第九个特有的积极作用以外的第一至第八的八个公有制资本存在的积极作用，由于同样的原因，私有制资本也同样具有，这里不再重复论述。马克思曾经指出："资本的文明面之一是，它榨取剩余劳动的方式和条件，同以前的奴隶制、农奴制等形式相比，都更有利于生产力的发展，有利于社会关系的发展，有利于更高级的新形态的各种要素的创造。"①虽然马克思这里讲的是资本主义制度下的私有制"资本的文明面"即积极作用，但是这种积极作用显然在社会主义制度下也应该具有。笔者认为，马克思的这段论述对我们现在全面正确认识和把握社会主义社会中资本（包括私有制资本和公有制资本）的积极作用，具有重要的指导意义。在社会主义初级阶段，中国特别应该尽可能发挥资本"有利于更高级的新形态的各种要素的创造"的积极作用，更好为社会主义现代化、为"更高级的新形态"即发达成熟完善的社会主义和共产主义，创造更多更好更充分的必要条件。私有制资本还有一个独特的积极作用，那就是私有制资本作为公有制资本的竞争对手，能够促进公有制资本努力地优化制度、改善管理、加强创新、提高市场竞争力和生产经营活力，避免墨守成规、不思进取、保守僵化、效益低下。

社会主义市场经济中私有制资本的消极作用，由于私有制的性质决定，实事求是地说，比公有制资本的消极作用更多、更大，主要是：由于私有制资本追求的是私人收益最大化、利润被资本私有者占有，因而存在剥削，生产经营的自发性和盲目性更为突出，存在追求垄断独占、盲目无序扩张、野蛮生长的倾向，很难避免不择手段、唯利是图的现象。除了行

---

① 《资本论》第 3 卷，人民出版社 1975 年版，第 925—926 页。

政垄断之外，上述种种为实现收益最大化和在市场竞争中取胜的、与民争利、牟取暴利、不惜损害消费者、劳动者以及其他生产经营者和社会的利益的不正当甚至不合法的手段，如果说公有制资本只是在公有制企业制度和管理制度不健全完善、国家监管不力不到位的情况下，才有可能采用，私有制资本则难以避免采用这些手段；虽然私有制资本的行为要受到社会主义制度的制约，都需要服从社会主义国家的调控和监督，但是对社会主义制度的制约和国家的调控监管往往不情愿，甚至试图抵制、摆脱；虽然追求剩余价值的内在冲动和市场竞争的外在压力，能够推动私有制资本不断改进技术、加强管理、扩大生产，但是私有制资本的剥削又会导致劳动者有购买力的需求不足，如果私有制资本在国民经济中取得了主体地位，就有可能出现生产过剩的经济危机。所有这些都不利于社会主义经济社会的协调稳定和可持续发展，可能导致贫富两极分化和社会动荡，难以实现共同富裕。

（五）社会主义市场经济发挥资本积极作用和有效控制其消极作用的途径

世界各国经济发展的实践表明，一般来说，资本在经济增长和社会稳定方面具有重要作用，资本的积极作用有助于推动经济增长，资本的消极作用则不利于经济的持续协调稳定发展，而且会造成贫富两极分化和社会动荡。西方发达国家在几百年的工业化和城市化过程中，在"比过去一切世代创造的全部生产力还要多，还要大"① 的同时，包括两次世界大战在内的战争连绵不断，革命运动此起彼伏，社会动荡不已。在实现工业化和城市化或者说实现现代化的大变革时期，之所以在社会生产力大发展的同时往往都伴随着社会大动荡，原因很多，其中的一个重要原因是比较充分

---

① 《马克思恩格斯选集》第 1 卷，人民出版社 1995 年版，第 277 页。

地发挥了资本的积极作用，但是没有能够有效控制其消极作用。中国之所以能够像《中共中央关于党的百年奋斗重大成就和历史经验的决议》中所说的那样，"仅用几十年时间就走完发达国家几百年走过的工业化历程，创造了经济快速发展和社会长期稳定两大奇迹"①，除了中国共产党的领导、马克思主义的指导、社会主义优越性的发挥等基本因素之外，一个重要的原因是比较好地发挥了资本的积极作用，在一定程度上也控制了资本的消极作用。

现在中国进入全面建设社会主义现代化强国的新发展阶段，资本的消极作用越来越突出地显现出来，需要在进一步充分发挥资本的积极作用的同时，更加注重采取得力措施有效控制资本的消极作用。②正确对待资本的积极作用和消极作用，必须实事求是、全面合理，既要避免强调资本的积极作用而忽视资本的消极作用，又要防止只看资本的消极作用而否定资本的积极作用；既要保护支持鼓励资本，又要监督节制引导资本，不能走极端、犯片面性的错误。新发展阶段必须采取综合配套措施尽可能发挥资本的积极作用和有效控制其消极作用。

总的来说，主要应该加强党的领导，发挥社会主义制度的优越性，建立健全完善相关法律规章，规范和引导资本行为；建立健全完善的市场体系，营造良好的营商环境和公平竞争秩序，合理地为资本的生产经营活动提供更为有利的条件，支持和保护资本合法有利的生产经营活动；建立健全完善对资本的监管体系，切实实行对资本行为的合理有效监管。必须对资本的积极作用和消极作用及其产生的原因，有针对性地采取措施，更好地发挥资本的积极作用，有效地控制资本的消极作用。而且，由于公有制资本与私有制资本的作用及其原因，既有共性也有不同，所以既要同等对

---

① 《中共中央关于党的百年奋斗重大成就和历史经验的决议》，人民出版社 2021 年版，第 63 页。

② 参见简新华：《节制资本，缩小贫富差距》，载《当代经济研究》2015 年第 5 期。

待又要差别施策。

必须特别注意的是，发挥资本积极作用和有效控制其消极作用，在相当大的程度上，要依靠国家的法律规制、政府的监督管理，而政府的监督管理也可能出现失误失灵的情况，存在缺位、越位、错位，瞎指挥、乱干预的问题，产生行贿受贿、官商勾结、权钱交易、官员向资本"伸手"、吃拿卡要、以权谋私、牟取暴利的腐败现象，法律规制也可能出现漏洞、存在缺陷，并不能自动保证百分之百的正确、合理、有效，所以要真正合理有效做到发挥资本的积极作用、控制其消极作用，还必须不断改革完善相关法律规制和政府的监管机构，提高政府工作人员的素质和能力，合理有效规范和监督政府的监管行为，构建"亲清"政商关系。该管的必须坚决管、管到底，切实做到既合理有效监督节制引导资本的行为，又合理有效保护支持鼓励资本的行为；不该管的坚决不管，合理合法放开资本的手脚，更好地发挥资本的积极作用。

三、不是"资本实物论"的翻版，而是经典资本理论的继承和创新

社会主义市场经济资本理论不是退回到西方经济学的"资本实物论"，而是对马克思的经典资本理论的继承、创新和发展。

（一）社会主义市场经济资本理论不是"资本实物论"的翻版

表面上看来，"资本实物论"与"社会主义市场经济资本理论"似乎是一致的，两者都认为不同的资本具有共性，不是资本主义特有的经济范畴，实际上两者有着本质的区别。社会主义市场经济资本理论并不否定资本的社会属性，坚持认为生产资料并不天生就是资本，只有在商品经济中作为价值增殖手段的条件下，才能成为资本的表现形态之一，资本的本质

特征是能够在生产经营活动中增殖的价值，主要体现资本所有者与劳动者之间的经济关系。这是社会主义市场经济资本理论与"资本实物论"的根本区别。

（二）社会主义市场经济资本理论是对马克思的经典资本理论的继承、创新和发展

从马克思的经典资本理论和社会主义市场经济资本理论的主要内容来看，社会主义市场经济资本理论与马克思的经典资本理论显然不完全一致。那么，社会主义市场经济资本理论是否违背或者否定了马克思的经典资本理论、马克思的经典资本理论是否已经过时，对社会主义市场经济资本理论的建立还有无指导意义？这也是社会主义市场经济资本理论不能回避、必须正面回答的困难问题。

第一，社会主义市场经济资本理论继承、创新和发展了马克思的经典资本理论。就像马克思主义政治经济学的经典社会主义经济理论中没有社会主义市场经济理论，而社会主义市场经济理论没有否定马克思主义政治经济学的经典社会主义经济理论，相反是发展了马克思主义政治经济学的经典社会主义经济理论一样[1]，社会主义市场经济资本理论也没有否定或者违背马克思的经典资本理论，而是继承、创新和发展了马克思的经典资本理论。因为，社会主义市场经济资本理论继承了马克思的经典资本理论的基本原理，如资本的本质特征是能够增殖的价值，资本必须在运动中才能增殖，资本是一定历史条件下的产物，体现着社会经济关系、商品和货币流通是资本产生的历史条件，劳动力成为商品是货币转化为资本的前提等马克思的经典资本理论的基本原理，社会主义市场经济资本理论都继承

---

[1]　参见简新华、程杨洋：《中国共产党的社会主义市场经济理论创新——庆祝中国共产党成立 100 周年》，载《财经科学》2021 年第 5 期。

下来，不仅没有违背，而且运用到社会主义初级阶段，扩大了适用范围，创新和发展了马克思的经典资本理论。因此，社会主义资本理论不仅没有从根本上否定马克思的资本理论，相反扩大了马克思资本理论的应用范围。社会主义市场经济资本理论与马克思的经典资本理论最大的不同，主要表现在：社会主义市场经济资本理论提出资本不是资本主义特有的经济范畴，并不一定只是体现资本家剥削雇佣工人的关系；在社会主义初级阶段的社会主义市场经济中也存在资本，公有制资本体现的是劳动者共同占有资本和剩余劳动创造的价值的互助合作关系。

第二，马克思的经典资本理论对建立社会主义市场经济资本理论仍有指导意义，是社会主义市场经济资本理论的基础。马克思的经典资本理论，不仅科学地论述了资本主义社会资本产生的原因、本质、特征、功能和运动规律，实践证明并没有过时，仍然符合现代资本主义的实际，而且也揭示了在不同社会形态中存在的、不同所有制的资本共有的普遍性质、运动规律和作用，对社会主义市场经济资本理论的建立具有重要的理论价值和指导意义。从前面对社会主义市场经济中的资本存在的原因、特性、运动规律和作用的论述中可见，社会主义市场经济资本理论虽然提出了一些与马克思的经典资本理论不完全相同的新理论，但是以马克思的经典资本理论为基础的创新和发展。

总而言之，西方经济学的"资本实物论"认为资本存在于一切社会形态之中，完全否定资本体现人们的经济关系特别是资本家剥削工人的关系；马克思的经典资本理论认为，资本是一定经济条件下的产物并体现生产关系，在资本主义社会中体现资本家剥削雇佣工人的关系；社会主义市场经济资本理论仍然坚持认为资本是一定经济条件下的产物并体现人们的经济关系，只是进一步提出在社会主义初级阶段也可能存在资本，并不一定只体现剥削关系，资本主义社会的资本体现剥削关系，在社会主义初级阶段存在的公有制资本则体现劳动者之间的互助合作关系。由此可见，社会主义市场经济资本理论不是要也没有退回到西方经济学的资本理论，不是"资本实物论"改头换面的翻版，而是根据现阶段社会主义经济的实际，创立了社会主义市场经济资本理论，创新和发展了马克思的经典资本理论，使人们对资本的认识更全面、更深刻、更符合实际，从而更有效地指导经济实践，更好地发挥资本的作用，促进社会主义市场经济的发展。

第三节　社会主义市场经济的企业制度理论

　　企业是市场经济的生产经营主体，企业制度及其生产经营行为是市场经济的微观基础，市场经济的企业制度理论就是关于市场经济需要的企业制度及其类型和特征的理论。西方经济学的企业制度理论既有符合实际的合理部分，也存在不正确的内容。社会主义市场经济的企业制度理论吸收了西方经济学企业制度理论合理的成分，扬弃了西方经济学企业制度理论的不正确的内容，创新和发展了市场经济的企业制度理论，提出了新的社会主义市场经济的企业制度理论，包括两个方面的主要内容：一是市场经济需要的企业制度及其演变，二是社会主义市场经济的企业制度。

一、企业制度与市场经济

　　企业制度是企业各方面制度安排的总称，其内涵十分丰富，包括企业产权制度（广义的所有制）、组织制度、领导制度、经营制度、管理制度等①。产权制度是企业所有权、经营权和收益权方面的制度，是企业内部主要权力和利益的安排，是最基本的企业制度。组织制度是企业组织形

①　参见郑海航主编：《中国企业理论五十年》，经济科学出版社1999年版，第54页。

式、机构设置、运转方式方面的具体制度安排。领导制度是企业领导机构设置、领导层次、领导职位和权力、领导方式方面的具体制度安排。经营制度是企业经营方式方面的制度安排，主要涉及经营权的具体配置和行使，是在业主经营、合作经营、股份经营、承包经营、租赁经营、委托经营、自主经营、国家经营等多种经营方式中的选择。管理制度则是企业生产经营的供产销和人财物各个环节与方面的具体管理方式上的制度安排。企业各方面的制度紧密联系、相互依存、相互渗透，共同构成一个完整的体系。其中，产权制度是核心，决定其他企业制度的基本性质和特征；其他企业制度是产权制度在企业各个方面的具体体现。

本书所说的企业制度主要是指涉及企业的根本的权力和利益关系的产权制度以及相关的基本组织领导制度与经营制度，不包括属于企业生产经营的供产销和人财物各个环节与方面的具体管理制度，如采购供应、研发设计、生产设备、基础设施、工艺技术、品种质量、营销公共、劳动人事、资金财务、收入分配等方面的具体制度安排。

市场经济的运行和发展以企业为基础，企业的制度安排和生产经营行为是市场经济的微观基础，市场经济合理有效运行要求特定的企业制度与之相适应。因此，企业制度理论是市场经济理论的重要组成部分，自然也是社会主义市场经济理论的重要组成部分。

二、西方经济学的企业制度理论

西方经济学的企业制度理论认为，在市场经济条件下，必须实行以私有制为基础的自由企业制度，其反映现代市场经济要求的合理有用部分的具体内容，第二章第二节中的市场经济的微观基础理论已经作了概括说明，这里主要指出其存在的缺陷。

西方经济学的企业制度理论认为：市场经济必须实行产权明晰、自主分散决策、自由投资、自由生产、自由经营、自负盈亏的自由企业制度；产权明晰就是资产必须量化到个人，盈亏责任必须由资产所有者个人直接承担，只有私有制企业才能真正做到产权明晰、自主分散决策、自由投资、自由生产、自由经营、自负盈亏；市场经济的微观基础只能是以私有制为基础的企业制度和行为；公有制企业特别是国有企业不可能做到产权明晰、自主分散决策、自由投资、自由生产、自由经营、自负盈亏，所以社会主义国家要发展市场经济就必须实行"私有化"。认为企业制度只能以私有制和自由竞争为前提、只有私有制才能做到产权明晰、自主经营、自负盈亏，也只有私有制企业和自由企业制度才能适应市场经济的要求，这是西方经济学企业制度理论的根本缺陷：因为完全自由竞争和自由企业制度在实际上不可能，必然会存在垄断和国家干预，并不是只有资产必须量化到个人才能做到产权明晰，公有制企业也不是绝对不可能建立适应市场经济要求的企业制度。正是由于存在这种缺陷，所以西方经济学的企业制度理论也就不可能提出社会主义市场经济的企业制度理论。

三、市场经济需要的企业制度及其演变

社会主义市场经济的企业制度理论是在分析总结市场经济中企业制度的演进过程和趋势、弄清市场经济需要什么样的企业制度中形成的。

（一）市场经济需要自主企业制度

市场经济需要什么样的企业制度与之相适应，或者说市场经济条件下的企业制度应该具有什么样的特征呢？[1]正确回答这个问题，需要先明确

---

[1] 参见简新华、李雪编著：《新编产业经济学》，高等教育出版社 2009 年版，第 52—54 页。

市场经济的资源配置方式。如前所述，市场配置资源是通过市场机制即市场上供求、价格和竞争关系的变化，影响市场经济主体（供应者、需求者）的利益得失，并且提供市场经济主体决策和行动需要的信息，而自动地调节市场经济主体的行为，引起资源的流动，从而实现社会经济资源的配置。

市场经济的这种资源配置方式，首先要求企业必须面向市场、参与竞争、自主经营。在市场经济中，企业通过市场取得生产要素、销售产品或劳务，面临着相关各方的竞争，因此企业必须根据市场行情（包括市场供求变化、价格波动和竞争态势等）自主从事生产经营活动，自行决定生产什么、生产多少、怎样生产和为谁生产，参与竞争，优胜劣汰。只有这样，企业才能生存和发展，市场机制才能真正起到调节资源配置的作用。否则，企业不成其为企业，市场也调节不了生产经营活动。

市场经济还要求企业必须权、责、利明确，拥有自主经营、独立决策的生产经营自主权，自己承担经营成功或失败的责任，自己负责盈利或亏损。因为，企业如果没有生产经营自主权（主要是自行决定企业供产销、人财物的权力），就无法根据经常变化的市场行情及时调整自己的生产经营活动，价格涨了，企业无权无力增加资源投入、扩大生产；价格跌了，企业也无权无力减少资源投入、缩小生产，无论价格涨跌企业都无动于衷、无能为力、没有反应，市场对企业的行为就起不了调节作用，调而不动。市场经济是风险经济，市场行情错综复杂、起伏波动、变幻无穷甚至瞬息万变，存在不确定性，市场竞争优胜劣汰，既有机会，又有风险，再加上信息不充分、不对称、生产经营能力有限，企业经营既可能成功，也可能失败，企业如果不负盈亏责任，不能享受成功的收益，不承担失败的损失，就不能保证企业不断努力提高生产经营能力、认真负责地进行科学正确的决策和生产经营管理，可能滥用经营自主权，随意拍板决策，不负责任地经营，导致企业决策失误、经营失败，市场竞争就不能形成推动企业提高能力、改进技术、加强管理、发展生产的外在压力，就会使企业丧失按市场经济规律从事生产经营活动的动力，也就不可能发挥市场机制优胜劣汰的积极作用，无法实现市场合理有效配置资源的作用。

企业要真正做到自主经营、自负盈亏，又必须产权明晰。什么是产权明晰？西方经济学的企业制度理论的理解与社会主义市场经济理论的理解是不一样的。前者认为产权明晰就是资产量化到个人，后者认为产权明晰就是说企业的所有权、经营权和收益权（包括收益分配权）要明确责任主体，并且落实到责任人，其实质是企业要有人的利益因企业的盈亏而增进或受损、有人关心和负责企业的生产经营，这一点并不一定只有私有产权才能做到。只要产权责任主体明确，企业真正做到产权明晰、自主经营、自负盈亏，企业就能成为市场经济所要求的微观基础。如果产权不明晰，企业的生产经营无人负责、无人关心，则无法真正做到认真负责经营和自负盈亏，市场经济也就不能实现资源的优化配置。

简而言之，市场经济需要的企业制度是自主企业制度。所谓自主企业制度，就是指面向市场、参与竞争、自主经营、自负盈亏、产权明晰的企业制度，与西方经济学主张的"自由企业制度"不完全相同。市场经济需要的企业制度的基本特征是"自主经营、自负盈亏、产权明晰"，企业必须权、责、利明确，自主经营、独立决策，自己承担经营成功或失败的责任，自己负责盈利或亏损，这样企业才能真正成为市场经济所要求的微观基础。

（二）公司制是现代市场经济企业制度的主要形式

市场经济中的企业制度并不是一成不变的，相反是随着市场经济的发展和技术条件的变化而不断演进的。虽然自主经营、自负盈亏、产权明晰的基本特征不会也不能改变，但是，企业制度的具体形式和特点却在不断地变化、更新。主要从企业的产权制度、组织制度和经营制度来看，企业

135

制度大致上经历了三个阶段的变化发展，出现了三种主要形式的企业制度：第一个阶段也是最早的企业制度是个人业主制，第二个阶段是由个人业主制发展到合伙制，第三个阶段则是由合伙制发展到公司制。企业制度的这种演进，并不是后一种制度完全取代前一种制度的过程，只是新企业制度出现、占主导地位的企业制度发生更替的过程，而且占主导地位的企业制度在企业总量中不一定是多数。在现代市场经济条件下，三种企业制度并存，以公司制为主体，大中型企业一般都是实行公司制，个人业主制和合伙制在企业数量上仍然占多数。

1. 个人业主制

个人业主制是由个人投资建立企业从事生产经营活动的企业制度，其主要特征是：所有者单一、是独资企业、两权合一、所有者承担无限责任。也就是说，个人业主制企业一般是只有单个人或家庭投资建立的独资企业；实行所有权与经营权两权合一，投资者就是所有者即企业主，同时掌握所有权和经营权，企业如何生产经营完全由企业主决定，享有收入分配权和利润获得权，承担无限责任，盈利归企业主所有，亏损用企业和企业主及其家庭的财产抵债。其优点是：自主经营，自负盈亏，产权明晰，适应市场经济的要求，而且有利于及时决策、灵活经营，比较容易经营管理；缺点是：规模小，管理能力有限，不适应大规模生产的要求。正是由于存在这样的缺陷，个人业主制发展到合伙制。

2. 合伙制

合伙制是由多个合伙人投资建立企业从事生产经营活动的企业制度，其主要特征是：所有者有所增加、是合资企业、两权合一、共同所有、共同经营、共负盈亏、承担无限责任。也就是说，合伙制企业有多个所有者，一般是多个亲朋好友共同投资建立的合资企业；实行所有权与经营权两权合一，投资者就是所有者即合伙人，共同掌握所有权和经营权，企业如何生产经营由合伙人共同决定，共同享有收入分配权和利润获得权，承担无限责任，盈利归合伙人所有，亏损用企业和合伙人及其家庭的财产抵债。其优点是：自主经营，自负盈亏，产权明晰，适应市场经济的要求，而且经营规模扩大，有助于达到规模经济，几个人的智慧和能力会超过一个人，管理水平有所提高；缺点是：规模仍然有限，也不十分适应大规模生产的要求，管理一般也难以达到专业化水平，更重要的是经营不稳定，往往在创业阶段能够同甘苦、共患难、团结奋斗，成功后却难以同享乐，容易争权夺利、分裂散伙等。正是由于存在这样的缺陷，合伙制进一步发展到公司制。

3. 公司制（股份制）

公司制即股份制，是通过发行股票由众多投资者入股建立企业从事生产经营活动的企业制度，其主要特征是：所有者众多、是合资企业、实行两权分离、企业法人制、有限责任制、委托代理制。也就是说，公司制企业是有众多投资入股者即所有者（股东）的合资企业，所有权与经营权发生分离，投资入股者拥有终极所有权、经营监督权和收益分配权，专业化的经营管理者（企业家）掌握经营权，企业成为法人，拥有企业法人所有权，自主从事生产经营活动，以企业资产承担盈亏责任，投资入股者只承担以出资为限的有限责任，企业实行委托专业化的经营管理者代替所有者进行经营管理的制度。公司制是在个人业主制、合伙制基础上形成的企业制度，是现代市场经济中企业制度的主要形式。

公司制的优点是：能够分散风险，鼓励投资，大量和迅速筹集资金，适应大规模生产的要求，带来规模经济效益、分工和专业化管理效益。虽然公司制企业的所有者众多（大公司的股东可以高达数以百万计），产权不只是属于少数个别人所有，但是公司制企业的产权是明晰的，不是模糊的。因为，不仅公司的资产是量化到个人和团体、属于股东所有，盈亏的责任最终由股东承担，而且公司制企业的不少职工也是本企业的股东，企业经营状况与股东的资产保值增值、职工就业和报酬有关，更与企业高管的职位、丰厚的收益和社会名誉地位紧密相连，尽管大量中小股东和大多数普通职工可能基于成本收益的考虑，在关心干预企业生产经营活动方面会存在自己不管、让别人去管的"搭便车"不负责任的机会主义倾向，但是大股东、高管会非常关心负责企业的生产经营活动，所以公司制企业不仅是自主经营、自负盈亏，也能做到产权明晰，基本适应现代市场经济的要求。如此看来，公司制不仅适应市场经济的要求，而且基本克服了个人业主制和合伙制的缺陷，那是不是就完美无缺了呢？答案是否定的。世界上没有十全十美的企业制度，即使是曾经被人们大肆推崇的美国的企业制度、日本的企业制度，也概莫能外。公司制也存在不足，其最大的问题是存在委托代理风险。①

（三）市场经济中企业制度演进的原因

市场经济中的企业制度为什么会由个人业主制、合伙制发展成公司制、企业所有权与经营权合一为什么会演变成两权分离、所有者直接经营为什么会转换为所有者委托代理人经营呢？总的来说，这是社会化大生产和市场经济发展的必然趋势。在社会化大生产和市场经济条件下，大规模的生产经营需要大量的投资，靠单个资本的积累和积聚很难满足这种要求，只能采取把分散的个人资本集中起来的方法筹集巨额资本，公司制、股份制正是这种组织形式，通过发行股票和投资入股，使个人资本变成社会资本，资本走向社会化。社会化资本属于较多的甚至众多的所有者，由于决策人太多不仅难以迅速有效地决策，而且会极大地增加经营成本（包括交易成本），使得所有者自己经营企业的代价超过因此得到的收益，得不偿失，所以他们不可能也不愿意都去直接经营企业，所有权与经营权必然发

---

① 由于本书的主题所限，公司制存在的问题及其应对这里不再展开论述，详细分析可参见简新华：《委托代理风险与国有企业改革》，载《经济研究》1998年第9期；简新华、李雪编著：《新编产业经济学》，高等教育出版社2009年版，第55—59页。

生分离。市场行情起伏波动、变幻难测，这种不确定性决定市场经济是风险经济，高投资必然伴随高风险，任何个人都难以承受这种高风险，因而需要分散风险，保护投资者；而且个人投资者只是企业许多投资者中的一员，不能承担无限责任，只能承担有限责任，否则投资者得不到保护，也就不易有人愿意投资。因此，所有者承担无限责任的企业制度必须转变为所有者承担有限责任的企业制度，只能以在企业投资入股的数额来承担盈亏责任。对公司制企业的投资具有不可返还性（即不能直接收回），只能通过资本市场出售自己所拥有的股票的方式收回投资，这有助于保持公司制企业经营的稳定性。两权分离、有限责任制和投资不可返还性又决定企业成为法人，拥有企业法人所有权，以企业资产承担盈亏责任。在上述情况发生的同时，生产经营日益多样化、专业化、复杂化，使得经营管理更复杂、更科学，只有经过专门训练的、具有各种经营管理才能的人员才能胜任企业的经营管理，经营管理走向专业化、职业化，形成以经营管理企业为职业的专门从事经营管理的企业家阶层，企业由企业家经营管理。但是，拥有企业资产的所有者不一定具有企业家才能，具有企业家才能的人不一定拥有企业资产；也就是说，所有者不一定是企业家，企业家不一定是所有者。这种情况也决定，所有权与经营权不可能合一，必须发生分离。正是在资本社会化、风险分散化、责任有限化、企业法人化、两权分离化和管理专业化的多重作用下，公司制应运而生，委托代理制成为必然。所有者众多或较多的企业，必然是由拥有资产所有权的所有者委托具有企业家才能的代理人经营管理，企业家作为代理人掌握企业资产的经营权。

四、社会主义市场经济的现代企业制度

社会主义市场经济的企业制度理论创新和发展了西方经济学的企业制度理论，提出社会主义市场经济应该实行现代企业制度，既适应现代市场

经济的要求，又体现中国社会主义的特色。

（一）公有制企业能够适应市场经济的要求

公有制企业特别是国有企业是否能够适应市场经济的要求，做到面向市场、参与竞争、自主经营、自负盈亏、产权明晰呢？社会主义市场经济理论认为，公有制企业通过转机改制、实行现代企业制度、建立规范有效的治理结构和企业的民主管理，能够做到面向市场、参与竞争、自主经营、自负盈亏、产权明晰，从而适应市场经济的要求。

的确，传统计划经济体制中的国有国营的企业制度是不能适应市场经济要求的。因为，在传统计划经济体制中由政府采用行政的方法对国有企业实行高度集中统一的直接管理，政企不分、政资不分、产权不清、权责不明，生产什么、生产多少、怎么样生产、为谁生产都由国家计划规定，供产销、人财物的权力掌握在行政机关的手中，企业没有生产经营自主权，由国家统负盈亏，既不要也不能面向市场、根据市场需求进行生产经营活动，也不存在或者说不参与市场竞争、优不胜劣不汰。显然，这种企业制度不可能做到自主经营、自负盈亏、产权明晰，实行这种企业制度的公有制企业自然也不可能适应市场经济的要求。但是，决不能以此断言公有制企业都不适应市场经济的要求。

国有企业通过改革国有经济原来的管理体制、转换国有企业经营机制、改变国家所有国家直接经营的企业制度、实行现代企业制度、建立规范有效的治理结构和企业内部的民主管理、发挥企业职工主人翁的作用，是能够做到自主经营、自负盈亏、产权明晰的。

（二）现代企业制度

社会主义市场经济的企业制度，不是西方经济学主张的以私有制为基础的"自主企业制度"，而是产权清晰、权责明确、政企分开、管理科学的现代企业制度。社会主义市场经济的现代企业制度，既具有市场经济的企业制度的普遍特征、适应现代市场经济的要求，又体现了中国社会主义的特色。现代企业制度，既要采取公司制的形式，做到自主经营、自负盈亏、产权明晰，又要克服或者避免以往国有国营的企业制度存在的权责不明、政企不分、行政化管理的缺陷，做到权责明确、政企分开、管理科学。

具体来说，在社会主义市场经济中，国家不再采用行政方法直接经营管理企业，国有企业要普遍实行现代企业制度，建立专门国有资产管理机构和经营公司代表国家掌握和经营国有资产，向国有企业派出国有资产代表履行所有者职权，实行政企分开、政资分开，明确企业所有者、经营者、职工三者之间的责权利关系，让国有企业拥有相对独立的经济利益（即经营得好，除了给国家上缴更多利税之外，企业管理者和职工也可以增加收入和福利；反之，企业管理者和职工的利益应该合理下降），让国有企业掌握生产经营自主权，以企业占用的法人资产承担盈亏责任，面向市场从事生产经营活动，参与竞争，切实做到优胜劣汰，充分发挥党委会、股东大会、监事会、职工代表大会和职工民主监督的作用，既建立合理的激励监督约束机制，让国有资产代表和企业高管关心企业经营状况、认真负责经营管理企业，又有效监督约束国有资产代表和企业高管的经营管理行为，防范委托代理风险，承担经营不善甚至失误失败的相应责任，以保障国有企业的持续高效发展。

实事求是地说，经过40多年的改革，中国公有制企业（主要是国有企业）已经在管理体制、企业制度和经营机制上发生了深刻变化，基本上都是面向市场、参与竞争的，大部分也做到了自主经营、自负盈亏、产权明晰，不再由国家统负盈亏，转变为以国有企业自身占有的资产承担盈亏责任；不再有生无死、优不胜劣不汰，而是有生有死、优胜劣汰，也有人关心国有企业的经营状况并承担相应的责任。一批国有企业在市场经济中经营成功、得到了相当大的发展，用事实证明了国有企业能够适应市场经济的要求、公有制能够与市场经济相结合。

第四节 社会主义市场经济的分配方式理论

马克思主义政治经济学的经典社会主义分配方式理论只有按劳分配理论，没有社会主义市场经济的分配方式理论；西方经济学的分配方式理论只有资本主义市场经济的分配理论，存在根本性缺陷，也缺乏社会主义市场经济的分配方式理论；改革开放以来，中国适应社会主义市场经济发展的要求，提出了新的社会主义市场经济的分配方式理论，创新和发展了社会主义经济理论。社会主义市场经济的分配方式理论，以马克思主义政治经济学的经典社会主义分配方式理论为基础，参考借鉴了西方经济学的分配方式理论，其主要内容与创新和发展主要包括两大方面：一是健全完善了市场经济普遍存在的分配方式的理论，二是提出了社会主义市场经济的分配方式及其演进趋势的新理论。

一、马克思主义政治经济学的经典社会主义分配方式理论

社会主义应该实行什么样的分配方式？经典的社会主义经济理论提出，生产方式决定分配方式，由于社会主义要实行全社会直接占有全部生产资料的单一公有制和计划经济，商品经济将消亡，生产力发展的水平还达不到能够实行按需分配的程度，所以社会主义社会的分配方式只能是在全社会范围内按照统一尺度，采用"劳动券"方式，实行唯一的按劳分配，即按照劳动者提供的劳动数量和质量分配个人消费品，除了老弱病残

等特殊人群社会必须救助之外，实行多劳多得、少劳少得、"不劳动者不得食"、"对等量劳动给予等量产品"的原则，消除了按资分配等其他分配方式和剥削。①

苏联东欧国家把私有制改变为公有制以后，基本上消除了按资分配和剥削，实行了按劳分配，但由于还存在不同的公有制和商品经济，社会主义国家实际上实行的按劳分配与经典社会主义分配方式理论中的按劳分配存在较大的不同：一是，没有采用"劳动券"的方式，而是采用了更符合社会主义不健全成熟完善阶段实际情况的商品、货币、工资、收入的方式；二是在全社会范围内也没有实行完全统一的标准，在不同的地区、部门和企业单位按劳分配的尺度还存在差别；三是，按劳分配不是唯一的分配方式，甚至在一定程度和范围内还存在不完全是按劳动分配的方式，这是形成官僚特权阶层的重要表现和制度根源之一。

社会主义市场经济的分配方式理论，在坚持社会主义社会必须实行按劳分配的基本原理的基础上，根据社会主义初级阶段的实际情况，提出了按劳分配为主体、多种分配方式并存的新的分配方式理论。

二、西方经济学的分配方式理论

西方经济学的分配方式理论主要是以"价值共创论"为基础的按生产要素的边际生产率分配的理论。西方经济学认为，商品价值或者说社会财富是所有生产要素共同创造的或者说都发挥了不可缺少的作用、作出了贡献，所以各种生产要素的供给者都要按照贡献参与收入的分配，通过在市场上按照供求关系决定的价格进行等价交换取得收入。生产要素的收入就是生产要素的价格，生产要素的价格又由生产要素的供求关系决定，

---

① 《列宁选集》第 3 卷，人民出版社 1995 年版，第 196 页。

而生产要素的需求又主要由各种生产要素的边际生产率决定，工资是劳动的价格，利息是使用资本的价格，利润是企业家才能的价格，地租是土地使用的价格，劳动获得工资，资本获得利息，企业家获得利润，土地获得地租，各得其所，公平合理，不存在谁剥削谁的问题，存在的收入差距也是理所当然的，有利于增加生产要素的投入，推动生产要素流向获利多也就是资源配置效率高的部门和企业，提高生产要素的使用效果、促进社会经济的增长。① 萨缪尔森就明确地说："当我们寻找劳动价格时，我们找到的是工资；类似地，使用土地的价格是土地的租金。""生产要素的需求可以用其边际产品的收入来表示。要素需求的这一重要性质，与要素的供给一起，决定了要素的价格和数量，以及由此推算的市场收入。"②

西方经济学的分配理论，虽然在一定程度上分析了在市场经济中各种生产要素的供求、价格，包括工资、地租、利润、利息在内的收入的形成和变化情况，认为"政府应该为了实现更大的平等而进行收入再分配"③，也提出一些具有参考价值的观点，但是，西方经济学的分配理论，以非科学的价值共创论、边际效用价值论为基础，把价值创造与使用价值生产混为一谈，抹杀了劳动与劳动力的区别，掩盖了资本家或地主阶级对劳动者的剥削。从根本上来说，违背了马克思主义政治经济学的劳动价值论和剩余价值理论，是非科学的、主要为资本主义私有制和剥削做辩护的理论。按照马克思主义政治经济学的基本原理，工资应该是劳动力的价格，不是由劳动力的供求决定，而是由劳动力本身的价值决定，劳动力供求只是

---

① 参见厉以宁、秦宛顺编著：《现代西方经济学概论》，北京大学出版社 1983 年版，第 101—122 页。

② ［美］保罗·萨缪尔森、［美］威廉·诺德豪斯：《经济学》，萧琛等译，华夏出版社 1999 年版，第 173 页。

③ ［美］曼昆：《经济学原理》下册，梁小民译，生活·读书·新知三联书店、北京大学出版社 1999 年版，第 43 页。

影响工资高低变动的重要要素；利息和利润都是剩余价值的转化形式，也不是由资本的供求决定，资本的供求也只是影响利息和利润多少的重要因素；地租也是剩余价值的转化形式，也不是由土地的供求决定，土地的供求也只是影响地租多少的重要因素。边际生产力是假定其他生产要素不变，只增加某一种生产要素所增加的产量，但是在实际中，这个前提假定是不成立的，只增加一种生产要素，产量一般是不可能增加的。比如，增加一个劳动力，的确产量可能增加，但至少还需要同时增加原材料和能源的投入。连西方经济学家都承认"边际生产力学说对生产要素所得报酬的解释即使在理论上也是不完全的"[1]。

而且，西方经济学的分配理论，既没有社会主义分配理论，也没有社会主义市场经济的分配理论。

三、市场经济的普遍分配方式

社会主义市场经济分配方式理论的创新和发展，首先是健全完善了市场经济普遍存在的分配方式的理论。一般来说，生产、交换、分配、消费是构成社会经济活动的四大环节，自然也是市场经济不可缺少的重要方面，不仅没有分配市场经济就不可能正常运行，而且分配方式及其造成的分配状况，还是影响市场经济能否有效持续运行和发展的重要因素。市场经济的分配，不是实物产品的直接分配，而是收入的分配。市场经济的分配方式是采用商品货币形式的收入分配的方式，主要包括由所有制决定的多种按生产要素所有权分配的方式、由总体分配过程和层次决定的三次分配的方式和由市场经济运行机制决定的市场分配机制。不同的分配方式会

---

[1]　［英］约翰·伊特韦尔等编：《新帕尔格雷夫经济学大辞典》，经济科学出版社1992年版，第348页。

产生不同的收入分配结果，带来不同的经济社会后果。

（一）按生产要素分配

在市场经济中生产的产品（包括服务）都是商品，而商品既有使用价值（即满足人们某种需要的效用），又有价值（即可以用于交换别的商品或者说取得货币收入），各种生产要素（包括劳动力、资本、管理才能、生产资料，包括土地在内的自然资源、技术、信息、数据等）都是商品生产中不可缺少的因素，在商品的使用价值或者说物质财富的创造中都发挥了重要作用，但商品的价值只是劳动创造的，因为商品的价值表现为商品的交换价值，即不同商品相互交换的比例关系，反映的是商品生产者之间互相交换劳动的关系，价值的多少是以劳动量作为尺度来衡量的，生产商品耗费的社会必要劳动量决定商品的价值量。

虽然市场经济中分配的是出售商品后取得的收入即货币形式的价值，而且价值是劳动创造的，但不能因此就认为所有的收入只能归劳动者所有。因为，各种不同生产要素属于不同所有者所有或者占用（占有和使用），如果所有的收入都归劳动者所有，不在其他生产要素所有者之间进行分配，其他生产要素所有者在商品生产中投入了自己的生产要素而不能获得收入，就会不愿投入，商品生产也就无法进行，市场经济也就不能存在。所以所有的生产要素所有者必须凭借所有权参与收入的分配、取得应有的收入，只有这样才可能获得更多更好的生产要素、更合理有效地利用生产要素、更快更好地发展市场经济。在市场经济中，有多少种生产要素，就必然存在相应的多种按生产要素分配的方式（准确地说是按生产要素所有权分配的方式）。分配权是所有权的实现或者说经济利益之所在，分配的收入不是给生产要素，而是给生产要素的所有者。

以上说明，社会主义市场经济的按生产要素分配，是按生产要素所有权分配，以马克思主义政治经济学的劳动价值论和所有制决定分配方式理论为基础，不像西方经济学的按生产要素分配，是按生产要素的边际生产率分配，以价值共创论和边际生产力论为基础，两者存在本质的区别。

（二）国民收入的三次分配

在市场经济中，从总体上看，社会生产中耗费的劳动总和、创造的价值总和或者说所有生产要素所有者获得的收入总和，构成国民收入。从分配过程、领域、先后顺序和方法来看，整个国民收入存在三个不同层次的分配，即初次分配、再分配和第三次分配。在时间上，先有初次分配，然后才有再分配和第三次分配；在空间上，三种分配是并存的。

1.初次分配

在市场经济中所有能够通过提供商品和服务取得收入的部门，都应该是生产经营部门，不仅是物质生产部门，还应该包括能够通过提供服务收费而取得收入的服务业。必须说明的是，认为只有有形的物质产品才能称为商品、无形的产品（比如服务、知识、技术、信息等）不是商品，只有物质生产部门的劳动才能创造商品价值、非物质生产部门的劳动都不能创造商品价值的观点，是不完全符合实际的。实际上，相当多的服务和知识、技术、信息等都是可以买卖的，也是商品，也有价值，生产这些无形商品的劳动也是生产劳动，同样具有二重性，作为抽象劳动同样也能创造价值。但是，不能因为相当多的服务业的劳动也创造价值，就认为劳动价值论是错误的或者说过时了，这只是扩大了劳动价值论的适用范围，使得劳动价值论更符合当代的实际。① 当然，并不是所有服务都能买卖，所有服务业的劳动都是生产劳动，都能创造价值，比如国家军队给社会提供的国防安全服务、政府给国民提供的大部分公共服务、基础科学研究的成果

---

① 参见简新华、毕先萍：《坚持和发展劳动价值论必须正确认识的若干问题》，载《学术月刊》2002 年第 3 期。

是不能买卖的，不是商品，从事这些工作或者活动的劳动者的劳动虽然是社会不可缺少的、有益的，有的甚至是非常重要的，但不能说是进入市场的生产劳动。不能认为生产劳动重要、非生产劳动不重要。至于社会上可能存在的"黄赌毒"的产品和服务，是有害于国民的、社会必须取缔的，更不能把这些活动说成是生产劳动，也创造价值。

国民收入首先通过所有这些生产经营部门的企业出售其生产的商品和服务取得销售收入的方式分配给企业，然后把扣除生产资料成本、缴纳国家税费以后的纯收入，在企业内部采用按要素所有权分配的方式，在包括劳动力在内的各种生产要素所有者之间分配，这就是国民收入的初次分配。

2. 再分配

由于政府取得的税费收入还有一个分配使用的问题，非生产经营部门的维持和发展需要有费用来源，这些部门的劳动者和丧失或者缺乏劳动力的需要救助的"老弱病残"也需要有收入，否则在市场经济中无法生存，还由于初次分配中的按资分配、按土地所有权分配会存在剥削，会造成较大的贫富差距，再加上市场竞争优胜劣汰甚至"赢家通吃"，可能导致贫富差距、两极分化，引起社会动荡，使得市场经济也难以持续稳定发展，所以为了非生产经营部门的存在和发展、市场失灵的纠正、社会公平的实现、贫富差距的缩小、社会稳定的维持、市场经济持续稳定的发展，国民收入还必须进行再分配。再分配的主要内容和方式是：政府把初次分配中向企业征收的税费和进一步向个人征收的个人所得税、财产税、遗产税、房产税、社会保障费等纳入政府收入，用于政府行政、立法、司法、执法、军队等部门的开支（包括支付这些部门人员的收入），"老弱病残"的救助，社会保障的开支，科学技术特别是基础科学的发展，文化教育和医疗卫生的资助，生态环境的保护，公共设施和公共品的提供等。政府要通过收入分配政策，扩大中等收入群体，增加低收入者收入，调节过高收入，取缔非法收入，向个人收取的税收主要应该从中高收入特别是高收入人群征收，转移支付应该主要向低收入人群倾斜，这样才能有效缩小贫富差距、缓解贫富两极分化、维持社会稳定。

3.第三次分配

由于市场经济中可能出现贫富高低悬殊、两极分化，除了主要依靠发挥政府缩小贫富差距的作用之外，还应该发挥社会力量的作用，实行第三次分配。第三次分配是在社会道德、文化、风气的影响下，由社会力量主要是高收入人群在自愿基础上，通过社会慈善救助公益组织机构，以民间募集、捐赠和资助等慈善公益方式对弱势群体、低收入者的济困扶弱。第三次分配是对社会资源和社会财富分配的再调节，是国民收入初次分配和再分配的有益补充，有利于缩小社会贫富差距，实现更合理的分配。随着社会经济发展水平和社会文明程度的提高，全社会公益慈善意识的日益增强，第三次分配的作用可能会扩大，但始终只是国民收入初次分配、再分配的补充。

从以上市场经济的国民收入三次分配理论的说明来看，与以往社会主义经济理论中的国民收入二次分配理论相比，有了较多的创新和发展，主要表现在以下方面：一是，提出市场经济中的生产经营部门不仅是物质生产部门，还应该包括相当部分的非物质生产部门，相当部分服务业的劳动也能够创造价值，不只是物质生产部门的劳动才能创造价值，拓展了劳动价值论的适用范围，完善了国民收入分配的理论基础。二是，纠正了以往认为初次分配主要是在物质生产部门进行、再分配主要是在非物质生产部门进行的观点，提出初次分配的部门还包括相当部分的非物质生产部门，使得国民收入分配理论更为准确、更具有时代性。三是，增加了第三次分配，使得国民收入分配理论的内容更全面、更符合社会主义初级阶段社会主义市场经济的实际情况。

4.市场分配机制

在市场经济中，市场机制不仅要调节生产、流通、消费，而且也要调节分配，无论是按生产要素所有权分配，还是国民收入的三次分配，都采用了商品、货币、价格的形式，都要受到价值规律、供求规律的制约，通过市场来实现。市场机制的分配作用及其机理，主要表现在以下几个方面：

一是，用来分配的收入，就是生产经营者通过销售产品和服务取得的，如果产品和劳务在市场上卖不掉，就没有收入，也就没有分配的对象，而且销售收入和可供分配的收入的多少，还要受到市场供求、价格、竞争情况的影响，可能多也可能少，可能盈利也可能亏本。

二是，各种生产要素所有者取得的收入，虽然从根本上来说是凭借各种生产要素的所有权取得的，但是必须通过市场来实现，各种生产要素所有者取得的收入都表现为生产要素使用的价格（比如工资、利息、地租等）或者转让生产要素所有权的价格（比如股票价格、土地价格等），而且收入的多少还要受生产要素的供求情况和竞争态势影响。如果某种生产要素供不应求甚至处于垄断地位，价格就会上涨、收入就会增加；相反，假若供过于求、竞争激烈，价格就会下跌、收入就会减少。

三是，国民收入的初次分配主要是通过市场机制进行的，生产经营者通过销售产品和劳务取得收入，劳动者通过转让劳动力获得工资，资本所有者通过投资或者借贷、租赁等获得利润或者利息、租金，土地所有者通过出租土地获得地租。国民收入的再分配和三次分配，虽然主要不是通过市场机制进行，但是也要采用商品货币的形式进行分配。

四、社会主义市场经济的分配方式

社会主义市场经济的分配方式，除了市场经济中普遍存在的按生产要素所有权分配、国民收入三次分配和市场分配机制之外，还具有体现社会主义性质的特点：一是以按劳分配为主体，二是以实现共同富裕为最终目标。

（一）以按劳分配为主体

社会主义市场经济的分配方式理论，突破了整个社会主义历史阶段只能在全社会范围内统一实行单一的按劳分配的理论局限性，创新和发展了社会主义分配理论，认识到了中国社会主义初级阶段，在存在以公有制为主体的多种所有制和市场经济的条件下，还不能完全消除包括按资分配在内的按要素所有权分配和剥削，提出社会主义初级阶段必须实行以按劳分配为主体、多种分配方式并存的分配方式，存在劳动工资性收入、经营性收入、财产性收入等多种形式。之所以要实行多种分配方式，是因为存在多种所有制，所有权必须在分配上得到体现，实行多种分配方式有利于调动社会各个方面的积极性，利用一切可以利用的生产要素和资源，更好更快地发展社会主义经济。之所以要以按劳分配为主体，是因为以公有制为主体决定必须以按劳分配为主体，这样才能坚持社会主义方向，有助于消灭剥削，防止贫富悬殊、两极分化，更好地调动劳动者的积极性，实现发展成果共享、促进社会公平、维持社会稳定。

以按劳分配为主体是社会主义市场经济分配的突出特点，是社会主义性质的体现，但是社会主义初级阶段的按劳分配与经典的社会主义经济理论中的按劳分配也不完全相同。两者的不同，不仅表现在社会主义初级阶段的按劳分配只存在于公有制经济中①，不是唯一的分配方式，而且还具有市场经济的特点，还不可能在全社会范围内按照统一尺度、采用"劳动券"的方式实行同样的按劳分配，还要采用商品、货币、工资、奖金、收入的形式。在不同的地区、部门、企业可能存在不同的分配标准，劳动收入还要受到市场调节和市场竞争的影响。

---

① 在社会主义市场经济中，由于存在两种不同性质的所有制，所以劳动者也是通过两种不同的分配方式取得收入的，只有公有制经济的劳动者取得的收入是按劳分配的结果，私有制经济中劳动者取得的收入则是凭借劳动力所有权按劳动力价值分配的结果。

必须明确的是，尽管社会主义市场经济中的按劳分配存在与马克思设想的按劳分配不同的特点，但是不能因此而否定按劳分配的存在，因为公有制经济内基本实行的是按劳分配的原则——多劳多得，少劳少得，不劳动者不得食，而且劳动者创造的价值不被别人无偿占有，不存在对劳动者的剥削，所以从本质上来说公有制经济对劳动者实行的是按劳分配。

还需要明确的是，劳动力是重要生产要素，市场经济中普遍存在的按生产要素分配的方式中应该包含有按劳动力分配，在社会主义市场经济中也应该存在。但是，由于社会主义市场经济中既有公有制经济，又有私有制经济，所以按劳动力分配在不同所有制经济中会具有不同的性质和表现形式，在私有制经济中表现为按劳动力价值分配、存在对劳动者的剥削，在公有制经济中则是按劳分配、不存在对劳动者的剥削。虽然从理论上来说，按劳动力价值分配与按劳分配，劳动者得到的都是必要劳动创造的价值，但是在实行按劳动力价值分配的情况下，劳动者剩余劳动创造价值被其他要素的所有者占有，存在剥削；在实行按劳分配的情况下，劳动者剩余劳动创造价值被劳动者共同占有，不存在剥削。

（二）以实现共同富裕为最终目标

共同富裕理论是马克思主义政治经济学早就提出的经典理论，马克思和恩格斯多次强调，在未来社会"生产将以所有的人富裕为目的"[1]，"所有人共同享受大家创造出来的福利"[2]。恩格斯在《共产主义原理》中指出："在这种社会制度下，一切生活必需品都将生产得很多，使每一个社会成员都能够完全自由地发展和发挥他的全部力量和才能。"[3]恩格斯在《卡尔·马克思》中还进一步指出，社会主义社会能够"使社会生产力及其成

---

[1] 《马克思恩格斯全集》第46卷下，人民出版社1980年版，第222页。

[2] 《马克思恩格斯选集》第1卷，人民出版社1995年版，第243页。

[3] 《马克思恩格斯选集》第1卷，人民出版社1995年版，第237页。

果不断增长，足以保证每个人的一切合理的需要在越来越大的程度上得到满足"①。社会主义市场经济的共同富裕理论则创新发展了经典的共同富裕理论，对共同富裕的认识更明确、更具体、更深入、更具有可操作性。

社会主义市场经济的共同富裕理论认为，共同富裕是社会主义的本质要求，也是社会主义市场经济发展的最终目标。社会主义市场经济的收入分配，必须兼顾公平和效率，不断改革完善收入分配制度，既要克服"均贫富""吃大锅饭"的平均主义倾向，让一部分人和地区先富起来，又要调节过高收入，增加低收入，扩大中等收入群体，先富帮后富，缩小贫富差距，逐步走向共同富裕。

所谓共同富裕，是指所有人都富裕，也就是所有人的需要都得到充分满足，不是同等富裕、同时富裕、同步富裕，也不是平均主义的均贫富。富裕是相对贫穷而言的，人人都富裕意味着人人都不贫穷，也就是要消灭贫穷、没有穷人。共同富裕是一个美好的长远目标，必须要经过一个长期的发展过程，才能逐步实现。具体而言，大致上需要依次经过先消除绝对贫困、后消除相对贫困，最终达到能够实现按需分配的高水平共同富裕这几个发展阶段。共同富裕之所以需要经过一个长期的发展过程，是因为共同富裕或者说消灭贫穷是有条件的，不是无条件的，而这些条件的创造需要长期的努力奋斗。实现共同富裕，既需要具备实现"富裕"的条件，即生产力方面的条件，也就是高度发达的生产力、极端丰富的社会财富，这是实现共同富裕必备的物质基础；又由于即使具备了实现共同富裕必备的物质基础，还不一定必然能够实现共同富裕，还需要具备做到"共同"的条件，即生产关系方面的条件，也就是需要消除导致少数人富裕、多数人贫穷、贫富悬殊、两极分化的经济制度。只有同时具备这两个条件，共同富裕才能最终实现。而创造极端丰富的社会财富和消除导致少数人富裕、

① 《马克思恩格斯选集》第 3 卷，人民出版社 1995 年版，第 336 页。

多数人贫穷、贫富悬殊、两极分化的经济制度，都非一日之功，都不能一蹴而就，都需要经过长期的艰苦奋斗。中国社会主义初级阶段发展社会主义市场经济的根本目的，就是要更快更好地创造极端丰富的社会财富、健全完善社会主义制度，为最终实现共同富裕创造必要的生产力和生产关系条件。

五、按生产要素贡献分配的谬误 ①

社会主义市场经济分配方式理论中的按生产要素分配，准确地说应该是按生产要素所有权分配，不能理解为"按生产要素贡献分配"，因为这是少数经济学家在改革开放过程中提出的主张，违背马克思主义政治经济学的基本原理，是不科学准确的概念。

（一）不同生产要素在生产经营活动中的"贡献"存在本质区别

生产要素多种多样，既有劳动力，又有包括土地矿藏等在内的自然资源，包括机械设备等生产工具和原材料半成品等在内的由人生产出的用于生产的物质资料、科学技术知识，包括数据在内的信息等，而且在市场经济条件下生产要素可以采取资本的形式，劳动力可以表现为可变资本，生产资料可以表现为不变资本，还有货币形式的资本，所以人们把资本也算作生产要素。所谓"贡献"，一般而言是指为某事物作出的付出、发挥的有益作用。在市场经济中生产经营活动的产物是商品（包括既有使用价值又有价值的物质产品、文化知识产品和劳动服务）。在商品的生产中，劳动力的作用即"贡献"，是运用其他各种生产要素通过劳动（包括体力劳动、

---

① 参见简新华：《必须正确认识社会主义基本经济制度》，载《政治经济学研究》2021 年第 4 期。

脑力劳动、物质生产劳动、服务劳动、科学技术研究劳动、管理劳动等，除了自然资源之外的生产资料、知识、技术，包括数据在内的信息本身都不是劳动，而是生产、研究、开发、收集、整理和提供这些要素的劳动的产物）生产出商品，劳动者的具体劳动创造商品的使用价值、抽象劳动创造商品的价值；其他各种生产要素在商品生产中的作用即"贡献"，则是生产不可缺少的必要条件，而且也是影响劳动生产率的重要因素。

在价值的创造中，按照劳动价值论的基本原理，劳动是唯一要素，劳动是商品价值的唯一源泉，土地等自然资源、资本（如货币、生产资料）、科学技术、数据信息只是劳动不可缺少的条件，在价值创造中是没有贡献的。因为商品的价值表现为商品的交换价值，而交换价值是不同商品相互交换的比例关系，反映的是商品生产者之间互相交换劳动的关系，价值的多少是以劳动量作为尺度来衡量的，所以商品价值只是劳动创造的，不由其他生产要素决定。

（二）各种生产要素的"贡献"无法在数量上衡量多少、比较大小

在市场经济条件下分配采取收入分配、取得报酬的形式，正是由于不同生产要素在生产中发挥着不同的作用，所以不可能按照统一标准准确衡量不同生产要素的"贡献"、无法在数量上比较大小，也就无法按照生产要素"贡献"的大小分配收入、决定报酬的多少，即使是市场也评价不了这种"贡献"。因为，不同质的东西不可能在数量上比较大小多少。就像重量与长度不能在数量上比较大小多少，无法判断 2 公斤与 5 尺长哪个多哪个少一样。

（三）参与收入分配的主体是生产要素所有者，不是生产要素本身

在市场经济条件下参与收入分配的主体都是人，包括劳动者（劳动力的所有者）和其他各种生产要素的所有者，不是物，不是生产要素本身。

生产资料是物，即使在生产中不可缺少，其本身也不可能要求回报，更不可能像人一样参加收入分配。所谓"按生产要素分配"，其实质是按生产要素的所有权在提供各种不同要素的所有者之间分配，不是"按生产要素的贡献分配"。生产方式决定分配方式、所有权决定分配权是马克思主义政治经济学的基本原理，报酬是按生产要素的所有权分配（即各种不同生产要素所有者的报酬是不同所有者凭借其所有权获得的收入），不是按生产要素贡献分配。所以说"按生产要素贡献分配"违背马克思主义政治经济学的基本原理，是不科学准确的，准确的说法应该是"按生产要素的所有权分配"。

（四）在生产经营中"贡献"的大小不是决定报酬多少的因素

各种生产要素所有者所获得的报酬的多少，受到许多因素的影响，包括各种生产要素的数量规模、质量高低、成本大小、供求情况、竞争博弈、收入分配制度、国家政策等多种因素，但是唯独不包括"贡献"大小。如前所述，不同要素在物质财富的生产中的"贡献"即作用的内容和方式是不相同的，其大小多少是无法比较衡量的。"劳动是财富之父，土地是财富之母"，在财富创造中谁的贡献大，是劳动的贡献大还是土地的贡献大，两者能够比较多少、说得清大小吗？在儿女的生产中父母的作用谁大？能够判断出父亲和母亲贡献的大小多少吗？就像人不吃饭会饿死、不穿衣会冻死，是吃饭还是穿衣对维持人的生命作用大，能衡量比较出来吗？显然不可能。萨缪尔森也指出："我们不好说，生孩子是父亲重要还是母亲重要。同样，我们一般也不好说多种要素中究竟哪一种单独创造了多少产出。""你怎么可能将其中的每种投入单独的贡献从整体中分离出来呢？"① 既然各自

---

① ［美］保罗·萨缪尔森、［美］威廉·诺德豪斯：《经济学》，萧琛等译，华夏出版社1999年版，第174页。

的贡献分离不出来，也无法判定各自贡献的多少，又如何按各自的贡献来分配呢？由此可见，"按生产要素贡献分配"的提法是不科学准确的。

（五）"按生产要素贡献分配"论会否定劳动价值论，滑向"价值共创论"

"按生产要素贡献分配"论认为各种生产要素在商品生产中都不可缺少、起了作用、做了贡献，所以都要参与分配，貌似有理，其实似是而非。这种看法实际上隐含着商品是各种生产要素共同生产的，各种生产要素既创造了使用价值，也创造了价值，所以应该各得其所，谁也没有剥削谁。接受"按生产要素贡献分配"的观点，难以避免地会自觉不自觉地滑向"价值共创论"，否定马克思主义政治经济学的核心理论——劳动价值论和剩余价值论、否定剥削的存在，所以不能把按生产要素分配说成是"按生产要素贡献分配"。

必须明确的是，认为"按生产要素贡献分配"的提法不科学，并不否定各种生产要素在社会经济活动中都是不可缺少的，都发挥着相应的重要作用，其所有者都应该参与收入的分配。否则，生产要素的所有权得不到实现，生产要素也就不能得到充分有效使用和不断增加改进，极不利于利用一切可以利用的资源，促进经济社会更快更好的发展。

第五节　社会主义市场经济的社会保障理论

市场经济必须实行社会保障，市场经济的社会保障理论是关于市场经济中社会保障的必要性、功能和基本内容的理论。马克思主义政治经济学的经典社会主义经济理论只是简单地提出了社会主义社会实行社会保障的原则要求，西方经济学虽然形成了比较系统的资本主义市场经济条件下的社会保障理论，在一定程度上反映了市场经济的要求，但是存在严重缺陷，社会主义市场经济理论在坚持马克思主义政治经济学关于社会保障的基本原理、参考借鉴了西方经济学的社会保障理论和西方发达国家实行社会保障的经验教训的基础上，创新和发展了社会保障理论，形成了以前没有的社会主义市场经济的社会保障理论。

一、市场经济与社会保障

首先，社会主义市场经济的社会保障理论在已有的基础上，发展完善了市场经济社会保障的一般理论，对社会保障及其与市场经济的相互关系认识更加全面和深刻。

（一）社会保障的主要内容

社会保障是由国家或社会制定法律规定、通过国民收入的分配和再分配建立社会基金，对生活困难的社会成员给予帮助，以保障社会成员基本生活和社会稳定的一系列制度安排、组织机构、措施和行为的总称。社会保障制度就是国家制定的实行社会保障的法律规定。社会保障基金就是用于实行社会保障的社会基金。社会保障的目的是追求社会公平和社会稳定，责任主体是国家或政府，保障对象是生活困难的社会成员，目标任务是满足社会成员的基本生活需要。社会保障的主要内容和措施是：社会保险，主要包括养老、就业、教育、医疗、伤残、疾病和生育等方面的保险；社会救助，主要包括贫困、灾害和特殊救助（包括军人和退役军人）；社会福利，主要是除了社会保险、社会救助之外的改善社会成员生活状况的各种公共品和公共服务的提供；社会优抚，主要是对为国家作出特殊贡献的社会成员，比如功勋获得者、烈士、军人（包括伤残、退役、在役军人）及其家属的优待和抚恤。

（二）市场经济实行社会保障的必要性和可能性

迄今为止的人类社会，总会有老弱病残，由于天灾人祸造成的贫困人口、困难弱势群体，所以国家救助和抚恤在古代就有，但是现代意义上的社会保障则是工业化和市场经济的产物，因为在市场经济中社会成员生活困难需要保障的现象更为突出，而且更有条件提供社会保障。

从工业化开始，商品经济逐步发展成为占统治地位的高级形式——市场经济。如前所述，由于市场经济是竞争经济，市场竞争实行毫不留情的优胜劣汰、不保护弱者，竞争中必然会有失败者，而且是多数，不仅会引起收入减少、失业，甚至可能导致破产倒闭、一贫如洗、无法生存，需要提供社会保障；又由于市场经济是风险经济，市场行情起伏波动、变化无常，生产经营活动和就业、收入存在很大的不确定性，可能出现投资失败、经营失误、失业、收入大幅度下降的风险，使得部分人出现生存危机，也需要提供社会保障；还由于市场经济的分配机制会扩大收入的差距，甚至"赢家通吃"，导致贫富两极分化、高低悬殊，更需要社会保障。这些都说明，市场经济自身不能保障每个社会成员的基本生活，可能引起社会不稳定，甚至发生剧烈的动荡，使得市场经济不能正常运行和发展，所以必须建立社会保障制度，合理有效保证社会全体成员的基本生活需要，适当保护、救助市场经济中的弱者和失败者，以维持社会稳定，为市场经济的顺利运行和发展创造必要条件。正如国际劳工组织在总结世界各国实行社会保障的作用时指出的，"没有社会的安定，就没有社会的发展；没有社会保障，就没有社会的安定"。[①] 在市场经济中，社会稳定和发展都要求实行社会保障。

---

① 郑功成：《中国社会保障论》，湖北人民出版社1994年版，第2页。

在市场经济中，不仅社会成员生活困难需要保障的现象更为突出，更加需要社会保障，而且国家更有条件提供社会保障。因为，市场机制能够促进资源的优化配置，市场竞争能够推动社会经济的发展，市场经济能够带来巨大的物质财富，从而为国家建立社会保障基金、实行社会保障提供更好的物质条件。

市场经济既具有实行社会保障的必要性，也具有实行社会保障的可能性，但并不是自然而然地一开始就能建立起社会保障制度、实行社会保障的。最早的市场经济是资本主义市场经济，资本主义私有制以资本所有者个人的收益最大化为目的，存在对工人阶级和广大劳动者的剥削，也是导致贫富悬殊、两极分化的根本原因，而且资本主义国家是为资产阶级利益服务的，所以不到万不得已，在本质上资产阶级和资本主义国家一般是不愿意把自己的收入拿一部分出来实行社会保障的①，只是在资本主义社会矛盾尖锐化、威胁到资本主义生死存亡的时候，为了缓和社会矛盾、维持资本主义的生存和发展，资本主义国家才有可能逐步建立社会保障制度、实行社会保障。历史事实也证明了这一点，资本主义国家的社会保障制度并非一开始就有，而是与8小时工作日一样，都是工人阶级长期不懈斗争的结果，西方发达国家主要也是在第二次世界大战以后才陆续建立起比较完备的社会保障制度。

社会主义市场经济更应该也更有可能建立更加合理完备可持续的社会保障制度、更好地实行社会保障，因为，社会主义市场经济以公有制为主体、以实现共同富裕和所有人的自由全面发展为最终目标，社会主义国家必须为广大人民群众服务，社会主义生产的目的是要最大限度地满足所有人的美好生活的需要，而且还有资本主义市场经济实行社会保障的成功经

---

① 这种情况并不否认可能会出现部分资本家个人由于道德观念和人生追求的不同等原因，把自己的收入和财产用于社会救助和慈善事业的现象。

验可供借鉴、失败教训可供吸取。

二、马克思主义政治经济学的社会保障理论

马克思主义政治经济学的经典社会主义理论没有形成完整的社会主义社会的社会保障理论，只是提出了社会主义社会实行社会保障的一些简单的原则要求或者说基本原理。马克思和恩格斯在《共产党宣言》中指出，无产阶级在夺取政权、上升为统治阶级以后，"将利用自己的政治统治，一步一步地夺取资产阶级的全部资本，把一切生产工具集中在国家即组织成为统治阶级的无产阶级手里，并且尽可能快地增加生产力的总量"。并且认为，要做到这一点，还必须采取其他 10 条措施，其中的第 2 条是"征收高额累进税"，第 10 条是"对所有儿童实行公共的和免费的教育"。①马克思在《哥达纲领批判》中还提出，社会主义社会在社会总产品在劳动者之间分配之前，应当做三项扣除，其中的第三项是"用来应付不幸事故、自然灾害等的后备基金或保险基金"②，而且还要在消费资料进行个人分配之前也做三项扣除，第二项是"用来满足共同需要的部分，如学校、保健设施等。同现代社会比起来，这一部分一开始就会显著地增加，并随着新社会的发展而日益增长"。第三项是"为丧失劳动能力的人等等设立的基金，总之，就是现在属于所谓官办济贫事业的部分"③。这些论述说明，社会主义社会必须建立社会保险基金，用于应付不幸事故、自然灾害等，用来满足学校、保健设施等共同需要，救助丧失劳动能力的人等，社会保障并非是资本主义社会特有的要求，也是社会主义社会的需要，而且会日益增长。这应该是最早的社会主义社会的社会保障理论，也是社会主义市场

① 《马克思恩格斯选集》第 1 卷，人民出版社 1995 年版，第 293—294 页。
② 《马克思恩格斯选集》第 3 卷，人民出版社 1995 年版，第 302 页。
③ 《马克思恩格斯选集》第 3 卷，人民出版社 1995 年版，第 303 页。

经济的社会保障理论的基础。

三、西方经济学的社会保障理论和发达国家的实践

作为西方福利经济理论的重要部分，西方主流经济学的社会保障理论具有鲜明的福利经济特征。与此同时，随着自由主义和干预主义两大西方社会思潮的交替兴衰，西方资本主义国家的社会保障理论在实践领域也随之不断变化。

（一）经济自由主义的社会保障理论

西方主流经济学中的自由主义学派主要包括古典自由主义（古典政治经济学）和新自由主义（新古典经济学）。西方社会保障理论最早可以追溯到亚当·斯密关于"看不见的手"的论述，该理论主张通过市场机制下的自由竞争和价格配置资源的同时实现提高个体和全社会福利水平的双重目标。将经济自由主义推向极致的是 20 世纪 70 年代的新自由主义，其中以供给学派和货币学派的影响最大。该理论主张全面自由竞争，强调国家只能进行必要且有限的适当干预，不能全面参与经济调节。新自由主义经济学虽然不否认社会保障的必要性，但坚决反对国家直接参与社会保障，并认为市场才是解决社会保障问题的最有效途径。同时，新自由主义强力抨击福利国家建立的庞大社会保障机构，主张社会保障作为公益事业完全可以由私人经营并可能效率更高。在新自由主义的推动下，西方部分资本主义国家尝试推行社会保障的私有化改革，以减轻政府在社会保障方面的责任。

（二）国家干预主义的社会保障理论

与新自由主义的主张不同，国家干预主义认为社会保障不仅非常重

要，而且需要国家干预，并认为社会保障是政府责任的重要组成部分。国家干预主义以民主社会主义学派为代表，主要包括德国新历史学派、福利经济学、瑞典学派、凯恩斯主义以及新剑桥学派等。其中，德国新历史学派从改良社会主义的观点出发，提出需要政府出手实行社会保障和增进社会福利。凯恩斯的社会保障理论则以需求管理为基础，论证了社会保障在宏观经济中的短期均衡效应。该理论认为，经济萧条的主要原因是有效需求不足，而有效需求不足是消费不足引起的。由于边际消费倾向递减导致穷人消费倾向高于富人，因此通过向富人征税转移支付给穷人可以增加消费支出和最终实现宏观经济均衡。凯恩斯还认为，这种转移支付不可能通过市场自动完成，需要国家进行强有力干预。

需要指出的是，无论是自由主义还是国家干预主义，西方社会保障理论的一个突出特点是对公平和效率的权衡，对两者关系的研究处于西方社会保障理论研究的核心地位。从这个视角来看，自由主义更强调效率而国家干预主义更倾向于公平优先。因此，西方资本主义国家的社会保障制度实质上是以"弥补性公平"为出发点对资本主义制度的修补，即尝试用再分配和转移支付来解决资本主义制度在分配方面的矛盾以及由此引起的低效率。但是，生产资料私有制和社会化大生产的内在冲突意味着权衡性的"补救模式"不可能从根本上解决资本主义的固有缺陷。

（三）资本主义市场经济的代表性社会保障制度

基于以上两种理论和政策主张，资本主义市场经济的社会保障制度大致可以分为四个具有代表性的类型：秉承自由主义传统的美国社会保障制度、全民高福利的瑞典社会保障制度、"社会市场经济"模式下的德国社会保障制度和以中央公积金为核心的新加坡社会保障制度。

美国的社会保障制度属于集散结合的管理模式。美国并没有像西欧国家那样实行全面福利，除了政府财政无法支撑起全面福利型社会保障外，重要原因是美国社会奉行市场至上和自由竞争。因此美国的社会保障制度更强调效率优先，并十分注重发挥社会和市场的力量。但是，这种追求体系运行效率的制度不仅导致大量公民游离在社会保障制度之外，缺乏广泛公平性，且私人资本的介入也使得政府在社会保障方面没有绝对主导地位。

瑞典属于福利型国家，其福利制度建立在经济发达和物质富裕的基础上。瑞典的社会保障水平高、覆盖面宽、内容广，被形容为"从摇篮到坟墓"的全程保障制度。由于欧洲大部分国家更强调集体主义和公平优先，其社会保障制度以追求公平正义为主要价值导向，其目标是全体公民均有获得国家提供的无差别福利的权利，福利面前人人平等。但这种"保姆"式的福利制度也容易产生企业负担过重、资源浪费和国民惰性的问题，可能降低经济效率并导致高福利制度不可持续。

德国试图通过市场经济与福利政策的结合解决公平与效率的矛盾，即依靠自由市场经济体制实现效率最大化的同时，利用以社会保障为核心的福利政策体系实现公平最大化。德国是世界上最早建立以社会保险制度为核心的现代社会保障制度的国家，其社会保障制度建设一直以公平为核心价值理念，是德国维护和促进社会公平的重要机制。

新加坡的社会保障体系以强制储蓄的社会保险为主，同时利用社会福利作为政策补充。其中，社会保险是由国家强制实施个人储蓄的中央公积金制度构成，这是新加坡社会保障体系的主体部分，社会福利是社会保障制度的辅助部分。新加坡的公积金制度综合体现了社会经济发展水平、传统文化与伦理道德，形成了异于西方福利国家模式的另一种社会保障模式。该制度节省了大量的财政开支，抑制消费膨胀并增加社会积累。

纵观世界各国社会保障制度和福利理念的历史演变可以发现，并不存在"普适"或"通用"的社会保障制度价值理念。任何国家社会保障制度价值理念的选择，或多或少受到时代背景和自身国情的影响。一国社会保障制度若与本国国情相适应且符合时代发展，其社会保障制度一般都运行效果良好。

四、社会主义市场经济社会保障理论的创新和发展

社会主义市场经济理论，不仅发展完善了市场经济社会保障的一般理论，而且建立了新的社会主义市场经济的社会保障理论。

（一）社会主义市场经济的社会保障理论

改革开放以来，中国立足国情、积极探索、大胆创新，以马克思主义政治经济学的相关基本原理和市场经济社会保障的一般理论为基础，注重学习借鉴国外社会保障的有益经验，不断发展和实践马克思主义社会保障理论，逐渐形成具有中国特色的社会主义市场经济的社会保障理论。社会主义市场经济的社会保障理论，核心在于以人民为中心，特别关注民生，体现社会主义制度的性质和要求，适合中国社会主义初级阶段的国情，存在与西方经济学的社会保障理论不同的本质差别。

中国的社会保障理论强调了社会保障和发展生产力的辩证关系：一方面，社会保障制度必须有物质基础，需要解放生产力和促进经济发展。如果生产力不发展，社会保障就会因为缺乏物质保障难以维系，因此生产力发展决定了社会保障的发展；另一方面，建立适度的社会保障水平有利于生产力发展。过低的社会保障水平使得社会成员的基本生活无法得到保障，而过高的社会保障水平又会加重国家和社会的负担，阻碍经济发展。要实现生产力的发展必须要调整生产关系，以适应新时期市场经济发展的需要。在计划经济向市场经济转轨的过程中，社会保障制度改革也需要作为配套措施同步推行。

在社会保障模式的选择上，中国坚持实事求是的原则，既尽力而为又量力而行，把提高社会保障水平建立在经济和财力可持续增长的基础之

上，坚决拒绝"拿来主义"和盲目照搬西方模式。中国的社会保障模式，既不因为初级阶段的生产力水平较低而减少社会保障的覆盖范围和水平，也不脱离现阶段生产力发展水平推行不切实际的高福利制度；既反对过度保障，又尽可能消除和避免保障不足。

中国始终坚持人民至上和共同富裕的理念，把增进民生福祉和促进社会公平作为发展社会保障事业的根本出发点和落脚点，使改革发展成果更多更公平地惠及全体人民，实行向弱势群体倾斜的社会保障，加快建立基本养老制度、基本医疗制度、失业保险制度和居民最低生活保障等制度。中国的社会保障实践表明，社会保障只有建立在共同富裕的基础上才能更好地体现社会主义的优越性和适应中国生产力的发展需求。

进入新时代后，人民群众追求的已不再是温饱和小康，而是美好生活。习近平总书记提出美好生活的实现路径之一就是要"全面建成覆盖全民、城乡统筹、权责清晰、保障适度、可持续的多层次社会保障体系"①。2021年他再次指出，社会保障的根本目标在于"增进民生福祉、促进社会公平"，并强调要"顺应人民对高品质生活的期待，适应人的全面发展和全体人民共同富裕的进程，不断推动幼有所育、学有所教、劳有所得、病有所医、老有所养、住有所居、弱有所扶取得新进展"②。社会保障制度成为实现社会公平和满足人民美好生活需要的重要制度保证。

（二）社会主义市场经济的社会保障体系

社会主义市场经济的社会保障理论认为，社会主义市场经济应该建立覆盖全民、城乡统筹、权责清晰、保障适度、可持续的多层次社会保障体

---

① 习近平：《决胜全面建成小康社会　夺取新时代中国特色社会主义伟大胜利——在中国共产党第十九次全国代表大会上的报告》，人民出版社2017年版，第47页。
② 《习近平在中共中央政治局第二十八次集体学习时强调　完善覆盖全民的社会保障体系　促进社会保障事业高质量发展可持续发展》，《人民日报》2021年2月28日。

系。目前，中国已经建成了以社会保险、社会救助、社会福利为基础，以基本养老、基本医疗、最低生活保障为重点，以慈善事业、商业保险为补充的覆盖全民的社会保障制度体系。

1. 社会保障体系的基础：社会保险、社会救助与社会福利

社会保险、社会救助、社会福利等部分在社会保障体系中的地位和功能有一定差异。其中，社会福利是最高阶段的目标，体系核心是社会保险，社会救助一般提供给有需要的"穷人"，是社会保障体系中的底部，被称为"最后一道防线"和"最后的安全网"，发挥重要的制度性托底作用。中国现阶段的基本国情决定了中国目前社会保障体系的核心内容是社会保险，而不是更高层次的社会福利。

社会保险因为涉及的人群广、占用资金多、提供的项目重要而成为社会保障制度的主体，其中的基本养老保险和基本医疗保险更是反映中国社会保障适度性程度的代表性险种。中国目前的社会保险系统主要包括养老社会保险、失业社会保险、工伤社会保险、医疗社会保险、生育社会保险和其他社会保险。

中国的社会救助制度体系以最低生活保障为基础、以专项救助和临时救助为补充、以社会帮扶为拓展，覆盖城乡，为保障贫困人口的生活发挥了不可替代的作用。从救助内容上看，目前的社会救助体系涉及生活、教育、就业、医疗、住房、灾害等许多领域；救助方式包括实物、货币、服务等多种类型；救助层次既包括最低生活保障这样的生存型项目，也包含心理、精神需求以及社会融入等发展型的制度安排。

社会福利包括残疾人福利、老年人福利、儿童福利、妇女福利、职业福利、住宅福利、教育福利等各项福利事业的发展。其中大多数项目主要由政府举办，社会团体、志愿机构协助举办。它偏重于提供福利设施和福利服务，不带任何前提条件地给予符合规定的公民，并且囊括了除社会保险、社会救助之外的其他所有社会保障。

2. 社会保障体系的重点：基本养老、基本医疗与最低生活保障

养老保险和医疗保险是中国社会保险系统中的重要组成部分，其中养老保险是最重要的社会保障制度安排。中国的养老保障体系由职工基本养老保险、城乡居民基本养老保险和机关事业单位工作人员基本养老保险三大制度构成。在医疗保障方面，中国建立了"三横三纵"的医疗保障体系："三横"包括基本医疗保险体系、城乡医疗救助体系和补充医疗保障体系，"三纵"包括城镇职工基本医疗保险、城镇居民基本医疗保险和新型农村合作医疗保险。

最低生活保障是社会救助制度体系的基础，低保兜底是对家庭人均收入低于当地最低生活保障标准的贫困家庭给予差额现金救助，使其收入高于贫困线，从而实现低保兜底脱贫的目标。

3. 社会保障体系的补充：慈善事业、商业保险

慈善事业作为中国社会保障体系的有益补充，更依赖于道德因素作为动力支撑，能够有效调节和缓解社会冲突与矛盾，属于第三次分配。制度性慈善救助和非制度性民间慈善共同形成了中国社会保障体系的有益补充。此外，商业保险作为市场调节性保障制度，也为社会保障体系注入了新活力，并赋予居民多样化保险需求更多选择。

第六节　社会主义市场经济的法律制度理论

市场经济是法治经济，法律制度是市场经济有效运行和发展的制度保证。市场经济的法律制度理论是关于市场经济中法律制度的必要性、功能和基本内容的理论，马克思主义提出了法律制度的基本原理，西方资产阶级法学也有与马克思主义不同的法律制度理论，而且存在根本缺陷，并且两者都没有社会主义市场经济的法律制度理论。社会主义市场经济理论以

马克思主义的法律制度理论为基础，参考借鉴了西方资产阶级法学理论，形成了以前没有的社会主义市场经济的法律制度理论。

一、市场经济与法律制度

（一）市场经济实行法治的必要性

所谓"法治"，简而言之就是依据法制（法律制度）进行经济社会治理。市场经济的运行和发展离不开法制，法律制度可以保证市场经济活动在法律的保障和引导下进行。无论是私有制下的市场经济还是以公有制为主体的社会主义市场经济，法制都是市场经济健康运行的保障，加强法制建设是市场经济发展的内在要求。

市场主体是市场经济最为关键的要素，市场经济的存在和运行是商品生产者、消费者和政府等市场主体按照价值规律进行复杂经济活动的结果。但市场主体的地位、权利和义务需要有法律明确界定并得到法律保障，而且市场主体之间的各种复杂经济关系也需要法律进行确认。同时，由于市场经济下经济主体自行决定其经济行为，因此各经济主体之间的利益冲突和由此引发的矛盾纠纷普遍存在。在大部分情况下，政府对经济的调控多为宏观且间接的干预，因此经济个体之间的冲突更多地依靠法院和仲裁机构根据法律法规解决。市场经济必须实行法治的原因，本书在第三章第一节的"市场经济是法治经济"的部分中已经作了具体说明，这里不再重复。

（二）法制在市场经济中的作用

一般来说，法制对市场经济的作用主要体现在以下几个方面。

1.法制对市场经济的引导作用

市场经济的运行过程复杂多变，完全依靠市场自发调节和发展可能导致一系列经济问题和社会矛盾。历史的事实证明，市场经济需要市场调节和政府调节有机结合，国家对经济进行必要的宏观调控，而宏观调控的存在需要由法制作为保证。法律尤其是经济法是一国对市场经济发展总的方针政策的体现，对于市场主体的行为有重要的引导作用。如中国的宪法规定了中国的所有制结构、分配制度等，就确定了市场经济建立的制度基础和发展的方向。

2.法制对市场经济的规范作用

市场经济存在着复杂的生产关系、交易关系和产权关系，需要法律对权、责、利进行规范化和明晰化，这是促进市场经济良性发展的前提。在市场经济的运行中，法律界定了市场主体的经济行为，规定了哪些行为是合法的，哪些行为是非法的，如反不正当竞争法界定了企业的不正当竞争行为，并对此进行处罚。市场经济的法律制度坚持保护财产所有权、合同自由、公平竞争、经济民主等的原则，规范了市场经济秩序，对市场机制的有效运行有重要作用。

3.法制对市场经济的保障作用

市场经济法律制度的保障作用体现在对每一个市场活动的参与者，法律保障其通过正当途径获取利益的权利，包括企业的自主经营权、消费者权益、劳动者获取收入的权利等。另外，法律还确定了所有权制度，如中国的《民法通则》第七十一条规定"财产所有权是指所有人依法对自己财产享有占有、使用、收益和处分的权利"，保障了市场主体的自有财产所有权。

二、马克思主义与资本主义的法制观

（一）马克思主义的法制观

马克思曾经明确指出："法律是肯定的、明确的、普遍的规范。"[①] 马克

---

① 《马克思恩格斯全集》第 1 卷，人民出版社 1956 年版，第 71 页。

思认为，法律属于上层建筑的范畴，因此社会的生产状况和物质条件决定了法律，而法律则是经济基础的反映。马克思指出："人们在自己生活的社会生产中发生一定的、必然的、不以他们的意志为转移的关系，即同他们的物质生产力的一定发展阶段相适合的生产关系。这些生产关系的总和构成社会的经济结构，即有法律的和政治的上层建筑竖立其上并有一定的社会意识形式与之相适应的现实基础。"[①] 由此可见，法律制度同其他政治制度一样，"根源于物质的生活关系"[②]，因此法律制度建设需要以社会经济发展状况为依据。马克思和恩格斯还进一步指出了法律在社会经济中的反作用。马克思在谈及 19 世纪英国的工厂法时，指出工厂法的制定就是对生产过程的有意识、有计划的反作用，是工业生产的必然产物。恩格斯也曾表示："政治、法律、哲学、宗教、文学、艺术等的发展是以经济发展为基础的。但是，它们又都互相影响并对经济基础发生影响。"[③] 马克思主义政治经济学关于社会经济和法律制度关系问题的阐述，对于社会主义市场经济法制建设有着重要的理论指导意义。

（二）资本主义的法制观

西方资本主义的法制观起源于封建社会后期资本原始积累的出现，罗马法和商法的兴起是其突出表现。资产阶级革命胜利后，随着自由竞争市场的形成和快速发展，资产阶级也建立起相应的法律制度维护其统治地位和经济利益。这一时期资本主义国家在法制建设方面的主要表现包括通过宪法确定了人民主权、"三权分立"等原则，并通过私法对公民的私有财产进行保护。自由竞争资本主义阶段，西方资本主义国家主要实施自由放任的市场经济政策，这一时期资本主义国家法律的主要作用是通过保护私

---

① 《马克思恩格斯选集》第 2 卷，人民出版社 1972 年版，第 82 页。

② 《马克思恩格斯全集》第 31 卷，人民出版社 1998 年版，第 412 页。

③ 《马克思恩格斯选集》第 4 卷，人民出版社 1972 年版，第 506 页。

有财产权以维护统治阶级的利益。著名法学家布莱克斯通曾说过:"法律对私有财产关怀备至,以至于法律不会授权对财产加以侵犯,即使为了全社会的一般利益也不会加以侵犯。"①

随着资本主义制度进入垄断资本主义时期,资本主义市场经济的法制建设也趋于成熟。由于经济危机周期性爆发、劳资矛盾的加剧和市场竞争秩序受到垄断势力威胁等问题的不断出现,主要资本主义国家纷纷实施广泛的国家干预。因此,在法律建设方面也加强了经济立法,以缓和更为尖锐和频繁的矛盾冲突。这一时期,由于大型和巨型企业的出现,垄断对市场竞争的负面作用变得越来越明显。因此,资本主义国家开始不断出台新的法律对市场经济进行干预,以维护市场秩序和防止垄断。例如,美国在1890年颁布的《谢尔曼法》和1908年颁布的《克莱顿法》,都是典型的反垄断法,其目的是防止垄断企业利用其市场势力挤压市场竞争空间,从而维护市场自由竞争和保护中小企业的发展。在20世纪20年代后,作为资本主义制度的必然产物,经济危机的爆发变得日益频繁并且破坏力越来越强,特别是20世纪30年代席卷西方主要资本主义国家的经济危机,对其经济发展造成了重大破坏。为此,以美国为代表的资本主义国家出台大量法案干预市场经济。例如,罗斯福执政时期先后颁布了《产业复兴法》、《紧急银行法》、《农业调整法》和《紧急救济法》等一系列法律,对美国经济进行全面干预。

虽然资本主义市场经济的法制观中有一些理念和做法仍值得中国现阶段在社会主义市场经济的法制建设中进行借鉴,例如维护公平竞争、司法独立以及培育有序的法治环境等观念。但需要指出的是,资本主义的法律归根结底是为了维护资产阶级和富人的根本利益而不是全体人民的利益,

---

① 吴志攀、王利明:《从资本主义市场经济法制发展史中我们借鉴什么》,载《党建》2004年第11期。

这种体现阶级对立的法律制度不可能从根本上解决资本主义国家存在的固有顽疾如经济危机、贫富差距等问题。此外，利益至上的法律制度必然导致资本主义国家的法律运行成本越来越高，"一切向钱看"的游戏规则不仅不利于无产阶级，即使在资产阶级内部也由于利益冲突而导致侵权诉讼的滥用和经济内耗。

三、社会主义市场经济法律制度的创新和发展

社会主义市场经济的法律制度理论认为，必须建立适应社会主义市场经济有效运行和发展要求的法律制度体系，做到有法可依、有法必依、执法必严、违法必究。

（一）社会主义市场经济法律制度的法制基础

社会主义市场经济的法律制度既不同于传统计划经济由国家直接实行高度集中统一管理的法律制度，更与资本主义法律制度有根本区别。中国社会主义市场经济的法律制度，既要符合市场经济运行和发展的普遍要求，更要体现社会主义制度的本质和优越性，还要具有社会主义初级阶段的特点。中国社会主义市场经济的法律制度主要包括以下四个基本制度。

1.市场主体的法律资格制度

市场主体是在市场经济体制下从事交易活动的个体或组织，保障市场主体正常的生产经营和商品交换活动是市场经济运行的前提。因此，需要通过法律制度对市场主体资格进行法律上的确定。市场法律主体须符合以下要求：（1）互相独立的市场主体；（2）法律地位完全平等；（3）有完全行为能力，能从事法律行为；（4）有完全责任能力，能对自己行为的结果承担责任。中国特色社会主义市场经济的法律规定市场主体均可以进入

市场进行合法的交易活动和公平竞争，享有平等权利并履行法律规定的义务。

2.充分尊重和保护财产权的制度

财产权利是公民依法享有的重要权利之一，也是整个社会财产权利体系的重要组成部分。在社会主义市场经济中，法律制度强调充分尊重和保护公民的财产权。财产权得到法律保护不仅是保障公民基本的权利、坚持和完善基本经济制度的要求，也是充分调动市场主体的积极性和创造性、促进社会主义市场经济顺利发展的要求。

3.合同自由制度

合同自由是指两个及以上的当事人可以根据自己的意愿、自由并且自主地设立合同，确定双方的权利和义务关系。合同自由是市场经济迅速发展和提高效率的前提，保障合同自由的法律规制是市场经济健康发展的重要保证。为矫正市场中不正当交易行为，维护社会公平，国家必须对经济活动进行干预，在确定合同自由的同时，在一定程度上运用法律的手段限制合同自由。

4.社会保障制度

社会保障制度可以发挥经济"稳定器"和"调节器"的作用，在提高市场经济运行效率的同时，社会主义市场经济的发展还要求要体现社会公平，缩小贫富差距。对于无法参与市场竞争或者在市场竞争中处于不利地位的老人、儿童、残疾者、失业者和低收入群体等，由社会提供基本的物质保障，同时根据社会经济的发展状况，逐步提高居民的生活质量和公共福利水平。西方资本主义社会经过较长的时间建立了相对完善的社会保障体系，其社会保障制度对于促进社会稳定和刺激经济发展有一定积极作用，部分经验值得借鉴。但也要看到，西方社会保障制度同样存在社会保障开支过大、保障规定不够明确、管理机构冗杂等缺陷。中国社会保障制度从中国国情出发，遵循劳动满足为主、保障满足为辅的理念和国家、集

体、个人共同负担的准则，建立了适合中国现阶段生产力水平的社会保障
制度。而且随着中国生产力水平不断提高，中国的社会保障制度也在不断
调整以适应新生产力水平下的需求变化。

（二）宪法是社会主义市场经济法律制度建设的基石

宪法是一国的根本大法，具有最高法律地位：一方面，宪法具有一切
法律的共同特征，由经济基础所决定并服务于经济基础；另一方面，宪法
又具有其他法律所不具有的特殊性，它规定了国家最根本的制度和任务，
也是其他法律的立法依据。与其他资本主义国家宪法最根本的不同在于，
中国《宪法》明确规定了中国的基本经济制度是公有制为主体，多种所
有制经济共同发展，分配方式是按劳分配为主体，多种分配方式并存，
经济体制是社会主义市场经济体制。习近平总书记在十八届四中全会的
讲话中强调："任何组织和个人都必须尊重宪法法律权威，都必须在宪法
法律范围内活动，都必须依照宪法法律行使权力或权利、履行职责或义
务，都不得有超越宪法法律的特权"①，这表明了宪法是一切市场经济主体
的根本活动准则。将宪法作为社会主义市场经济法律制度的基石，是保
证市场经济法律制度建设顺利实施和社会主义市场经济稳定运行的前提
条件。

中国《宪法》不仅明确规定"国家实行社会主义市场经济"，并且规
定"国家禁止任何组织或者个人扰乱社会经济秩序"，在国家总体上确定
了社会主义市场经济的地位。此外，《宪法》还强调了国家对经济的宏观
调控，明确规定"国家加强经济立法，完善宏观调控"，体现了政府在中
国特色社会主义市场经济运行中的重要作用。此外，《宪法》对社会主义

---

① 《中共中央关于全面推进依法治国若干重大问题的决定》，《人民日报》2014年10月
29日。

市场经济基本内涵的解释是市场要在资源配置中起决定作用，这既是对市场经济充分发挥其作用的肯定，同时也是对政府进行适当宏观调控和防止权力滥用的法律要求。《宪法》对中国社会主义市场经济体制的解释和规定，是其他相关法律订立的基础。党的十八届四中全会强调：维护宪法尊严是市场经济活动的首要原则，坚持依法治国的前提条件是坚持依照宪法来治理国家。

（三）社会主义市场经济法律制度体系和类型

社会主义市场经济法律制度体系主要包括市场主体法、市场主体行为法、市场经济秩序法和市场宏观调控法。其中，市场主体法是对规范市场主体资格的法律制度，包括公司法、合伙企业法、独资企业法、中外合资经营法、外资企业法等；市场主体行为法是针对市场主体经济行为的法律规范，包括物权法、债权法、票据法、海商法、专利法、商标法、著作权法等；市场经济秩序法是维护市场统一性和平等竞争的法律规范，包括反不正当竞争法、反垄断法、消费者权益保护法、广告法和反倾销法等；市场宏观调控法是从国家整体利益出发规范国家宏观调控的法律制度，包括预算法、银行法、税法、投资法、物价法、国有资产法等。

社会主义市场经济的法律制度建立在宪法的基础之上，从调整对象和本质功能的角度来看，包括民商法、经济法、行政法和社会法四种类型。

1.民法、商法

民法是社会主义市场经济的基本法律，调整对象是平等主体的自然人、法人和非法人组织之间的人身关系和财产关系。中国1986年制定的民法通则对民事活动中一系列民事问题进行了法律规定。民法中有关物权的法律明确了市场经济体制中权责和产权状况，为市场交易活动的有序展开奠定了坚实法律基础。同时，民法中也以债券合同制度的形式详细规定了各类合同制度和违约责任等涉及市场交易关系的重要内容，是维护市交易秩序的重要依据。

商法是规范商事行为的法律，属于民法的特别法，包括公司法、保险法、合伙企业法、海商法、破产法、票据法等。在市场经济的运行中，商法对市场主体、市场客体、市场行为和市场秩序都进行了规定。中国社会主义市场经济的商法一方面尊重市场主体追求利益最大化的行为，另一方面还特别强调公正和秩序，体现了社会主义市场经济兼顾效率和公平的特点。

2. 经济法

经济法是从国家整体利益出发对社会主义市场经济关系进行调整的法律，属于公法的范畴。与资本主义国家的经济法相比，中国的经济法不仅对社会主义市场经济体制改革措施进行了法律上的规范化解释，还对经济体制改革的正确方向作出了明确规定。此外，中国经济法体现了中国特色社会主义市场经济运用法律形式引导经济体制改革，为建立和完善社会主义市场经济体制提供了法律保障。

3. 行政法

行政法是涉及政府与法人、自然人之间行政管理关系的法律，对行政主体及职权进行规范，是保障社会主义市场经济运行的重要法律。中国特色社会主义市场经济的发展离不开政府管理，但政府管理必须依法进行。由于中国政府对市场经济的管理大部分情况下采用宏观和间接的管理，因此中国行政法就是实现这一方式的重要法律手段。它保证了政府对经济的宏观调控和管理受到法律规范，同时也可以用行政法律规范的形式干预市场经济活动。

4. 社会法

社会法是保障社会的特殊群体和弱势群体权益的法律，对于缓和市场经济中的矛盾和促进社会公平具有重要意义。中国的社会法律制度主要包括劳动法和社会保障法，其中劳动法旨在保护劳动者的合法权益和协调劳动关系，维护社会主义市场经济的劳动制度；社会保障法是保障和改善民生的法律，是社会公平的调节器和市场经济健康运行的重要保障。在社会保障基本法的基础上，又有社会保险法、社会救济法、社会福利法和优抚安置法。需要强调的是，就劳动法而言，资本主义劳动法以私有制为基础和以市场经济为依托，属于私法性质；中国劳动法则更具有公法的性质，旨在维护适应社会主义市场经济的劳动制度。

第六章

社会主义市场经济运行机制和
特征理论的创新和发展

社会主义市场经济理论的创新和发展包括十六个方面的主要内容，本章论述社会主义市场经济运行机制和特征理论的创新和发展，包括社会主义市场经济运行机制和宏观调控、运行特征和发展前景等两个方面理论创新和发展的内容。

第一节　社会主义市场经济的运行机制理论

市场经济的运行机制的理论是关于市场经济运行的调节方式、机制及其作用和作用机理的理论。马克思主义政治经济学提出了资本主义市场经济运行机制和社会主义经济运行机制的基本原理，缺乏社会主义市场经济运行机制理论。西方经济学形成了比较系统的资本主义市场经济的运行机制理论，存在严重缺陷，也没有社会主义市场经济运行机制理论。社会主义市场经济理论以马克思主义政治经济学的经济运行基本原理为基础，参考借鉴了西方经济学的市场经济运行机制理论，发展了市场经济运行机制的一般理论，创立了社会主义市场经济运行机制的新理论，提出了系统的宏观调控理论。

一、马克思主义政治经济学的经济运行基本原理

马克思主义政治经济学提出了资本主义市场经济运行机制和社会主义经济运行机制的基本原理，是社会主义市场经济运行机制理论的基础。

（一）资本主义市场经济运行的动力和机制

马克思主义政治经济学认为，所有制是市场经济存在的基础，因此市场经济的运行不仅是由市场机制调节，从根本上来说还要受所有制的制约，由于资本主义市场经济以资本主义私有制为基础，其生产是社会化大生产，生产的目的是追求剩余价值最大化，所以推动资本主义市场经济运行和发展的主要推动力有两个，即追求剩余价值的内在冲动和市场竞争的外在压力。这两个力的作用不仅能够推动资本主义市场经济的发展，而且也会导致资本主义市场经济运行的起伏波动，甚至爆发生产过剩的经济危机。因为，资本主义私有制与社会化大生产的矛盾是资本主义生产方式的基本矛盾，也是资本主义市场经济的基本矛盾，这个基本矛盾还会派生出个别生产的有组织性与社会生产的无政府状态的矛盾、生产无限扩大的趋势与劳动人民有购买力的需求相对缩小的矛盾，私有制和市场调节的自发性和盲目性会造成社会生产的无政府状态，追求剩余价值最大化的内在动力和市场竞争的外在压力使得生产具有无限扩大的趋势，私有制的剥削和市场竞争的优胜劣汰又会引起贫富差距扩大、两极分化，导致劳动人民有购买力的需求相对于生产能力的不断提高而言严重不足，使得生产过剩的经济危机不可避免，造成严重的生产力破坏和资源浪费。由此可见，私有制和无政府状态，不仅不能纠正市场失灵，甚至很有可能加剧市场失灵。

（二）经典的社会主义经济运行机制理论

正是由于以私有制为基础的资本主义市场经济会导致贫富两极分化和

生产过剩的经济危机，所以马克思主义政治经济学的经典社会主义经济理论认为，资本主义私有制和市场经济必然走向消亡，社会主义经济应该是公有制经济和计划经济，不是私有制经济和市场经济，社会主义经济运行机制也应该是计划机制而不是市场机制。由于历史的局限性和实践的局限性，经典的社会主义经济理论不可能认识到中国还会经历社会主义初级阶段，还要发展社会主义市场经济，也就不可能提出社会主义市场经济的经济运行机制理论。

二、西方经济学的市场经济运行机制理论和宏观经济政策

西方经济学的市场经济运行机制理论并不完全相同，主要有两大派存在重大分歧的代表性理论：一是经济自由主义的市场经济运行机制理论，二是国家干预主义的市场经济运行机制理论。

（一）经济自由主义的市场经济运行机制理论

西方经济学从亚当·斯密的古典的经济自由主义到米瑟斯、哈耶克和弗里德曼的现代新自由主义都认为，以私有制为基础的市场经济的运行机制只能是市场机制，只能实行自由放任、自由选择、自由竞争、自由投资、自由生产、自由贸易，政府最多只能是"守夜人"。他们不仅都坚决反对资本主义国家实行国家干预，还认为社会主义的公有制和计划经济是"通向奴役的道路"。

亚当·斯密提出，每个人"他通常既不打算促进公共利益，也不知道他自己是在什么程度上促进那种利益。由于宁愿投资支持国内产业而不支持国外产业，他只是盘算他自己的安全；由于他管理产业的方式目的在于使其生产物的价值能达到最大程度，他盘算的也只是他自己的利益。在这场合，像在其他许多场合一样，他受着一只看不见的手的指导，去尽力达

到一个并非他本意想要达到的目的。也并不因为事非出于本意，就对社会有害。他追求自己的利益，往往使他能比在真正出于本意的情况下更有效地促进社会的利益"。这个"看不见的手"就是市场机制。他主张自由生产经营、自由竞争，即"每一个人，在他不违反正义的法律时，都应听其完全自由，让他采用自己的方法，追求自己的利益，以其劳动及资本和其他人或其他阶级相竞争"。①

米瑟斯高度赞扬道："创造我们时代财富的一切因素都可以归功于资本主义的组织方式和生产方式。资本主义之所以有活力，是因为它从自由主义思想中吸收了丰富的营养。""自由主义绝对不是代表某一特权阶层的政策，而是为全体人民利益服务的政策。""保留私有制是全体人民以及各社会阶层的共同利益之所在。"他认为："国家在以生产资料私有制为基础的经济体制中对企业的干预达不到预期的目的。这种干预不但没有意义，而且恰恰事与愿违，因为它不仅没有消除它想消除的'祸害'，反而让这些'祸害'得到了繁殖。""人们可以对政府说：它的干预毫无意义，与其本意南辕北辙，这种经济干预政策既不可行又不可思议，因为它违反了经济逻辑。"他还认为："在社会主义社会里，不可能对经济进行核算，这一点使任何社会主义都变得不可行。"②

哈耶克断言："私有制是自由的最重要的保障"，"只要能创造出有效的竞争，这就是再好不过的指导个人努力的方法"。"根据一个单一计划指导各种经济活动，这种企图将会引起无数问题"，"集中计划要在很大程度成为可能的话，独裁本身是必不可少的"。③

---

① [英] 亚当·斯密：《国民财富的性质和原因的研究》下卷，郭大力、王亚南译，商务印书馆 1974 年版，第 27、252 页。

② [奥] 冯·米瑟斯：《自由与繁荣的国度》，韩光明等译，中国社会科学出版社 1995 年版，第 52、54、71、112、106 页。

③ [英] 弗里德里希·奥古斯特·哈耶克：《通往奴役之路》，王明毅等译，中国社会科学出版社 1997 年版，第 101、40、61、71 页。

弗里德曼也认为，只有"建立在私人自由市场机制上的资本主义制度"，"只有市场经济体制才能实现繁荣和自由"。"'政府失灵'并不比'市场失灵'少。"①"市场的实际运行和它的理想的运行之间的差异——虽然无疑是很大的——与政府干预的实际效果和它意图中的效果之间的差异来相比是微不足道的。"②"政府才是导致今天经济不稳定的主要根源。"③

西方国家的资本主义经济发展史证明，经济自由主义是私有制和自由市场"万能万岁"的"产权神话""市场神话""自由神话"。对这种严重不符合实际的自由主义的神话，马克思不无讽刺地写道："正因为人人只顾自己，谁也不管别人，所以大家都是在事物的预定的和谐下，或者说，在全能的神的保佑下，完成着互惠互利、共同利益、全体有利的事业。"④

（二）国家干预主义的市场经济运行机制理论

西方经济学从凯恩斯开始的国家干预主义也认为以私有制为基础的市场经济的运行机制是市场机制，与经济自由主义不同的是，还认为由于存在市场失灵，必须实行国家干预以弥补市场机制的不足。凯恩斯曾经明确指出："我们生存其中的经济社会，其显著缺点，乃在不能提供充分就业，以及财富与所得之分配有欠公平合理。"⑤ 这种缺点依靠市场机制无法克服，必须发挥政府的作用。

对于如何实行国家干预，西方经济学也出现了分歧，主要有两派不同

---

① 〔美〕米尔顿·弗里德曼等：《自由选择》，张琦译，机械工业出版社 2008 年版，第Ⅻ、31 页。

② 〔美〕米尔顿·弗里德曼：《资本主义与自由》，张瑞玉译，商务印书馆 2004 年版，第214 页。

③ 〔美〕米尔顿·弗里德曼等：《自由选择》，张琦译，机械工业出版社 2008 年版，第89 页。

④ 《资本论》第 1 卷，人民出版社 1975 年版，第 199 页。

⑤ 〔英〕凯恩斯：《就业利息和货币通论》，徐毓丹译，商务印书馆 1977 年版，第 317 页。

的代表性主张：凯恩斯主义的需求管理和里根经济学的供给管理。①

1. 凯恩斯主义的需求分析和需求管理

凯恩斯主义经济学的基本理论逻辑是，资本主义国家之所以会产生生产过剩、经济衰退、失业，主要是由于社会对生产资料和消费品的有效需求不足，而有效需求之所以不足，则是由边际消费倾向递减、资本边际效率递减、流动性偏好等三个基本心理规律造成的，而且市场自身无法解决有效需求不足的问题，所以主张实行国家干预，由政府进行需求管理，通过宏观经济政策扩大需求，刺激经济增长。其实，有效需求不足的主要原因不是所谓的"三个基本心理规律"，而是凯恩斯自己也承认的"财富与所得之分配有欠公平合理"。财富与收入的分配有欠公平合理的根源又是什么呢？凯恩斯以及其后的凯恩斯主义经济学家都没有深入分析。由于凯恩斯主义经济学没有找到生产过剩经济危机的根源，所以开出的药方只能是头痛医头、脚痛医脚，只能治标不能治本，虽然在一段时间一定程度上能够缓解病情，但不能根治，甚至可能陷入"滞胀并发症"（经济停滞与通货膨胀并存）。凯恩斯主义虽然在第二次世界大战后给西方发达国家带来了 20 年经济增长的所谓"黄金时期"，凯恩斯也被尊称为"战后繁荣之父"，但是 20 世纪 70 年代西方发达国家陷入了"胀涨"的泥潭，患上了以前没有的"摩登病"，凯恩斯主义也陷入了"破产"境地。至于西方经济学为什么不再深入分析、寻根问底，则可能是没有掌握科学方法，也可能是由于经济利益、政治立场、意识形态信仰等的局限而有意回避、视而不见，不愿、不能、不敢深挖制度根源。其实，马克思早就科学地揭示了资本主义社会财富和收入的分配有欠公平合理和生产过剩经济危机发生的根源，是资本主义生产方式的基本矛盾。

---

① 参见简新华、余江：《马克思主义经济学视角下的供求关系分析》，载《马克思主义研究》2016 年第 4 期。

2.里根经济学的供给分析和供给管理

西方经济学的"里根经济学"或者说供给学派的基本理论逻辑是，20世纪80年代美国经济存在的问题不是需求不足，而是供给缺陷，即技术进步放缓、竞争能力下降等，造成供给缺陷的主要原因是社会公共福利开支过多、政府控制过度、税收太多、投资不足，所以主张政府实行供给管理，采取减税、削减社会公共福利开支、减少政府控制、更多发挥市场作用等措施，刺激投资、促进技术进步、推动经济增长。[①] 供给分析和管理同样存在严重缺陷：只重视供给、结构分析，忽视需求、总量分析；只分析经济现象、不深入剖析生产关系实质和制度根源；只强调供给管理、轻视需求管理，基本否定需求分析和需求管理的必要性和有效性；开出的药方同样只治标不治本，只能短期奏效，不能长期见效、从根本上解决问题。里根经济学的实践结果本身就证明了这一点，虽然里根经济学为美国20世纪90年代"三低一高"（低通货膨胀率、低失业率、低赤字率和高增长率）的所谓美国"新经济"的出现打下了基础，但是2008年还是出现了严重的金融危机和经济危机。所以说，依据供给理论和供给分析方法得出的结论和提出的对策主张，虽然有一定合理性和有效性，但也存在根本缺陷，不能保证经济持续稳定增长。

另外，如果把美国里根总统20世纪80年代为了应对"滞胀并发症"实行的所谓供给管理政策，说成是与需求管理完全不同的经济政策，也是不准确的、不全面的。在里根政府当时采取的减税、削减政府社会福利开支、实施"星球大战计划"、增加军费开支、减少国家干预、放松政府行政管制、更多发挥市场调节作用、提高利率、减少货币供应量、反通货膨胀等政策措施中，有不少重要措施，实际上不仅是改善供给，而且也是调

---

① 因为主张减少政府控制、更多发挥市场作用，供给学派又被看成是现代西方经济学的新自由主义流派。

节需求，比如其中三项重要的政策措施——减税、提高利率和实施"星球大战计划"、增加军费开支，就是如此。减税实际上就是财政政策，通过减税刺激投资和劳动，虽然能够促进技术进步、改善技术供给，同时也可以增加投资需求和收入，进而增加消费需求；提高利率会减少投资和投资需求；实施"星球大战计划"、扩大军费开支，同样既有利于科技进步，也增加投资需求；既增加有效供给，又扩大有效需求。有的措施还主要是影响需求，对供给没有多大直接作用，比如削减政府社会福利开支，本身就是财政政策，会减少有购买力的需求、减少财政赤字和货币发行、缓解通货膨胀，只能通过物价下降间接影响供给。

（三）宏观经济政策主张

西方经济学国家干预主义实行国家干预的主要措施是制定和实施包括财政政策、货币政策、产业政策、收入政策、人力政策、社会福利保障政策等宏观经济政策，还有部分资本主义市场经济国家实行不同程度的国家计划调节。宏观经济政策的主要目的是调节社会供求、治理失业和通货膨胀、促进总供给与总需求平衡和经济稳定增长。在宏观经济政策中，最重要的是财政政策和货币政策。

财政政策的主要措施是，通过调整税收和财政支出来调节社会供求，也就是通过减税以刺激投资和消费、增税以抑制投资和消费，通过减少财政支出以减少投资和消费、扩大财政支出以增加投资和消费。根据对经济增长的影响不同，财政政策可以分为两类：扩张性财政政策又称积极财政政策和紧缩性财政政策又称稳健财政政策。在经济萧条、失业严重时，为了刺激经济增长，国家采取减税、增加财政开支的措施，刺激投资和消费，称之为扩张性财政政策；反之，在经济过热、通货膨胀率太高时，国家采取增加税收、减少财政开支的措施，以抑制投资和消费，称之为紧缩性财政政策。另外发行或者回购国债也可以发挥这样的调节作用。

货币政策也称金融政策，其主要措施是通过中央银行调整货币供应量、影响利息率来调节社会供求，也就是通过调整法定准备金率即中央银行规定的商业银行存贷款的比率、增减商业银行的存贷款、引起货币供应量增减、影响利息率升降、调节投资和消费，通过调整中央银行的贴现率即中央银行对商业银行的利息率（现在已经发展成为包括再贷款利率、再贴现利率、存款准备金利率、超额存款准备金利率等在内的基准利率）、引起商业银行利息率升降、影响存贷款的增减、调节投资和消费，通过公开市场业务即中央银行在证券市场上买卖政府债券、引起货币供应量增减、影响利息率升降、调节投资和消费。根据对经济增长的影响不同，货币政策也可以分为两类：扩张性货币政策又称积极货币政策和紧缩性货币政策又称稳健货币政策。在经济萧条、失业严重时，为了刺激经济增长，中央银行采取降低利率、增加货币供给的措施，刺激投资和净出口，增加总需求，称之为扩张性货币政策；反之，在经济过热、通货膨胀率太高时，中央银行采取提高利率、减少货币供给的措施，以抑制投资和消费，减少或放慢增长速度，使物价水平控制在合理水平，称之为紧缩性货币政策。

总的来说，西方经济学的市场经济运行机制理论和宏观经济政策主张，由于在一定程度上反映了现代市场经济运行和发展的要求，所以具有参考借鉴价值；又由于存在根本性缺陷，对资本主义市场经济存在的痼疾及其根源诊断是不准确深入的，开出的药方也是治标不治本，所以不能全盘照搬，必须批判和扬弃。

三、社会主义市场经济运行机制的新理论

社会主义市场经济运行机制理论的创新和发展，首先是发展了市场经济运行机制的一般理论，主要是更明确和深入地说明了市场机制及其作用

机理，本书第三章第一节对市场经济的一般原理的创新和发展已有说明，这里集中论述社会主义市场经济运行机制新理论的主要内容。

（一）社会主义市场经济的运行机制 [①]

什么是社会主义市场经济运行机制？由于既存在市场失灵也存在政府失灵，计划经济和市场经济包括传统的社会主义计划经济和资本主义市场经济都不是完美无缺的，都存在严重缺陷，而且迄今为止的国内外经济发展的实践证明市场经济比传统的社会主义计划经济更有效，所以社会主义市场经济的运行机制既不能是单一的市场机制，也不能是单一的计划机制。中国通过 40 多年的改革开放实践、总结国内外经济运行的经验教训，现在提出社会主义市场经济要使市场在资源配置中起决定性作用和更好发挥政府作用；也就是说，社会主义市场经济的运行机制是市场在资源配置中起决定性作用和更好发挥政府作用的机制，明确了市场决定性作用和政府重要作用的基本内容、起作用的方式以及二者的协调配合。

1. 市场的决定性作用

在社会主义市场经济中，市场为什么要在资源配置中起决定性作用？这应该是没有疑义的，因为这是市场经济的本质规定性，如果市场不在资源配置中起决定性作用，就不是市场经济。现在需要明确的是，什么是决定性作用、如何发挥决定性作用。

所谓市场的决定性作用，主要是指社会经济资源主要由市场配置，不是由政府或者计划配置，价格主要由市场决定，切实开展规范有序、优胜劣汰的市场竞争，企业生产什么、生产多少、为谁生产、怎样生产主要由市场调节。必须明确的是，市场的决定性作用绝不意味着市场在所有领

① 参见简新华:《社会主义市场经济的运行特征和合理有效机制探索》，载《毛泽东邓小平理论研究》2017 年第 8 期。

域、任何时候和情况下都要发挥无限的作用，"决定性作用"决不是无限作用、万能作用，不能否定"市场失灵"的存在。而且，更必须明白的是，市场的"决定性作用"是以所有制及其决定的生产目的为基础的，生产什么、生产多少、为谁生产、怎样生产等四大基本经济问题的解决首先是由所有制决定的，然后才是由市场决定的，更准确地说是市场调节的，甚至除了社会分工之外，连市场经济的存在都要由所有制决定。

如何才能合理有效发挥市场的决定性作用或者说市场怎样才能真正有效？有效克服政府失灵和纠正市场失灵，就能合理有效发挥市场的决定性作用。具体内容下面再专门论述。

2. 政府的重要作用

社会主义市场经济中为什么要更好发挥政府作用呢？这是由社会主义的性质和能更有效克服市场失灵决定的。政府必然是"有为政府"（该管的管好），不能是"无为政府"（该管的不管），更不能是"乱为政府"（不该管的也要管），因为，政府是必须要发挥作用的，不然就失去了建立政府的意义，而且政府不能为所欲为、胡作非为，否则政府不仅不能发挥积极作用，反而会产生消极作用，甚至引起"天下大乱"；政府作用又只能是"有限的"、不能是"无限的"，因为政府不可能也不应该无所不能、包打天下。实际上，世界上没有任何政府丝毫都不干预或者调控管理经济的所谓完全的自由市场经济，即使是在资本主义市场经济中，也不是完全自由放任、政府丝毫不起作用的，也需要通过政府的作用在一定程度上纠正市场失灵。社会主义市场经济之所以要"更好发挥政府作用"，不仅有效纠正市场失灵是社会主义市场经济最重要也是最困难的任务之一，要比资本主义市场经济更好地纠正市场失灵，而且是社会主义本质的要求。社会主义市场经济要以公有制为主体，决定经济运行必然具有计划性，政府必须也更有条件进行经济调控管理。社会主义要消灭剥削、消除贫富两极分化、最终走向共同富裕，这既是市场经济本身做不到的，也是资本主义市场经济中的政府做不到的，而社会主义市场经济恰恰要通过政府的作用，朝着消灭剥削、消除贫富两极分化、最终走向共同富裕的社会主义大方向，坚持不懈地推进。社会主义市场经济中政府的作用是特别重要的，尤其需要"更好发挥"。

在社会主义市场经济中，政府必须遵循以人民为中心、贯彻创新协调绿色开放共享的新发展理念，合理制定经济社会发展规划，不断改革不完善的经济制度，恰当有效地运用财政、金融、产业、人力、收入等经济政策，进行宏观经济调控，调整优化包括产业结构、城乡结构、地区结构在内的国民经济结构，促进社会经济持续稳定高质高效发展，更加重视搞好搞活国有企业、发展农村集体经济、真正做大做强做优公有制经济，不断改革完善收入分配制度、缩小财产和收入差距、有效防止贫富两极分化，建立和完善更加合理和可持续的社会保障制度，更好地实现社会公平和维持社会稳定。

如何才能合理有效发挥政府的重要作用？同样，有效克服政府失灵和纠正市场失灵，就能合理有效发挥政府的重要作用。

（二）市场与计划的历史地位和相互关系

正确认识和处理市场与计划（或者政府）的关系、合理有效发挥市场和计划（或者政府）作用，是社会主义市场经济有效运行的关键。人们对市场和计划的历史地位及其相互关系的认识，经历了一个曲折的过程，伴随着的巨大的分歧和激烈争论，逐步趋向全面、深入、完善。

1."市场—计划对立论"的误区

在相当长的一段时期内，东西方经济理论中都流行着一种"市场—计划对立论"。这种传统观念认为，计划是社会主义的，市场是资本主义的，二者完全对立、互不相容，不可能相互结合。社会主义经济只是计划经济，不是商品经济，更不是市场经济，只能由计划调节，不存在市场调节；资本主义经济是市场经济，完全由市场自发调节，不可能实行计划调节；要坚持社会主义，就必须坚持实行计划经济；要搞市场经济，就必须实行私人资本主义。这种"市场—计划对立论"有两个极端的表现：一是认为市场万能，以市场否定计划；二是认为计划万能，以计划排斥市场。世界各国经济发展的实践证明，在当代这两个截然相反的观点都失之偏颇。

一是"市场万能论"的谬误。"市场万能"是西方经济学的传统观念。从英国古典政治经济学的杰出代表人物亚当·斯密在 1776 年出版的《国富论》中提出著名的"看不见的手"的理论开始，一直到 20 世纪 30 年代世界资本主义经济爆发空前的大危机和西方经济学发生"凯恩斯革命"为止，西方经济理论中占统治地位的都是经济自由主义思想。

西方经济自由主义提出，社会上一切从事经济活动的个人，都是具有利己主义本性的"经济人"，每个人都力争运用自己的资本或劳动尽可能地取得最大的收入，由于市场竞争这只"看不见的手"的自发作用，能使人们追求个人利益的行为最终促进整个社会生产的发展，增大社会的总收入，推进整个社会的福利。西方经济自由主义认为，社会经济生活受永恒的自然规律支配，国家对经济生活的干预，只会破坏这些规律而给社会带来不幸和灾难，只要充分发挥市场机制的调节作用，资本主义经济就能正常地、和谐地、顺利地运行，资源就能够自动实现最佳配置，经济效率就可以自动地提高，资本主义经济中的各种问题也会自然而然地得到解决。西方经济自由主义主张实行自由放任、自由选择、自由生产、自由投资、自由贸易、自由竞争、自由企业制度，反对资本主义国家的政府对经济生活进行干预、调节。

自 1825 年以来，在资本主义经济近 200 年的曲折发展历程中，经济危机周期性爆发，特别是 20 世纪 30 年代的大危机，宣告了西方经济自由主义的破产。事实证明，市场机制并非无所不能，自由放任已经行不通，资产阶级只好求助于国家的力量。正是在这样的背景下，西方经济学发生了所谓"凯恩斯革命",转而推崇国家干预主义思潮。这种思潮虽然不完全否定市场经济的地位和作用,但认为自由竞争不能消除有效需求不足,市场机制有缺陷,不能提供充分就业、防止经济危机的发生和财富与所得的公平分配,必须依靠资产阶级国家的政府对经济生活实行必要的干预和调节,以弥补市场机制的不足。

资本主义由自由资本主义到垄断资本主义特别是国家垄断资本主义的发展,资本主义经济运行机制由自由放任到国家干预的转化,西方经济学由亚当·斯密的"看不见的手"的传统理论到凯恩斯主义的"看得见的手"的现代理论的演变,均已证明,"市场万能论"只是一种神话。虽然20世纪70年代以来,西方发达资本主义国家的经济发生"停滞膨胀"并发症,使凯恩斯主义陷入破产境地,经济自由主义思潮又有所抬头,出现了形形色色的新经济自由主义流派,成为西方占统治地位的所谓"主流经济学",但倒退到维多利亚的自由放任时代已不可能,市场也不可能又变成"万能的手"。2008年由美国次贷危机引发的金融危机和经济危机,使得完全排斥政府或者计划作用的新经济自由主义再次衰落、凯恩斯主义又出现了回潮。

二是"计划万能论"的谬误。"计划万能"是传统社会主义经济理论中长期流行的一种看法。这种观点认为,计划可以根据全社会和每个成员的需要自觉地按比例分配社会总劳动量,能够消除社会生产的无政府状态和经济危机,只要运用计算机等现代科学技术,实现计划的科学化,就能合理有效地配置资源,使国民经济协调、稳定、高效、高速地发展,最大限度地满足人民群众日益增长的物质文化生活的需要,实现全体劳动者的共同富裕。

半个多世纪的社会主义经济建设实践表明,高度集中的传统社会主义计划经济体制,虽然在社会主义经济发展的初期发挥了一定的作用、取得过相当大的成就,但是单一的指令性计划这种传统的直接控制方式,集中太多、统得过死,企业没有生产经营自主权,完全排斥市场竞争和价值规律的作用，严重不适应社会主义经济进一步发展的要求。事实证明"计划万能论"在当代是空想，是一种"计算机乌托邦"，计划机制并非无所不能，而是存在严重缺陷。正因为如此，社会主义国家才先后进行经济体制改革，引进市场竞争机制，改变传统的社会主义计划经济体制。

2."市场—计划结合论"的共识

世界上权威的《新帕尔格雷夫经济学大辞典》指出："计划与市场一直被教条的社会主义者和教条的反社会主义者看作是两个不可调和的对立物。然而，完全有理由宣称，任何现代社会都以两者的混合为基础。"[①]邓小平更是明确指出："把计划经济和市场经济结合起来，就能解放生产力，加速经济发展。"[②]东西方经济发展的实践表明，在当代，计划和市场各有利弊，都不是完美无缺、无所不能的，不论是退回到单一的市场机制，还是恢复单一的计划机制，都不可能也不应该。谋求"市场与计划相结合"的观点，已为越来越多的人所接受。即使是80年代推行新经济自由主义（供应学派和货币主义）经济理论和政策的美国和英国，也没有退回到完全的纯粹的市场机制。社会主义国家改革僵化单一的计划经济体制的潮流也是不可逆转的。出路只能是探索市场与计划的最佳结合方式。必须用"市场—计划结合论"取代"市场—计划对立论"。

市场机制和计划机制都是主要由社会化大生产决定的经济运行机制，二者是可以结合的，并非完全对立、互相排斥。当今世界上普遍存在的社会化大生产和市场经济，决定社会经济的运行机制，既不能是单一的市场机制，也不能是单一的计划机制，只能是市场与计划相结合的机制。因为，社会化大生产的发展要求计划调节，市场经济的运行必须通过市场机制，现代商品生产又是社会化大生产，所以计划与市场必须而且可以结

---

① ［英］约翰·伊特韦尔等编：《新帕尔格雷夫经济学大辞典》第3卷，经济科学出版社1992年版，第946页。

② 《邓小平文选》第3卷，人民出版社1993年版，第148页。

合。市场调节是按一定比例分配社会总劳动的一种形式，计划调节也是按一定比例分配社会总劳动的一种形式，二者的基本功能是一致的，应该可以结合；在当代，市场和计划又各有利弊，所以二者必须结合，以便取长补短、兴利除弊。

3. 发展市场经济是当代的世界潮流

怎样实现市场与计划的最佳结合，存在两种不同的看法：一种是主张在以市场经济为基础的同时，引入计划指导；另一种是主张在以计划经济为基础的同时，发挥市场的调节作用。东西方经济发展的实践证明，传统计划经济虽然在社会主义国家经济发展的初期曾经取得了相当大的成就，但从总的情况来看，现代市场经济是比传统计划经济更为有效的资源配置方式。传统计划经济没有带来社会主义经济的高度发达，现代市场经济却带来了西方发达国家的经济繁荣，因此实现市场与计划的最优结合，必须以市场经济为基础，不能以计划经济为基础。这正是发展市场经济成为世界潮流，东西方国家都在实行"经济市场化"的基本原因。实行国家宏观调控（包括政府干预管理、行政协调、计划指导）下的市场经济，是当今世界各国经济运行方式演变的主流。

必须强调的是，承认实行有政府管理的市场经济是当今的世界潮流，并不意味着市场经济固定永恒、计划经济是永远不可能实现的无效的空想，完善有效的计划经济依然是人类社会经济运行方式演进的长远方向。[①]

（三）市场作用与政府作用的协调配合

真正做到市场在资源配置中起决定性作用的同时又更好发挥政府作用，不是一件容易的事，两者的作用都能发挥不是自然而然就能做到的，

---

① 参见简新华、余江：《市场经济只能建立在私有制基础上吗？——兼评公有制与市场经济不相容论》，载《经济研究》2016 年第 12 期。

因为两者作用的目标不完全一致，作用的机理甚至完全不同，作用的后果也不完全一样，有可能产生矛盾甚至冲突，于是就有可能使得两者的作用都不能很好发挥，甚至出现"双失灵"。比如，本来是市场能够有效解决的问题，政府却硬要插手，结果事与愿违、吃力不讨好，甚至造成腐败；本来应该是政府管的事，却硬要搞"市场化"，结果不仅事情没有做好，而且加重老百姓和社会的负担。所以说，要想真正有效发挥市场的决定性作用和政府的重要作用，两者必须协调配合。

市场作用与政府作用怎样才能协调配合呢？除了后面要说的纠正市场失灵和克服政府失灵的原则和措施之外，最重要的是明确政府与市场的功能，划分各自作用的领域，各司其职，两者既不能缺位也不能越位、错位，只有这样才能去弊存利、扬长避短、取长补短、优势互补。而且，市场是"看不见的手"，市场的作用是自发的、需要条件的，政府则是"看得见的手"，政府的作用是人为的、自觉的，政府既可以促进、保障市场作用的发挥，也可能限制、损害市场作用的发挥，所以市场作用与政府作用要协调配合。市场能够做到、做得更好的，必须尽量让市场去做；市场做不到的、做不好的，政府则义不容辞，必须尽力做好，政府还必须建立和完善市场体系、规范市场行为、维护市场秩序，为市场发挥决定性作用创造必要的有利的条件，特别是提供制度保障。

还必须明确的是，手段是为了目的服务的，手段必须服从目的，市场机制和计划机制、市场作用和政府作用都只是手段，而不是目的，不能为了市场而市场、为了政府而政府，在社会主义市场经济中两者都要为推动社会主义经济持续稳定高质高效发展、最终实现共同富裕服务。

（四）市场失灵及其有效纠正

真正做到市场在资源配置中起决定性作用的同时又更好发挥政府作用，关键是必须合理有效地纠正"市场失灵"和克服"政府失灵"。

1.市场失灵的内容

市场在资源配置中虽然具有相当大的优越性，但市场并不是万能的，市场作用的领域不是无所不包的，市场的作用不是无限的，存在多方面的失灵或者无效的缺陷。所谓"市场失灵"（又称"市场失效"、"市场失败"），是指市场在某些领域中无能为力或勉为其难、在某些方面造成不利后果的情况。

市场失灵的具体内容也就是市场经济的缺点，主要有：必然引起经济发展的起伏波动，可能造成严重的生产过剩和企业破产倒闭，带来无法挽回的经济损失和资源浪费；会出现财产和收入分配的高低悬殊，可能导致贫富两极分化；难以很好地解决自然垄断性的非营利性的公共产品的供给、外部不经济、维持生态平衡、保护自然环境和资源等问题。最大的市场失灵是可能导致生产过剩的经济危机发生。

2.市场失灵的原因

市场失灵产生的原因与市场优越性产生的原因一样，也是市场机制的作用机理和后果。社会主义市场经济也不例外，也会存在市场失灵。

市场配置资源以市场主体个人的利益最大化为目标，市场调节的对象是生产经营者和消费者，市场机制是通过价格波动影响企业利益得失，进而间接地调节企业经济行为，以商品生产经营者追求自身局部利益为动力去实现其调节作用，虽然有很大的激励作用，也要考虑市场需求，但是必然服从什么赚钱就生产什么的基本原则，存在自发性。即使是社会需要的如公共品，如果不能赚钱，也不会生产提供；哪怕是对社会和民众有害的如假冒伪劣商品，只要能够赚钱，照样生产供应；如果市场上的商品供不应求、价格上涨、可以赚更多钱，大家就可能一拥而上，使得供给不足变成生产过剩；假若市场上的商品供过于求、价格下跌、可能亏本甚至破产，大家就可能纷纷退出，使得生产过剩变成供给不足；为了降低成本、赚更多的钱，即使污染环境、浪费资源、破坏生态，也不愿意治理、保护；为了收益最大化，必然展开激烈的竞争，而市场竞争优胜劣汰、毫不留情，还可能导致出现不择手段、尔虞我诈、坑蒙拐骗、假冒伪劣、以次充好、以劣充优、缺斤少两、欺行霸市、囤积居奇、大鱼吃小鱼、谋取垄断暴利、损害消费者和社会利益的现象；市场竞争还会导致垄断，如果对垄断不加以限制，可能引起生产和技术停滞的趋势。市场作用的这种自发性，可能导致资源的浪费和有害使用；市场调节在公共品的提供和自然垄断行业难以发挥有效作用，使得社会公共品的供给得不到保证；市场竞争必然优胜劣汰，市场调节的收入分配，会出现高低悬殊，无力防止贫富两极分化。

市场作用虽然能够给人们提供进行经济决策必要的信息，但是还存在信息局限性以及由此带来的盲目性、事后性。

首先，市场价格的涨落的确可以灵敏地反映供求情况及其变化，但是市场价格提供的供求信息也是不充分、不完全、不精确、不对称的，这是因为，价格上涨或者下跌，虽然表明供不应求或者供过于求，应该增加资源配置、扩大生产供应或者减少资源配置和缩小生产供应，但是没有提供供不应求到底缺多少、将会有多少厂家什么时候进入、增加多少资源配置、扩大多少生产供应、相应的价格上涨会使得市场需求将减少多少、总起来看应该增加多少供给为宜的信息，从价格信号中也看不出来供过于求到底多多少、将会有多少厂家何时退出、减少多少资源配置、缩小多少生产供应、相应的价格下跌会使得市场需求将增加多少、总起来看应该减少多少供给为宜。恩格斯早就说过："谁也不知道，他的那种商品出现在市场上的会有多少，究竟需要多少；谁也不知道，他的个人产品是否真正为人所需要、是否能收回他的成本，或者是否能卖出去。"[①]市场行情反映的只是短期内的供求动态，不能反映供求情况的长期变化趋势。市场调节主

---

① 《马克思恩格斯选集》第3卷，人民出版社1973年版，第312页。

要通过价格进行，价格波动只能表明供求变化的大致方向，不能准确地反映供求变化的具体数量。市场信息的这种局限性，使得企业虽然可能通过市场行情、价格信号等了解各种产品的供求情况，调整自己的生产经营活动，但这种自动的行为调整存在盲目性，并不能保证宏观总量的平衡和结构的合理。企业通过价格上涨，可以知道哪些生产是短线、哪些部门资金不足、哪些产品供不应求，但不能准确掌握短线究竟短到什么程度、不足的数量到底是多少、增加多少为宜、将有多少资金转移到这些部门来、将会增产多少，也不能准确了解需求将会发生什么变化；企业通过价格下跌，可以知道哪些生产是长线、哪些部门投资过多、哪些产品供过于求，但不能准确掌握长线究竟长到什么程度、过剩的数量到底是多少、减少多少为宜、将有多少资金转移到别的部门去、将会减产多少，也不能准确了解需求将会发生什么变化。市场机制的这种由于信息局限性造成的盲目性再加上追求盈利的自发性，往往会使资金大量撤离长线低利部门，一窝蜂地涌向短线高利部门，结果可能使短线变长线、长线变短线、不足成过剩、过剩成不足，引起新的比例失调、结构失衡，导致经济增长的起伏波动，造成资源的浪费和低效使用，使得社会需求得不到更好的满足。

而且，市场价格提供的供求信息往往是滞后的，也就是说资源已经配置过多或者过少、已经造成商品供过于求或者供不应求了，再来通过价格反映出来，进行事后的纠错式的调整。市场机制的这种由于信息的不及时而带来的事后性表明，市场作用是一种供求已经失衡情况下的事后纠错性作用（即已经供过于求、生产过剩了、造成了资源浪费，才通过价格下跌的信号表现出来，然后再减少生产；是已经供不应求、短缺不足了，才通过价格上涨的信号表现出来，然后再追加生产，以达到供求平衡）。这虽然有益，但毕竟已经存在了资源配置的过多或者过少，不能事先直接按照社会需要来组织安排生产，等到市场信息反馈，然后再抽走资金、减少生产时，这种滞后性已经造成无法挽回的损失，使得资源配置难以真正做到优化。

198

以上分析说明，市场经济也存在信息不充分、不完全、不精确、不及时、不对称的信息局限性和由此造成的盲目性、事后性以及追求个人利益最大化的利益局限性引起的自发性，这些是造成市场经济存在缺陷或者说市场失灵的根本原因，而且是市场经济自身无法克服的。

3.纠正市场失灵的原则和措施

市场失灵是市场经济自身无法克服的缺陷，是否就完全不能克服或者纠正呢？由于市场失灵是市场机制的作用机理必然产生的后果，所以只要是市场经济，市场失灵就不可避免，但是如果能够采取恰当的制度安排和措施，在一定程度和范围内是能够有效纠正市场失灵的，只有在实行计划经济的条件成熟的未来社会中，市场经济将走向消亡，才可能从根本上消除市场失灵。

针对市场失灵的表现和原因，在一定程度和范围内纠正市场失灵，可能应该遵循以下基本原则、采取以下主要措施：

第一，因为市场失灵是市场经济自身无法克服的缺陷，所以只能依靠政府和社会组织的作用、实行法治和调控管理来纠正市场失灵。

第二，市场经济是利益激励型、自由选择型、自由竞争型经济，但是自由不是无条件的不受限制的绝对的自由，竞争必须有规则，决不是想怎么做就怎么做，必须是合理有序的，以不伤害他人利益为前提，国家必须合理制定和严格执行市场经济合理高效运行所需的完备的法律规章制度，并且根据情况的新变化不断修改完善，规范市场行为，维护市场秩序，处理市场纠纷，解决市场矛盾，合理维护市场经营主体、消费者和整个社会的利益特别是公共利益，克服追求个人利益最大化的市场利益局限性及其引起的自发性，保证市场经济合法有序运行。

第三，竞争开放、完整统一、规范有序的市场体系是市场经济有效运行的必要条件，政府必须促进形成竞争开放、完整统一、规范有序的市场体系，加强必要的市场监督管理，坚决打击取缔假冒伪劣、尔虞我诈、坑蒙拐骗、欺行霸市等非法行为，尽量减少甚至消除不正当竞争行为和不合理垄断现象，维护市场公平交易和合理合法竞争，提高市场作用的效果。

第四，市场机制存在信息局限性及其带来的盲目性和事后性，所以政府还应该尽可能及时收集、整理、发布市场信息，为市场交易各方提供信息等多方面的服务，克服市场的信息局限性及其盲目性和事后性，有效纠正市场失灵。

第五，市场难以很好地解决自然垄断性的非营利性的公共产品的供给、外部不经济、维持生态平衡、保护自然环境和资源等问题，因此必须合理发挥政府和相关社会组织机构的作用，制定相关法规，进行必要的投资经营和监督管理，保证公共品的供给和自然垄断行业的有效发展，防止和治理环境污染，保护资源和生态。

第六，市场经济是风险型经济，市场竞争优胜劣汰毫不留情，市场不保护弱者，为了社会公平和稳定，国家必须建立合理适度的社会保障制度，保证社会全体成员特别是弱势群体的基本生活需要，需要社会救助和慈善机构等社会组织帮助市场经济中的失败者和无力生存者；同时，必须注意防止出现所谓"福利国家"的弊端，避免过度保护和救助，防止形成不合理的依赖，过多地牺牲效率，以免在纠正市场失灵的时候又发生政府失灵。

还必须明确的是，市场机制作用的有效发挥、市场经济的有效运行是有条件的，这些条件主要包括完善的市场体系和监管体系、自主企业制度、自由选择、要素自由流动、自由贸易、政府必要的宏观调控、相应的法治等等，如果这些条件不具备或者不充分，市场机制的作用就很难有效发挥、市场经济也很难有效运行。

（五）政府失灵及其切实克服

1.政府失灵的内容

传统社会主义计划经济的实践证明，政府或者计划在资源配置中虽然能够发挥重要作用、具有市场没有的优点，但是从过去到未来一个相当长的历史时期内，政府或者计划配置资源都会存在严重缺陷或者说失灵，同样不是万能的。所谓"政府失灵"或者"计划失灵"（又称"政府或者计划失效"、"政府或者计划失败"），是指政府或者计划在资源配置中失误、低效的情况。

政府失灵的具体内容也就是传统社会主义计划经济的缺陷，主要是：计划难以具有科学性、准确性和有效性，计划往往赶不上变化，计划决策容易失误，造成产需脱节、供销脱节，导致资源配置不当，不能有效地满足社会需求；激励不足，预算约束软化，难以调动企业和职工的积极性、主动性和创造性，无法保证资源最有价值的利用，不可避免地会产生浪费现象；行政开支巨大，交易成本和制度成本高，官僚主义可能比较严重，容易形成种种特权，产生腐败现象，凭长官意志办事，主观臆断瞎指挥，脱离群众，脱离实际，造成资源的错误配置；可能烦琐僵化，统得过多，管得太死，扼杀企业领导和职工的创新精神和冒险精神，使企业丧失经济活力，导致技术进步缓慢、产品质量差、经济效益低下。

2. 政府失灵的原因

传统计划经济中存在政府失灵，社会主义市场经济中是否也可能存在政府失灵呢？社会主义市场经济的运行机制理论认为，社会主义市场经济也可能存在政府失灵，这主要是因为，社会主义市场经济具有计划性，还要发挥政府的重要作用，国家还要实行计划管理和宏观调控，而政府的计划管理和宏观调控与传统计划经济一样，也存在信息局限性和利益局限性，难以避免会出现决策失误、管理偏差，导致政府失灵。至于什么是信息局限性和利益局限性、为什么会造成政府失灵，本书已在第二章第三节的必须正确认识经典的社会主义计划经济理论和实践部分做了具体说明，这里不再重复。

3. 克服政府失灵的原则和措施

实事求是地说，由于现阶段甚至将来一个相当长的历史时期内，政府的信息局限性和利益局限性都会不同程度地存在，因此要想完全克服政府失灵是不可能的，能够做到的是尽可能减少、缓解政府失灵。针对政府失灵的表现和原因，尽可能减少、缓解政府失灵，应该遵循以下基本原则、采取以下主要措施：

第一，市场经济条件下政府的主要经济职能，应该是尽可能纠正"市场失灵"。凡是经济发展和社会和谐稳定需要的市场无能为力的领域、解决不了的问题，政府需要发挥更多更大的作用；凡是市场能够有效发挥作用的领域、解决的问题，政府应该放手让市场发挥作用。只有做出这样的分工，政府和市场才能发挥各自的优势、避免各自的短处，真正做到二者扬长避短、优势互补，大大减少政府失灵的可能性、更加合理有效地发挥政府作用。如果政府掌控一切、大包大揽、无所不管、包打天下，政府失灵只会越来越多、越来越严重。

第二，政府在经济决策和调控管理的过程中，必须尽可能利用现代网络信息技术和先进的信息处理工具及方法，坚持开展调查研究，听取多方面的意见特别是不同观点甚至反面意见，充分了解实际情况，掌握更多的信息，最大限度地克服政府管理的信息局限性，并且先试验再总结经验教训，成功后再推广，减少决策失误、干预失当。

第三，严格选拔国家经济管理工作人员，加强教育培训和民主监督管理，不断提高政府工作人员的素质和能力，形成有效的激励、监督、约束机制，保证其合理应得的利益，坚持不懈地惩治腐败，既治标又治本，从制度上形成反腐败的长效机制，最大限度地克服政府管理的利益局限性，有效减少政府失灵。

第四，政府的国民经济管理，既要进行需求管理，也要实行供给管理；既要注意总量、短期问题，更要考虑长期、结构问题；政府应该是

服务型政府，主要是为市场经济的有效运行提供各种必要的服务，该
管的事努力管好，不该管的事坚决不管；最重要的是尽可能调动企业、
民间的积极性、主动性、创造性，放开搞活，不能管得更多、过宽、
太死。

四、社会主义市场经济的宏观调控理论 ①

宏观调控是社会主义市场经济中政府发挥作用的重要方式，宏观调控
理论是社会主义市场经济运行机制理论的重要组成部分，主要内容包括宏
观调控的必要性、目标、手段、措施和原则要求。

（一）宏观调控的必要性和目标

宏观调控是指国家运用经济手段、法律手段和行政手段，对国民经
济运行的总量、结构和长短期的发展进行规划管理和调节，促进经济总
量平衡、结构优化、国内外协调，以保证国民经济的持续稳定协调高质
量高效益发展。

社会主义市场经济之所以要实行宏观调控，主要是因为存在市场失
灵，需要发挥政府的作用予以纠正，宏观调控就是政府管理和调节经济运
行和发展的主要方式。宏观调控的目标主要是促进经济持续稳定增长、增
加就业、稳定物价、优化经济结构、保持国际收支平衡、实现合理的收入
分配、维持生态平衡和社会稳定。

（二）宏观调控的手段和措施

宏观调控的手段和措施主要有：

---

① 参见：《马克思主义政治经济学概论》，人民出版社 2021 年版。

1.经济手段

主要包括制定和实行发展规划和计划、财政政策、货币制度、产业政策、就业政策、收入分配政策、人力政策、科技政策、区域发展政策、环境保护政策，管理和调节各种经济活动，这是宏观调控的主要手段。

2.法律手段

主要是国家通过立法、司法、执法等手段，制定各种必要的经济法规，规范市场秩序和市场竞争，监管市场主体的行为，调整各方面的经济利益关系，调查和审理各种经济案件，惩处各种经济犯罪活动，保障社会主义市场经济正常有序运行。

3.行政手段

主要是政府行政机构运用行政命令、指示的强制性方法，规定具有指令性的必须执行的任务和方法来调控社会主义市场经济的运行，这是不可缺少的辅助性手段，运用必须谨慎适度。

（三）宏观调控的原则要求

中国社会主义市场经济的宏观调控，既不是传统计划经济高度集中统一国民经济管理，也不同于资本主义市场经济的国家干预，必须遵循以下原则要求。

一是必须坚持共产党的领导、以人民为中心和社会主义发展方向，贯彻创新、协调、绿色、开放、共享的新发展理念；二是坚持发展经济与改善民生的内在统一；三是坚持市场机制与政府机制各司其职、协调配合；四是坚持需求管理与供给管理协调并重，兼顾总量、结构、长短期发展目标；五是坚持发挥中央和地方、政府和民间、部门和企业等各方面的积极性；六是坚持宏观调控与微观管理相结合；七是坚持统筹国际国内两个大局。

第二节　社会主义市场经济的运行特征和理想状态理论

社会主义市场经济，不仅与资本主义市场经济和高度集中的传统计划经济的运行机制不同，而且经济运行状态也不相同。从供求关系来看的社会经济运行存在不同的状态特征，生产过剩经济危机周期性地发生是资本主义市场经济运行的突出特征，供给短缺往往是高度集中的传统计划经济运行的常态，社会主义市场经济运行的状态特征又是什么呢？社会主义市场经济理论认为，社会主义市场经济运行的状态特征应该是供求协调平衡。①

一、三种不同的社会经济运行特征

（一）资本主义市场经济的生产过剩

马克思主义政治经济学认为，从供求关系的角度看，资本主义市场经济运行的典型特征是"过剩经济"，即生产过剩危机会不断地周期性地出现或者说生产过剩是"常态"。造成这种"过剩经济"的原因：总的来说，生产过剩经济危机的根源是，生产社会化与资本主义私有制的基本矛盾及其导致的资本主义生产能力的巨大增长与广大劳动者有购买力的需求相对不足的矛盾、个别生产有组织性与整个社会生产无政府状态的矛盾；具体而言，是追求剩余价值（利润）的内在冲动和市场竞争的外在压力，必然推动资本积累、技术进步、生产发展、规模扩大，所以资本主义市场经济基本不用担心供给不足、不优，更需要担心的是由于私有制、利润最大化

---

① 参见简新华：《发展和运用中国特色社会主义政治经济学引领经济新常态》，载《经济研究》2016 年第 3 期。

的追求和市场竞争优胜劣汰必然导致的贫富两极分化，资本有机构成提高使得对劳动力的需求相对减少，就业和工薪收入难以增加，因而引起广大劳动者的收入不足，会造成有购买力的需求不足，使得生产过剩。

资本主义市场经济是"过剩经济"，可能是凯恩斯特别强调需求管理的重要原因。即使第二次世界大战以后，西方国家普遍实行国家干预，也只是缓和了上述矛盾，并没有从根本上解决这些矛盾，生产过剩的经济危机或者说经济衰退还是不断发生。2008年从美国开始的金融危机和经济危机是资本主义市场经济依然是"过剩经济"的最新证明。

（二）高度集中的传统计划经济的短缺不足

传统计划经济运行的典型特征是"短缺经济"，即普遍的生产不足、供不应求是"常态"。造成这种"短缺经济"的基本原因，首先是完全否定市场竞争和实行高度集中统一管理的经济体制、比重高达99%的公有制经济、国有国营（国家所有、国家行政机关采用行政办法直接经营管理企业）的企业制度、存在平均主义倾向的收入分配制度，使得企业和职工改进技术、发展生产的动力和压力不足，即使靠"政治激励"能够短期奏效，但长期不可持续，结果导致经济运行在相当程度上丧失活力，造成生产严重不足。而且由于信息局限性和利益局限性，使得计划往往脱离实际、计划赶不上变化、决策不断失误、计划失效、供需脱节、产销脱节，导致供不应求普遍存在的同时出现部分产品的库存积压；再加上实行重工业优先的赶超战略，甚至有的阶段为了工业化会通过工农业产品的剪刀差人为地把农业的剩余转变成工业的利润积累，用于发展重工业，结果形成"重工业太重、轻工业太轻、农业落后、服务业太少"的畸形产业结构，造成重工业畸形发展、轻工业和农业长期落后，导致工农业消费品都严重短缺不足。这些也正是中国进行改革开放、把传统计划经济体制转变为社会主义市场经济体制的基本原因。

（三）供求协调平衡是理想的社会经济运行状态

"过剩经济"和"短缺经济"都是不合理的社会经济运行状态，既造成资源的低效利用和破坏浪费，又不能更好地满足广大人民群众的需求。只有基本上没有严重过剩和短缺的供求基本协调平衡经济，才是社会经济运行的最佳状态，既能够合理有效利用资源、减少甚至消除浪费，又可以尽可能地满足社会需求。

二、社会主义市场经济运行的理想状态

中国现在通过改革开放，已经基本上由高度集中统一的传统计划经济体制转变为社会主义市场经济体制，市场在资源配置中由基本不起作用转向发挥基础性作用甚至决定性作用，市场竞争普遍存在，非公有制经济的比重占60%以上而大大超过公有制经济，财富和收入分配差距大幅度扩大，"短缺经济"的状况已经基本改观，甚至出现了以产能过剩、库存积压为特征的相对过剩。那么，从供求关系的角度来看，中国社会主义市场经济运行的基本特征是什么或者说应该是什么呢？显然不应该是"短缺经济"，也不能是与资本主义市场经济一样的"过剩经济"。因为，中国社会主义初级阶段的基本经济制度和主要矛盾与资本主义社会存在本质区别，与传统社会主义计划经济时代也不完全相同，无论是"过剩经济"还是"短缺经济"都不符合社会主义的本质要求，都不能真正做到资源的优化配置和最大限度地满足广大人民群众的需要。虽然社会主义市场经济还在发展和过程中，还很不成熟，也没有确切定型，但是，按照社会主义本质的规定，创新、协调、绿色、开放、共享的发展新理念，效率和公平统一兼顾的要求，社会主义市场经济既要消除"短缺经济"的不足，又要避免"过剩经济"的缺陷，所以中国社会主义市场经济运行的基本特征应该是"供求基本平衡经济"。

怎样才能使得社会主义市场经济真正成为"供求基本平衡经济",这是一个前所未有的世界难题,特别需要社会主义市场经济理论进一步深入探讨和科学解决。值得我们特别关注的是如何消除、防范、避免需求不足特别是劳动者的消费需求不足而引起的生产过剩。

第 七 章

社会主义市场经济体制和对外开放
理论的创新和发展

社会主义市场经济理论的创新和发展包括十六个方面的主要内容,本章论述社会主义市场经济体制和对外开放理论的创新和发展,主要包括社会主义市场经济体制及其建立和完善、社会主义市场经济的对外开放等两个方面理论创新和发展的内容。

第一节　社会主义市场经济体制及其建立和完善 ①

社会主义市场经济理论提出,在中国社会主义初级阶段必须改革传统计划经济体制,建立和完善社会主义市场经济体制,推动社会主义经济更快更好地发展。什么是社会主义市场经济体制? 社会主义市场经济理论认为,社会主义市场经济体制是社会主义制度和市场经济有机结合起来的经济体制。社会主义市场经济理论创新和发展的集中体现是创立了系统社会主义市场经济体制理论,主要内容是明确界定了市场经济体制的内涵和外延、说明了社会主义市场经济体制的基本内容和框架结构、提出了完善社

---

① 参见简新华:《中国社会主义市场经济体制的新探索》,载《广西财经学院学报》2019年第5期。

会主义市场经济体制的方向。

一、市场经济体制的基本内容和框架结构

什么是市场经济体制？在社会主义市场经济理论提出以前的经济学著作中很难查到明确具体的界定，社会主义市场经济理论则明确界定了市场经济体制的内涵和外延。如前所述，社会主义市场经济理论认为，经济体制也称之为国民经济管理体制，就是国家管理经济的组织机构设置、规制和调节经济运行方式的总称，包括基本经济制度的具体内容和实现形式、经济运行的具体组织形式和调控管理方式，经济体制包含经济运行机制。① 市场经济体制则是市场经济条件下国家管理经济的组织机构设置、规制和调节经济运行的方式。

（一）市场经济体制的普遍的基本内容

由于市场经济体制的主要功能是要保障市场经济的有效运行，因此市场经济有效运行的条件、要求和内在逻辑，就应该是市场经济体制的普遍的基本内容。

第一，由于市场经济是市场在资源配置中发挥决定性作用的经济，市场是市场经济存在、市场发挥调节作用的必要条件，市场经济有效运行首先需要健全完善的市场，所以市场经济体制必须建立和维护包括商品、服务和要素市场在内的完整、统一、竞争、开放的市场体系。

第二，由于市场经济有效运行要求企业必须自主经营、自负盈亏、产权明晰，所以市场经济体制必须建立市场经济有效运行的微观基础——以

① 参见刘国光：《中国经济体制改革的模式研究》，广东经济出版社 1998 年版。

公司制为主要形式的现代企业制度。

第三，由于存在市场失灵，使得市场经济难以协调稳定发展，而且市场竞争必须规范有序，否则无法优化资源配置，所以市场经济体制必须建立相关管理部门和机构，制定财政、金融、产业、收入、人力、资源、环境等政策和发展规划进行宏观经济调控，制定相关法律规制、进行市场监管、实行公平竞争原则、规范市场行为，以消除垄断和不正当竞争。

第四，由于市场竞争优胜劣汰，竞争失败者和缺乏竞争能力者将无法生存，可能导致财产和收入贫富两极分化与社会动荡，使得市场经济难以有效运行，所以市场经济体制必须建立各种救助机构和社会保障制度，帮助弱势群体，满足所有社会成员的基本生活需要，维持社会稳定。

以上四个方面，就是符合市场经济内在逻辑的市场经济体制的普遍存在的基本内容，反映了市场经济体制的一般特征或者说共性。

（二）市场经济体制的特殊的基本内容

由于市场经济必然要与一定的社会基本经济制度和政治制度相结合、建立在一定所有制及其决定的分配方式的基础之上，所以市场经济体制的基本内容还应该包括所有制和分配方式的具体内容和实现形式。而不同的社会基本经济制度、不同的所有制的具体内容和实现形式也是不同的，因此不同社会形态中的市场经济体制，除了具有相同的基本内容之外，还存在具有不同性质和特点的基本内容，主要是不同所有制的具体内容和实现形式、不同的分配方式的具体内容和实现形式，而且上述市场经济体制的普遍存在的基本内容，也在一定程度上要呈现出由不同基本经济制度和政治制度决定的不同的特点。

（三）市场经济体制的框架结构

市场经济体制的框架，按照市场经济的基本经济制度基础、有效运行的条件、要求和内在逻辑顺序，主要由六个方面的基本内容构成：所有制的具体内容和实现形式、分配方式的具体内容和实现形式、市场体系、微观基础即企业制度、政府调控、社会保障。

二、社会主义市场经济体制的基本内容和框架结构

市场经济是存在于一定社会形态之中、与社会基本经济制度相结合、以一定的所有制为基础的，并且可以存在于不同的社会形态之中，而不同的社会形态具有不同的基本经济制度和所有制基础，因此存在于不同社会形态之中的市场经济必然具有不同的社会性质和特征，是不同类型的市场经济。迄今为止，人类社会存在的市场经济主要有两大类，即资本主义市场经济和社会主义市场经济。与此相适应的市场经济体制也有两大类，即资本主义市场经济体制和社会主义市场经济体制。这两种市场经济体制，虽然都应该具有上述四个方面的普遍的基本内容，但同时也具有不同的特殊的基本内容、体现不同的社会性质和特征。

资本主义市场经济体制是与资本主义制度相结合、以多种形式的私有制为基础、实行以按资分配为主体的多种按生产要素所有权分配的方式并且受资本主义政治制度和意识形态影响的市场经济体制，虽然也进行宏观调控和市场监管、建立社会保障制度和福利制度，但作用有限，因为存在资本主义私有制与社会化大生产的资本主义基本矛盾，难以从根本上克服市场失灵、无法消除生产过剩经济危机和贫富两极分化。

社会主义市场经济体制是与社会主义制度相结合并且受社会主义政治制度和意识形态影响的市场经济体制。当前，社会主义市场经济体制

主要是中国的社会主义市场经济体制。中国现在基本形成的社会主义市场经济体制的基本内容和框架结构及其优越性主要是：实行共产党的领导，以公有制为主体和主导的多种所有制为基础、实行以按劳分配为主体的多种分配方式，基本形成完整统一竞争开放的市场体系，包括国有企业在内的企业主要实行自主经营、自负盈亏、产权明晰的现代企业制度，在发挥市场决定性作用的同时国家实行更为全面、合理有效的规划管理和宏观调控，建立符合国情的更为合理有效、可持续的社会保障制度，能够更为有效地克服市场失灵和政府失灵、避免生产过剩的经济危机和贫富两极分化，有利于国民经济协调持续稳定高质量高效益发展和实现共同富裕。

三、中国社会主义市场经济体制的建立

（一）中国建立社会主义市场经济体制的必要性

中华人民共和国成立以后，通过社会主义改造运动，建立起了社会主义制度和传统计划经济体制，极大地促进了社会主义经济的发展，在一个一穷二白、极为落后的农业国形成了完整的工业体系和国民经济体系，成就显著。但是存在的问题和缺陷也相当突出，出现过"大跃进"和"文化大革命"这样重大的失误，经济增长甚至发生从 1958 年的高速增长 21.3% 到 1961 年的大幅下降 27.3% 的大起大落，三年内升降幅度高达 48.6%，产业结构畸形化，"重工业太重、轻工业太轻、农业落后、服务业太少"，到 1978 年还有几亿人缺衣少食、连温饱的问题都没有解决、工农业消费品严重短缺、甚至连火柴、肥皂都要凭票限量供应。

改革开放以前，中国经济发展存在突出问题和不足的重要原因是传统

计划经济体制存在缺陷。① 中国的传统计划经济体制是一种追求单一公有制，非公有制经济几乎为零，国家主要采用指令性计划和行政的方法对整个国民经济实行高度集中统一的计划管理，国有企业实行国有国营（国家所有国家直接经营）的企业制度，供产销和人财物的权利都掌握在行政机构手中，企业生产什么、生产多少、为谁生产、怎样生产、产品价格主要由国家计划决定，资金由国家统收统支，就业由国家统包统配，产品由国家无偿调拨、计划分配和统购包销，由国家统负盈亏（亏损由国家财政补贴、盈利全部上缴给国家），市场对资源配置基本不起调节作用，企业基本不存在也不参与市场竞争、优不胜劣不汰，收入分配存在平均主义的倾向，国有企业和事业单位职工及其家庭的就业、住房、医疗、教育、养老等都由国家大包大揽，农民则由家庭、农地和村集体保障。

如前所述，这种传统计划经济体制，虽然能够自觉地规划短期增长和长远发展，调整经济结构和总量比例，从社会整体利益出发协调经济的发展，克服或者消除"市场失灵"，避免生产过剩的经济危机周期性地爆发，"集中力量办大事"，在全社会范围内动员和集中必要的人力、物力和财力进行重大建设，更快更有效地突破重点和难点，调节社会收入的分配，防止贫富两极分化等。但实践表明，计划往往赶不上变化，计划决策常常失

---

① 改革开放以前，中国经济发展存在突出问题和不足的原因，除了传统计划经济体制存在缺陷之外，还有一个重要原因是不符合经济发展规律的"重工业优先的赶超战略"、重速度轻效益、重数量轻质量、重积累轻消费、高投入高消耗的粗放型外延型的经济发展方式。畸形的产业结构、低下的经济效益，在相当程度上就是由不合理的经济发展战略和发展方式造成的。中国经济改革实际上是两大转变：一是经济体制由传统计划经济体制转变为社会主义市场经济体制，二是经济发展方式由重工业优先、粗放型外延型发展方式转变为经济结构优化、集约型内涵型发展方式。本书主要集中论述经济体制问题，不展开说明经济发展方式问题。另外还必须明确的是，改革开放以前近30年的时间内，中国之所以没有根本改变贫穷落后的面貌，还有两个重要的客观原因：一是内部因素，中华人民共和国成立时是一穷二白的极为落后的典型的农业国，底子太薄，起始条件太差，很难短时期内根本改变贫穷落后的面貌；二是外部因素，资本主义世界体系对社会主义中国实行严格的封锁禁运，使得新中国难以利用国际市场和国外资源来发展经济。

误，造成产需脱节、供销脱节，甚至引起经济增长大起大落、剧烈波动，导致资源配置不当，不能有效地满足社会需求，国家对国民经济管得过多、统得太死，企业缺乏生产经营自主权，再加上平均主义的分配倾向，缺乏经济激励机制，使得企业和职工在相当大的程度上丧失了生产经营的主动性和积极性，经济活动缺乏动力和活力，技术进步不快，经济效益也不高。

在"文化大革命"的动乱结束以后，广大人民群众强烈要求发展社会主义经济、扩大工农业生产、改善缺衣少食的生活、解决温饱问题，而传统计划经济体制和以往的经济发展方式，已经不利于社会主义经济的发展。因此，必须改变经济管理体制、转变经济发展方式，走一条更有效的经济发展新路。既然单一的公有制不利于利用一切可以利用的因素和力量，那就应该发展多种所有制，充分利用一切可以利用的因素和力量，更快更好地发展社会主义经济；既然存在平均主义倾向的分配制度不利于调动企业和劳动者的生产经营积极主动性，那就应该改革分配制度，形成有效的经济激励机制，调动企业和所有劳动者的生产经营积极主动性；既然计划机制往往失效，那就应该更好发挥市场机制的作用；既然优不胜劣不汰难以优化资源配置，那就应该发挥市场竞争优胜劣汰的积极作用以提高经济效益。实践是检验真理的唯一标准。世界各国特别是西方发达国家经济发展的实践证明，迄今为止市场经济体制是比传统计划经济体制更为有效的经济体制；社会主义国家经济发展的实践也证明，现阶段计划经济体制还很难有效发挥作用。这些就是中国要把传统计划经济体制改革为社会主义市场经济体制的基本原因。

（二）中国建立和完善社会主义市场经济体制的过程和路径

中国对传统计划经济体制和社会主义市场经济体制的基本内容、框架结构、性质特征和功能作用的认识，是在改革开放过程中不断变化发展、深化提高的，中国建立和完善社会主义市场经济体制的实践，也是随着对传统计划经济体制和社会主义市场经济体制的认识在改革开放过程中不断深化提高而逐步曲折推进的，大致上经历了三个阶段：一是建立社会主义市场经济体制的准备阶段，二是建立社会主义市场经济体制阶段，三是完善社会主义市场经济体制阶段。

1. 建立社会主义市场经济体制的准备阶段（1978—1991 年）

虽然建立和完善社会主义市场经济体制是 1992 年党的十四大报告才首次提出的中国经济体制改革的目标，但这并不意味着中国社会主义市场经济体制是从 1992 年才开始建立的。应该说，从 1978 年改革开放开始时，就在为建立社会主义市场经济体制做准备，因为中国经济改革就是要改革传统计划经济体制，强调发挥市场的调节作用，是"市场取向"的改革。

1978 年通过的中共十一届三中全会公报明确提出，"现在我国经济管理体制的一个严重缺点是权力过于集中"，要"对经济管理体制和经营管理方法着手认真的改革"，应该给地方和工农业企业"有领导地大胆下放""经营管理自主权"，强调"应该坚决实行按经济规律办事，重视价值规律的作用"，"充分发挥中央部门、地方、企业和劳动者个人四个方面的主动性、积极性、创造性，使社会主义经济的各个部门各个环节普遍地蓬蓬勃勃地发展起来"。这就是要改革实行高度集中统一计划管理、排斥市场作用的传统计划经济体制。

1979 年，邓小平同志指出："说市场经济只存在于资本主义社会，只有资本主义的市场经济，这肯定是不正确的。社会主义为什么不可以搞市场经济，这个不能说是资本主义。我们是计划经济为主，也结合市场经济，但这是社会主义市场经济。"① 明确提出了"社会主义市场经济"这个

---

① 《邓小平文选》第 2 卷，人民出版社 1994 年版，第 236 页。

范畴。

1982 年，党的十二大报告指出，要"坚持国营经济的主导地位和发展多种经济形式"，这就是要发展非公有制经济，纠正片面追求单一公有制的倾向；虽然只是提出"正确贯彻计划经济为主、市场调节为辅原则"，但是强调要"注意发挥市场调节的作用"，甚至提出计划也要"自觉利用价值规律"，这就是要克服传统计划经济体制忽视甚至否定市场调节作用的缺陷。

1984 年，中共十二届三中全会通过的中国经济改革的第一个纲领性文件《中共中央关于经济体制改革的决定》，第一次比较全面地概括了传统计划经济体制的主要特征和缺陷，明确指出："在经济体制上形成了一种同社会生产力发展要求不相适应的僵化的模式。这种模式的主要弊端是：政企职责不分，条块分割，国家对企业统得过多过死，忽视商品生产、价值规律和市场的作用，分配中平均主义严重。这就造成了企业缺乏应有的自主权，企业吃国家'大锅饭'、职工吃企业'大锅饭'的局面，严重压抑了企业和广大职工群众的积极性、主动性、创造性，使本来应该生机盎然的社会主义经济在很大程度上失去了活力"，强调"增强企业活力是经济体制改革的中心环节"。虽然提出，"我国实行的是计划经济，即有计划的商品经济，而不是那种完全由市场调节的市场经济"，还没有认可"市场经济"，也没有明确中国经济改革要建立的到底是完善的计划经济体制，还是社会主义市场经济体制，但是已经开始在放弃社会主义经济只能是计划经济不是商品经济更不是市场经济的传统观念，提出我国社会主义经济是"有计划的商品经济"的新观点，并且强调"商品经济的充分发展，是社会经济发展的不可逾越的阶段"，这是思想认识上的重大突破，向社会主义市场经济迈进了一大步。

1985 年邓小平同志指出："社会主义和市场经济不存在根本矛盾"，"只搞计划经济束缚生产力发展。把计划经济与市场经济结合起来，就更能解放生产力，加速经济发展。"①1987年邓小平还指出："计划和市场都是发展生产力的方法"。②1987年，党的十三大报告则进一步指出，中国经济改革要建立的"社会主义有计划商品经济体制，应该是计划与市场内在统一的体制"，明确"社会主义商品经济同资本主义商品经济的本质区别，在于所有制基础不同"，强调"计划和市场的作用范围都是覆盖全社会的。新的经济运行机制，总体上来说应当是'国家调节市场，市场引导企业'"，这实际上是说企业生产经营不再是由计划直接调节而是由市场引导了，这些原则和要求表明，社会主义市场经济体制实际上已经是呼之欲出了。

1989年，中共中央十三届四中全会提出，"建立适应有计划商品经济发展的计划经济与市场调节相结合的经济体制和运行机制"，虽然受到当时苏东剧变、国内经济过热等国际国内政治经济形势的影响，更多地强调的是计划经济，但依然坚持了中国社会主义初级阶段的社会主义经济是"有计划的商品经济"的新观点。

从1978年到1991年的以上这些经济改革的要求、内容、措施，实际上都在不同程度上涉及社会主义市场经济体制的内容和要求，是在改革传统计划经济体制，为建立社会主义市场经济体制创造条件、打基础、做准备；从忽视、否定市场调节作用到强调要发挥市场调节作用，再到市场的作用范围覆盖全社会、市场引导企业，从社会主义经济只是计划经济到社会主义经济也是商品经济，从社会主义计划经济体制到社会主义有计划商品经济体制，以上这些认识和提法及其变化也表明，中国对社会主义市场经济体制的认识在经济改革过程中逐步形成和深化发展。

---

① 《邓小平文选》第3卷，人民出版社1993年版，第148页。
② 《邓小平文选》第3卷，人民出版社1993年版，第203页。

2. 建立社会主义市场经济体制阶段（1992—2002 年）

1992 年初邓小平同志发表重要讲话，进一步指出："计划多一点还是少一点，不是社会主义与资本主义的本质区别。计划经济不等于社会主义，资本主义也有计划；市场经济不等于资本主义，社会主义也有市场。计划和市场都是经济手段。"① 党的十四大报告指出："这个精辟论断，从根本上解除了把计划经济和市场经济看作属于社会基本制度范畴的思想束缚，使我们在计划与市场关系问题上的认识有了新的重大突破。"

1992 年，党的十四大报告首次明确提出了中国经济改革的目标模式，指出："我国经济体制改革的目标是建立社会主义市场经济体制，以利于进一步解放和发展生产力。"而且初步概括了社会主义市场经济体制的主要内容，指出"我们要建立的社会主义市场经济体制，就是要使市场在社会主义国家宏观调控下对资源配置起基础性作用，使经济活动遵循价值规律的要求，适应供求关系的变化；通过价格杠杆和竞争机制的功能，把资源配置到效益较好的环节中去，并给企业以压力和动力，实现优胜劣汰；运用市场对各种经济信号反应比较灵敏的优点，促进生产和需求的及时协调"。并且规划了转换国有企业经营机制、加快市场体系的培育、深化分配制度和社会保障制度的改革、加快政府职能转变等加快改革步伐、建立社会主义市场经济体制的重要措施。这些标志着中国经济改革进入建立社会主义市场经济体制阶段。

1993 年，中共十三届三中全会通过的《中共中央关于建立社会主义市场经济体制若干问题的决定》则比较全面地概括了社会主义市场经济体制的社会属性、主要内容、基本特征、框架结构和建立的路径，指出："社会主义市场经济体制是同社会主义基本制度结合在一起的。建立社会主义市场经济体制，就是要使市场在国家宏观调控下对资源配置起基础性

---

① 《邓小平文选》第 3 卷，人民出版社 1993 年版，第 373 页。

作用。为实现这个目标，必须坚持以公有制为主体、多种经济成份共同发展的方针，进一步转换国有企业经营机制，建立适应市场经济要求，产权清晰、权责明确、政企分开、管理科学的现代企业制度；建立全国统一开放的市场体系，实现城乡市场紧密结合，国内市场与国际市场相互衔接，促进资源的优化配置；转变政府管理经济的职能，建立以间接手段为主的完善的宏观调控体系，保证国民经济的健康运行；建立以按劳分配为主体，效率优先、兼顾公平的收入分配制度，鼓励一部分地区一部分人先富起来，走共同富裕的道路；建立多层次的社会保障制度，为城乡居民提供同我国国情相适应的社会保障，促进经济发展和社会稳定。这些主要环节是相互联系和相互制约的有机整体，构成社会主义市场经济体制的基本框架。必须围绕这些主要环节，建立相应的法律体系，采取切实措施，积极而有步骤地全面推进改革，促进社会生产力的发展。"① 中共十三届三中全会的决定，还规划和提出了建立社会主义市场经济体制各方面的任务和具体路径，即转换国有企业经营机制，建立现代企业制度；在积极促进国有经济和集体经济发展的同时，鼓励个体、私营、外资经济发展，并依法加强管理；培育和发展市场体系，推进价格改革，建立主要由市场形成价格的机制；转变政府职能，建立健全宏观经济调控体系；建立合理的个人收入分配和社会保障制度；深化农村经济体制改革，以家庭联产承包责任制为主的责任制和统分结合的双层经营体制；深化对外经济体制改革，进一步扩大对外开放；进一步改革科技体制和教育体制，为社会主义市场经济发展提供技术和人才支撑；加强法律制度建设，为社会主义市场经济体制的建立和完善，提供完备的法制来规范和保障；加强和改善党的领导，为初步建立社会主义市场经济体制提供根本保证。

---

① 《中共中央关于建立社会主义市场经济体制若干问题的决定》，人民出版社 1993 年版，第 3 页。

1992—2002 年，正是在中共十三届三中全会决定的指引下，中国通过不断推进和深化改革开放，初步建立起社会主义市场经济体制。

3.完善社会主义市场经济体制阶段（2003 年—新时代）

经过 10 年的努力奋斗，中国初步建立起社会主义市场经济体制，但还很不健全完善。2002 年，党的十六大报告提出 21 世纪头 20 年"改革的主要任务是，完善社会主义市场经济体制"。2003 年 10 月 14 日，中共十六届三中全会通过了《中共中央关于完善社会主义市场经济体制若干问题的决定》，标志着中国开始进入完善社会主义市场经济体制的阶段。

中共十六届三中全会的决定提出了完善社会主义市场经济体制的目标和任务，指出目标是"按照统筹城乡发展、统筹区域发展、统筹经济社会发展、统筹人与自然和谐发展、统筹国内发展和对外开放的要求，更大程度地发挥市场在资源配置中的基础性作用，增强企业活力和竞争力，健全国家宏观调控，完善政府社会管理和公共服务职能，为全面建设小康社会提供强有力的体制保障"，"主要任务是：完善公有制为主体、多种所有制经济共同发展的基本经济制度；建立有利于逐步改变城乡二元经济结构的体制；形成促进区域经济协调发展的机制；建设统一开放竞争有序的现代市场体系；完善宏观调控体系、行政管理体制和经济法律制度；健全就业、收入分配和社会保障制度；建立促进经济社会可持续发展的机制"。

从经济体制改革和完善的角度来看，由于中国特色社会主义新时代经济体制改革的主要任务也是完善社会主义市场经济体制，所以新时代也属于完善社会主义市场经济体制阶段。

2012 年，党的十八大报告提出，要"全面深化改革"、"加快完善社会主义市场经济体制"。对于如何完善社会主义市场经济体制，2013 年，中共十八届三中全会通过的《中共中央关于全面深化改革若干重大问题的决定》，针对社会主义市场经济体制存在的不足，强调"经济体制改革是全面深化改革的重点，核心问题是处理好政府和市场的关系，使市场在资源配置中起决定性作用和更好发挥政府作用。市场决定资源配置是市场经济的一般规律，健全社会主义市场经济体制必须遵循这条规律，着力解决市场体系不完善、政府干预过多和监管不到位问题"。

2017年，党的十九大报告指出："经济体制改革必须以完善产权制度和要素市场化配置为重点，实现产权有效激励、要素自由流动、价格反应灵活、竞争公平有序、企业优胜劣汰。"2019年，中共十九届四中全会通过的《中共中央关于坚持和完善中国特色社会主义制度、推进国家治理体系和治理能力现代化若干重大问题的决定》进一步把社会主义市场经济体制上升为，与公有制为主体、多种所有制经济共同发展，按劳分配为主体、多种分配方式并存并列的社会主义初级阶段的基本经济制度。2020年，中共十九届五中全会通过的《中共中央关于制定国民经济和社会发展第十四个五年规划和二〇三五年远景目标的决议》提出，必须全面深化改革，激发各类市场主体活力，完善宏观治理，建立现代财税金融体制，建设高标准市场体系，加快转变政府职能，"构建高水平社会主义市场经济体制"。2021年，中共十九届六中全会通过的《中共中央关于党的百年奋斗重大成就和历史经验的决议》强调要"强化市场监管和反垄断规制，防止资本无序扩张，维护市场秩序，激发各类市场主体特别是中小微活力，保护广大劳动者和消费者权益"。

四、新时代中国社会主义市场经济体制的完善

从2017年党的十九大报告首次明确提出中国特色社会主义进入新时代，经济体制改革的主要任务是加快完善社会主义市场经济体制。为了真正切实有效完善社会主义市场经济体制，现在特别需要弄清什么是中国完善的社会主义市场经济体制、为什么要完善社会主义市场经济体制、完善

什么以及怎样完善社会主义市场经济体制等重大问题。

（一）中国完善的社会主义市场经济体制

中国对社会主义市场经济体制的最早界定，是中共十三届三中全会通过的《中共中央关于建立社会主义市场经济体制若干问题的决定》做出的。这个决定指出：社会主义市场经济体制的社会性质是同社会主义基本制度结合在一起的社会主义性质的市场经济体制；社会主义市场经济体制的基本特征是要使市场在国家宏观调控下对资源配置起基础性作用；社会主义市场经济体制的主要内容或者环节和框架结构是以公有制为主体的多种经济成分并存的所有制为基础、建立现代企业制度的国有企业、全国完整统一竞争开放的市场体系、政府以间接手段为主的宏观调控体系、以按劳分配为主体多种分配方式并存的分配制度和分配方式、多层次的社会保障制度等六个主要环节构成的基本框架，是相互联系和相互制约的有机整体。现在看来，这个界定基本上还是正确的，但仍存在不足，还必须进一步充实完善。比如，没有说明中国共产党在中国社会主义市场经济体制中至关重要的作用，对市场和政府作用的概括也不够全面深入。

随着中国经济体制改革的深化和对社会主义市场经济认识的提高，中国又进一步提出了建立完善的社会主义市场经济体制和高水平社会主义市场经济体制的任务。什么又是完善的、高水平的社会主义市场经济体制？按照《中共中央关于完善社会主义市场经济体制若干问题的决定》、《中共中央关于全面深化改革若干重大问题的决定》、《中华人民共和国国民经济和社会发展第十四个五年规划和2035年远景目标纲要》等重要文献的精神，完善的社会主义市场经济体制也就是高水平社会主义市场经济体制，其主要内容和基本特征可以概括为：实行中国共产党的领导；以公有制为主导和主体、多种所有制并存为基础，毫不动摇做强做优做大公有制经济，鼓励、支持、引导非公有制经济健康发展；包括国有企业在内的企业主要实行规范完善、名副其实的现代企业制度；实行以按劳分配为主体的多种分配方式，兼顾效率和公平，注重缩小贫富差距，切实走向共同富裕；形成完整统一、内外开放、公平竞争、规范有序的市场体系和合理有效的市场监管体系；建立完善的政府经济管理体系，在发挥市场在资源配置中的决定性作用的同时，国家实行更为全面合理有效的规划管理和宏观调控；建立符合国情的覆盖全社会的更为合理有效、可持续的社会保障制度；能够更为有效地克服市场失灵和政府失灵、避免生产过剩的经济危机和贫富两极分化，有利于国民经济协调持续稳定高质量高效益发展、实现共同富裕和社会和谐稳定。

必须明确肯定的是，从市场经济体制的总体和构成的各个方面的情况来看，自从 1992 年明确提出社会主义市场经济体制开始算起，通过 30 年的改革，中国已经建立起社会主义市场经济体制，中国特色社会主义经济也已经是社会主义市场经济。从所有制基础来看，已经由基本上是单一公有制转变为多种所有制并存；从企业制度来看，国有企业已经由国有国营（国家所有国家直接经营）的制度转变为主要采取公司制的现代企业制度；从市场体系来看，已经由只有商品市场、没有要素市场特别是资本市场、缺乏市场竞争转变为基本上建立起来比较完整、统一、开放、竞争的市场体系；从财产和收入分配来看，已经由强调按劳分配、存在平均主义倾向转变为多种分配方式并存、贫富差距扩大；从经济运行机制来看，已经由国家实行高度集中统一的计划管理转变为主要由市场调节、政府只进行宏观调控和非指令性的规划；而且正在建立适应市场经济要求的社会保障体系。由此可见，中国的经济体制已经发生根本的变革，已经由传统计划经济体制转变为社会主义市场经济体制。

在西方，有一种片面、狭隘、抽象的观点是：不承认中国的社会主义市场经济是市场经济。这实际上是不正确的。"社会主义市场经济不是市场经济"的说法，无论在理论上还是在实际上都站不住脚。什么是市场经济？那就是市场在资源配置中起决定性作用或者说企业生产什么、生产多少、怎样生产、为谁生产主要由市场调节的经济形态，应该说这个本质要求在中国社会主义市场经济中已经基本做到，中国包括国有企业在内的企业生产什么、生产多少、怎样生产、为谁生产，现在已经主要是由市场调节，不再是由国家计划规定了，怎么能说社会主义市场经济不是"真正的市场经济"呢？ ①

（二）中国完善社会主义市场经济体制的必要性

从市场经济体制的总体和构成的各个方面的现状来看，对照上述对中国完善的社会主义市场经济体制的理解，中国现在已经基本建立的社会主义市场经济体制还是不成熟完善的社会主义市场经济体制，还存在以下主要问题和不足：

一是公有制经济虽然得到相当大的发展、发挥着主导作用，但在整个国民经济中所占的比重偏低而且不断下降，国有企业制度还不健全规范完善、国有经济还需要进一步做优做强做大，非公有制经济的进一步发展也面临困难和问题，还需要支持、帮助、规范、引导。这些是近几年经济下行、贫富差距较大的重要原因，特别是相当多地区的农村集体经济衰弱，则是"三农"问题突出的基本原因之一。

二是财产和收入分配制度还不完善，还没有找到有效解决市场竞争优胜劣汰甚至"赢家通吃"和私有制发展、按资分配必然引起贫富差距扩大问题的途径。这是导致中国现在财产收入分配不合理、劳动收入偏低、贫富差距过大、发展成果共享不够的基本原因，还使得劳动者有购买力的需求不足、生产经营的积极主动性难以提高，造成推动经济增长

---

① 参见简新华：《否认中国是市场经济国家毫无道理》，载《人民日报》2018 年 10 月 30 日。

的动力减弱。

三是市场体系特别是资本、劳动力等要素市场还不健全完善成熟规范，市场监管也不力，既存在市场决定性作用发挥不充分，同时又有市场作用过度、难以有效克服市场失灵的双重不足，有些方面还存在不合理的垄断、不公平不正当不充分的竞争、资本的无序扩张和野蛮生长，市场行为不规范、优不胜劣不汰。这些是造成技术进步不快、经济结构不优、经济效益还不高、贫富差距较大和权钱交易的重要原因。

四是存在政府越位（干预过多、不该管的还在管）、缺位（监管不到位、该管的没有管好）的双重偏差，政府机构设置不完全合理、管理行为还需规范合理、管理作用还有待更好地发挥，对政府的民主监督约束机制也不健全有力。这些也是引起技术进步不快、经济结构不优、经济效益还不高、贫富差距较大和腐败严重的重要原因。

五是覆盖全社会的社会保障制度还不健全完善，还不能较好地解决城乡居民的养老、就业（失业）、医疗卫生、文化教育、住房的保障问题，不利于解除广大劳动者的后顾之忧、建立统一完善的劳动力市场，也不利于实现农民工市民化、消除城乡差别和工农差别、实现社会公平、发展成果共享和维持社会和谐稳定。

总而言之，社会主义市场经济体制的建立及其作用的发挥是改革开放以来中国经济发展取得巨大成就的重要原因之一，社会主义市场经济体制现在还不完善不成熟则是造成现在中国经济发展和成果共享存在问题和不足的重要因素之一，中国存在的经济下行、"三农"问题突出、贫富差距过大、腐败现象严重等主要问题都与社会主义市场经济体制不健全完善有关，在新时代要合理有效解决上述主要问题、推动中国经济协调持续稳定高质量高效益发展和成果共享，促进全体人民共同富裕取得更为明显的实质性进展，必须全面深化改革，完善社会主义市场经济体制。

（三）中国社会主义市场经济体制完善的任务和途径

针对中国社会主义市场经济体制现在存在的问题和不足，完善中国社会主义市场经济体制，必须全面深化改革，完成以下主要任务、采取以下主要措施：

一是必须坚持"两个毫不动摇"，深入分析公有制经济比重下降的利弊和原因、国有企业制度不完善的表现和原因，农村集体经济发展面临的困难及其原因，下苦功夫完善国有企业制度、建立名副其实的现代企业制度、真正做优做强做大国有企业，探讨农村集体经济合理有效发展的路径，毫不动摇地发展公有制经济，真正提高公有制经济的比重和高质量发展，从根本上缩小贫富差距、解决"三农"问题、逐步走向共同富裕；与此同时，深入调查研究非公有制经济发展面临的困难和问题及其产生的原因，完善相关制度和政策，规范完善非公有制企业的企业制度、经营方式和行为，按照公平竞争原则，帮助非公有制企业克服经营困难，毫不动摇地鼓励、支持、促进、引导非公有制经济进一步健康发展，发挥非公有制经济的积极作用，消除非公有制经济的消极影响。

二是改革完善财产和收入分配制度，逐步形成合理有效解决市场竞争优胜劣汰甚至"赢家通吃"和私有制发展、按资分配必然引起贫富差距扩大问题的机制，缩小财产和收入分配的差距，切实推进全体人民共同富裕，让发展成果更好地共享，提高劳动者的生产经营积极主动性，增强经济增长的动力，更好地实现社会公平，维持社会和谐稳定。

三是加快健全完善市场体系特别是资本、劳动力等要素市场和相关运行管理机构和制度，加强市场监管，规范市场行为，维护市场公平竞争，防范不合理的垄断、不公平不正当不充分的竞争，消除市场作用过度现象，有效克服市场失灵，真正让市场合理有效地充分发挥决定性作用，正确认识和把握资本的特性和行为规律，为资本设置"红绿灯"，依法加强对资本的监管，支持和引导资本规范健康发展，发挥资本作为生产要素的积极作用，同时有效控制其消极作用，推动经济协调稳定持续高质量高效益发展。

四是深化政府机构和管理职能改革，完善政府管理机构设置和管理职能，规范管理行为，创新和完善宏观调控，健全财政、货币、产业、区域等经济政策协调机制，形成和完善对政府的民主监督约束机制，更好发挥政府的作用特别是国家发展规划的战略导向作用，有效克服"市场失灵"和"政府失灵"，真正做到该管的一定切实管好、不该管的坚决不管、廉洁高效。

五是健全完善覆盖全社会的符合中国国情的适度合理可持续的社会保障制度，加大相关投入、完善相关制度、加强相关管理和监督，实现基本公共服务均等化，真正做到学有所教、劳有所得、老有所养、病有所医、住有所居。

第二节　社会主义市场经济的对外开放理论

市场经济是开放型经济，既要对内开放，也要对外开放，市场经济的对外开放理论是关于市场经济对外开放的必要性、作用、内容和方式的理论，实质上是如何正确处理国际经济关系的理论，主要内容是国际经济关系（包括国际分工协作专业化、国际贸易、国际投资、国际金融、国际经济循环、经济全球化等等）及本国应该怎样正确应对。马克思主义政治经济学创立了经典的资本主义国际经济关系理论，提出了社会主义对外经济关系思想，西方经济学也提出了不同的国际经济关系理论，认为市场经济是开放型经济，主张实行对外开放，但是两者都缺乏社会主义市场经济的对外开放理论。社会主义市场经济理论，以马克思主义政治经济学的资本主义国际经济关系理论和社会主义对外经济关系思想为基础，参考借鉴了西方经济学的国际经济关系和市场经济开放理论，创立了社会主义市场经济的对外开放新理论。社会主义市场经济对外开放理论的创新和发展，是相对马克思主义政治经济学的国际经济关系理论和西方经济学的国际经济关系理论的创新和发展，主要内容有，发展了市场经济对外开放的一般理论、创立了社会主义市场经济的对外开放新理论、纠正了西方经济学自由贸易理论的偏差、弥补了西方发展经济学后发优势和外向型经济发展战略理论的不足。

一、马克思主义政治经济学的国际经济关系理论

马克思主义政治经济学虽然没有使用对外开放的概念及系统的理论，但是创立了经典的资本主义国际经济关系理论，初步提出了社会主义对外经济关系思想，是社会主义市场经济的对外开放理论的基础。

（一）马克思和恩格斯的经典国际经济关系理论

马克思主义政治经济学的经典国际经济关系理论认为，资本主义生产方式形成了世界市场，建立了资本主义的世界经济体系，使得国际贸易、国际投资得到广泛的发展，形成了密切的国际经济联系。马克思明确指出："资产阶级社会的真正任务是建成世界市场（至少是一个轮廓）和确立以这种市场为基础的生产。"[1] 他在《资本论》中还指出："各国人民日益被卷入世界市场网，从而资本主义制度日益具有国际的性质。"[2] 马克思和恩格斯在《共产党宣言》中则生动地描述道："不断扩大产品销路的需要，驱使资产阶级奔走于全球各地。它必须到处落户，到处开发，到处建立联

---

[1] 《马克思恩格斯文集》第 10 卷，人民出版社 2009 年版，第 166 页。
[2] 《资本论》第 1 卷，人民出版社 2004 年版，第 874 页。

系"，使得"过去那种地方的和民族的自给自足和闭关自守状态，被各民族的各方面的互相往来和各方面的相互依赖所代替了"，"资产阶级，由于开拓了世界市场，使一切国家的生产和消费都成为世界性的了"。①

（二）列宁和斯大林的社会主义对外经济关系思想

社会主义国家应该如何处理对外经济关系？马克思和恩格斯经典的社会主义经济理论提出，资产阶级建立了世界资本主义体系，不仅剥削本国无产阶级和劳动人民，而且剥削全世界的无产阶级和劳动人民，无产阶级只有解放全人类才能最终解放自己，全世界无产者必须联合起来，实行无产阶级国际主义，推翻资本主义在全世界的统治，取得社会主义在全世界的胜利。《共产党宣言》指出："联合行动，至少各个文明国家的联合的行动，是无产阶级获得解放的首要条件"，号召"全世界无产者，联合起来！"② 但是，由于马克思和恩格斯所处的时代，世界上还没有社会主义国家，更没有在经济发展落后的国家建立（处于资本主义国家包围之中的）社会主义国家，因此也就不可能形成社会主义对外经济关系理论。

苏联是世界上的第一个社会主义国家，直接面临如何正确处理对外经济关系的问题，在对外经济交往的实践中开始提出了一些社会主义对外经济关系的初步理论。列宁指出："必须取得资本主义遗留下来的全部文化，并且用它来建设社会主义。必须取得全部科学、技术、知识和艺术。"③ 在他提出的"新经济政策"中也包括允许外国资本进入、实行租让和租赁的内容。斯大林也提出："要建设，就必须有知识，必须掌握科学。而要有知识，就必须学习。顽强地、耐心地学习。向所有的人学习，不论向敌人

---

① 《马克思恩格斯选集》第 1 卷，人民出版社 1995 年版，第 276 页。
② 《马克思恩格斯选集》第 1 卷，人民出版社 1995 年版，第 291、307 页。
③ 《列宁全集》第 36 卷，人民出版社 1985 年版，第 48 页。

或朋友都要学习，特别是向敌人学习。咬紧牙关学习，不怕敌人讥笑我们，笑我们无知，笑我们落后。"①

在实践上，虽然斯大林有过失误，但是列宁和斯大林坚持了无产阶级国际主义，对社会主义国家基本上是互助合作的关系，对落后国家实行支援帮助的政策。由于西方资本主义国家一开始就对苏联采取敌对的武装干涉、遏制打压和封锁禁运，所以处于世界资本主义包围之中的苏联很难开展正常的国际经济联系。第二次世界大战时，虽然与英、美、法等国家成功建立了反法西斯同盟国，打败了德、意、日轴心国，但是战后又形成了以美国为首的资本主义阵营、以苏联为首的社会主义阵营的东西方两大对立的阵营，陷入所谓"冷战"之中，两大阵营在经济上基本上是处于"脱钩"状态。总的来看，苏联的社会主义对外经济关系理论是很不成熟完善的，对西方国家从注重斗争忽视合作走向了重视合作放弃斗争，到了戈尔巴乔夫时期甚至实行对西方资本主义国家的投降主义政策，结果导致苏联和社会主义阵营都解体。

二、西方经济学的国际经济关系理论

在西方经济学的国际经济关系理论中，被社会主义市场经济对外开放理论参考借鉴的主要有英国古典政治经济学的国际分工和国际自由贸易理论与西方发展经济学的后发优势和外向型经济发展战略理论。

（一）英国古典政治经济学的国际分工和国际自由贸易理论

英国古典政治经济学的国际分工和国际自由贸易理论以亚当·斯密的国际分工、绝对成本说和大卫·李嘉图的比较成本说为基础。

---

① 《斯大林论工业化》，人民出版社 1955 年版，第 143 页。

1.亚当·斯密的国际分工、绝对成本说和国际自由贸易理论 ①

亚当·斯密在对国民财富形成原因的分析中创立了国际分工和绝对优势理论，为国际自由贸易理论奠定了基础。亚当·斯密认为，分工是劳动生产率提高和国民财富增加的源泉，不仅国内存在分工，国际上不同国家和地域之间也存在分工，各国自然禀赋和后天生产条件是国际分工的基础，国际分工又是国际贸易的前提，国际贸易则能够维持和扩大国际分工，只要两个国家都有绝对成本低的商品，就可以通过国际分工和国际自由贸易进行生产和交换，也就是说每个国家都生产劳动生产率高、成本低的产品去与别的国家生产的而本国成本高的产品相交换，就都能节省劳动，获得额外利益、增加国民财富。亚当·斯密主张实行国际分工和国际自由贸易，因为"国际分工和自由贸易，不仅能使每个国家比它在闭关自守时获得更多的廉价商品，而且能促进这个国家的劳动和资本得到最充分和最合理的运用"②。亚当·斯密的国际经济关系理论体现了实行国际分工和国际贸易能够互利共赢的思想，在国际贸易学说史上具有重要意义。然而，该理论只能解释双方互有绝对低成本产品的情况，无法解释当一国所有产品的生产成本都高于（或低于）另一国时的国际贸易问题。根据绝对成本或者说绝对优势理论的逻辑，低成本国家将生产和出口所有产品，高成本国家则不进行任何生产并进口商品。这种情况显然是不符合实际的、不可能的。即使能这样，也必然会出现长期的贸易失衡和不可持续。

2.大卫·李嘉图的国际分工、比较成本和自由贸易理论

大卫·李嘉图提出了比较成本论，发展了亚当·斯密的国际分工理论，形成了更加系统的自由贸易理论。为了克服亚当·斯密绝对成本理

---

① 参见〔英〕亚当·斯密：《国民财富的性质和原因的研究》，郭大力、王亚南译，商务印书馆 2014 年版。

② 鲁友章、李宗正：《经济学说史》，人民出版社 1979 年版，第 232 页。

论的缺陷，大卫·李嘉图提出比较成本或者说比较优势理论①。该理论指出，即使在所有生产领域劳动生产率都较低的国家，通过生产和出口具有相对优势的产品换取相对劣势产品，仍可以实现社会劳动的节约并给双方带来经济利益。大卫·李嘉图认为，最有效和最合理的国际分工原则是，各个国家只生产自己的自然条件比较有利的、成本比较低的商品，并用这种商品去交换别的国家生产的自己所需要的其他商品。"如果说斯密所提出的国际分工的根据是生产上的绝对优势、成本上的绝对差别，那么李嘉图所提出的根据是生产上的相对优势、成本上的相对差别"②。虽然大卫·李嘉图认为一个人只应当生产效率更高的商品是正确的，但把这个原则推广到国家是错误的。因为，在资本主义世界经济体系中，一个国家为了政治上的独立、经济上免受发达国家的控制和剥削，不仅要生产成本较低的商品，而且也需要生产自己所需要的其他商品。李嘉图的比较优势理论虽然扩展了亚当·斯密的绝对成本学说，但存在根本性的缺陷，该理论实际上是以不同国家的不等价交换为基础的，背离了科学的劳动价值论。

无论是亚当·斯密的还是大卫·李嘉图的自由贸易理论，从理论上来看好像是市场经济的要求，但是由于大资本的强势地位、垄断的限制、国家的干预，实际上却很难做到，本质上掩盖了资本主义的国际剥削。马克思在《关于自由贸易问题的演说》中明确地指出："自由贸易的信徒弄不懂一国如何牺牲别国而致富"，"在现代社会条件下，到底什么是自由贸易呢？这就是资本的自由"。"在任何个别国家内自由竞争所引起的一切破坏现象，都会在世界市场上以更大的规模再现出来。"③

---

① 参见［英］大卫·李嘉图：《政治经济学及赋税原理》，郭大力、王亚南译，商务印书馆1962年版。

② 鲁友章、李宗正：《经济学说史》，人民出版社1979年版，第291页。

③ 《马克思恩格斯选集》第1卷，人民出版社1958年版，第229、227、228页。

（二）西方发展经济学的后发优势和外向型经济发展战略理论

西方发展经济学专门研究了发展中国家的工业化和经济发展问题，其中的一个重要方面是发展中国家应该如何正确处理国际经济关系，形成了相应的国际经济关系理论，主要是提出了后发优势和外向型经济发展方式理论。

后发优势理论认为，发展中国家的经济发展具有低成本地引进和采用发达国家已有的先进技术的优势，能够更快地推进技术进步、赶上先进国家，这是发展中国家特有的优势——因为在发展中国家之前，发达国家已经花费大量人力物力财力和时间研究开发出了许多先进技术，发展中国家只需要以小得多的费用就能引进和采用已有的先进技术，而发达国家要采用更先进的技术，没有地方可以低成本引进，只能靠自己再花费大量投入研发。这种理论是符合实际的、有用的，但也不能夸大后发优势理论的价值。因为，后发优势的作用是有限的，只是为发展中国家赶上发达国家提供了一个有利条件，仅靠后发优势，只能跟在发达国家后面跑，最多可能接近发达国家，不可能超越发达国家，要超越必须自主创新；而且，随着发展中国家发展水平不断提高，后发优势会不断弱化；另外，引进和采用先进技术还有一个发达国家实行封锁禁运、不愿意给、要价高的问题。

从对外经济关系方面来看，西方发展经济学认为，发展中国家存在两种工业化战略，也就是两种不同的经济发展战略：一是进口替代战略，"是指进口被国内工业产品所替代"，这是一种面向国内市场、依靠本国产业发展以满足国内需求的内向型经济发展战略；二是出口导向型战略，是"把注意力从面向国内市场的进口替代转向面向国外市场的制成品出口"，这是一种面向国际市场、发展本国制造业以满足国外需求的外向型经济发展战略。西方发展经济学还认为，"进口替代是一种有局限性的战略：在最初的工业增长后，这种战略通常会陷入困境"，存在"缺乏竞争，减弱了厂商提高生产力的动力"的缺陷。出口导向型战略与进口替代型战略相比，具有"优势"。因为，"与厂商仅为国内市场生产相比，出口市场将使厂商生产任何产品的产量更多，专业化的程度提得更高"。"国际市场竞争在上述两方面都产生了激励作用。"①这种理论也是有一定道理的，但是也不能绝对化，不能认为出口导向型肯定比进口替代型优越，实际上，两者各有利弊，适用于不同国家不同的发展阶段；而且作为发展中国家，更合理的发展战略应该是进口替代与出口导向相结合的战略。

三、发展了市场经济对外开放的一般理论

什么是对外开放、市场经济与对外开放是什么关系、市场经济为什么要对外开放、应该怎样对外开放？社会主义市场经济的对外开放理论更加清楚地说明了这几个基本问题。

（一）市场经济为什么要对外开放？

所谓对外开放，是指减少或者取消各种对国际贸易、国际投资、国际交流的限制和保护主义措施，对外国开放本国市场和投资领域，发展外向型经济的战略。市场经济是开放型经济，必须实行对外开放。这主要是因为：

第一，市场经济以社会分工为基础，而国内分工必然发展成国际分工。社会分工的存在是市场经济存在的基本必要条件之一：由于社会分工能够极大地提高劳动生产率，促进市场经济的发展，必然导致社会分工、

---

① ［美］吉利斯等：《发展经济学》，黄卫平等译，中国人民大学出版社1998年版，第485—487页。

协作、专业化的水平不断提高、范围不断扩大，由国内扩展到国外，日益国际化，形成国际分工，而国际分工必然在更大的范围内提高劳动生产率，产生国际分工效益，对内开放可以获得国内分工的好处，对外开放则可以获得国际分工收益；而且，由于各个国家的自然条件、资源和要素禀赋、经济发展阶段存在差别，可能形成比较优势和比较劣势，产生后发优势和先发优势，实行对外开放，参与国际分工，还可以扬长避短、取长补短，获得比较收益以及后发优势和先发优势带来的好处。

第二，市场是市场经济的核心要素，而国内市场必然发展成为国际市场。在市场经济中各地区、部门、企业、个人之间存在广泛密切的经济联系，商品货币关系渗透到社会生活的各个方面，这种联系和渗透不可能只停留在国内，必然扩展到全世界，不仅要建立统一的国内市场，而且必然形成广阔的国际市场，国内市场也必然会联结着国际市场。实行内外开放，就能够更好利用国内国外两个市场，更充分地发挥市场的决定性作用。

第三，市场机制优化资源配置要求要素能够自由流动，不仅要在国内流动，而且也应该能够在世界范围内流动。市场经济发展，要求市场向所有投资者、生产者、经营者、消费者开放，要求实行自由选择、自由投资、自由生产、自由贸易、自由流动、自由往来，还要求要素不仅在国内自由流动而且也能够在世界上自由流动，否则，市场机制不仅在国内难以做到优化资源配置，而且在世界范围内也无法实现资源的优化配置；并且，资源是经济发展不可缺少的物质基础，任何一个国家的资源在一定时期内从品种到数量都是有限的，而全世界的资源则丰富得多、齐全得多。只有实行内外开放，才能加强国内外商品、资金、技术、信息、人才的交流，做到互通有无、货畅其流、物尽其用、人尽其能，更好地利用国际国内两种资源，更快地推动市场经济的发展。

第四，市场经济是竞争型经济，市场竞争不仅是国内竞争，而且是国际竞争。市场竞争是市场机制的关键，不仅可能产生破坏性，而且也具有推动创新和发展的积极性，是市场经济发展的强大推动力，只有实行内外开放，才能更好提高国内外市场竞争力，发挥国际国内竞争的推动力，更有效地促进市场经济的发展。

总而言之，国际国内的社会分工、国际国内市场、国际国内的要素自由流动、国际国内市场竞争的存在，这些因素决定，市场经济不是划地为牢、闭关自守、互相封锁的封闭型经济，而是四通八达、联系广泛、内外开放的开放型经济。社会分工由国内分工发展成国际分工、市场由国内市场发展成国际市场，竞争由国内竞争发展成国际竞争、商品贸易由国内贸易发展成国际贸易、金融由国内金融发展成国际金融、投资由国内投资发展成国际投资，这一切都表明经济国际化（即全球化）是市场经济发展的必然趋势，市场经济是国际化经济或者说全球化经济。在市场经济条件下，一个国家要想获取国际分工和比较优势的比较利益、国际竞争的推动力、后发优势和先发优势可能带来的收益、充分利用国际国内两个市场、国际国内两种资源，更快更好地发展本国市场经济，就必须实行对外开放。国内外市场经济发展的实践证明了这个道理。

（二）市场经济应该怎样对外开放?

社会主义市场经济的对外开放理论认为，在市场经济条件下，各国应该在保证国家根本长远利益和安全不受损害的前提下，从本国国情出发，按照自由贸易、公平竞争、投资便利、自主对等、互利共赢的基本要求，逐步合理地减少或者取消各种对国际贸易、国际投资、国际交流的限制和保护主义措施，对外国开放本国市场和投资领域，实行对外开放。具体来说，在国际贸易方面，合理降低或者取消进出口关税，减少贸易品种配额价格等各种贸易限制，降低或者取消贸易壁垒，实行减税、退税等贸易优惠政策，给予外国贸易优惠待遇，鼓励进出口贸易；在国际投资方面，实施外资准入负面清单，放宽国内外投资限制，尽可能合理增加外资进入的产业和领域，实行国民待遇原则，为外资进入和经营提供便利和必要的服务，同时鼓励本国资本到外国投资；在国际金融方面，逐步合理实现有条件的汇率市场化、货币经常项目可兑换和资本项目可兑换；在国际交流方面，合理放宽或者取消各种限制，创造更好条件，合理保护知识产权，鼓励国际技术、学术、文化、人才交流，更好地吸引国际人才，引进国外先进理念、技术和管理。

特别需要注意的是，发展中国家实行对外开放，既要看到能够发挥后发优势、比较优势，获得参与国际分工、国际贸易、国际投资、国际交流的收益，也不能忘记还存在后发劣势，在国际市场和国际竞争中还处于弱势不利地位，必须循序渐进、合理有序，不能急于求成、操之过急、毫无限制、毫无顾忌地快速完全放开本国市场，必须在适当采取各种优惠措施引进外资、人才、国外先进技术和管理的同时，在一定时期内在一定程度上还可能需要对本国市场和产业实行必要的保护，否则，可能沦为国际竞争的失败者，不仅不能有效发展本国市场经济，很可能还会形成对国外经济的过度依赖，受制于人，长期停留在世界产业价值链的低端和不利地位，成为发达国家的附庸。

四、创立了社会主义市场经济对外开放新理论

社会主义市场经济对外开放理论，不仅更加清楚地说明了市场经济实行对外开放的基本原理，而且形成了比较系统的社会主义市场经济的对外开放新理论，主要内容包括社会主义市场经济对外开放的必要性、主要内容、特点和原则要求等。

（一）社会主义市场经济对外开放的必要性

社会主义市场经济之所以要实行对外开放，除了上述市场经济是

开放型经济、必须实行对外开放的一般原因和好处之外，还由于在传统高度集中统一的计划经济中，西方国家的封锁禁运使得社会主义国家难以发展国际经济联系、无法更好地利用国内外两个市场、两种资源，发展社会主义经济，不得不更多地强调独立自主、自力更生。实行把传统计划经济体制改变为社会主义市场经济体制的改革，再加上经济全球化的发展和中国与包括美国在内的西方国家关系的改善，不仅要求对外开放，而且为实行对外开放提供了有利条件。总而言之，对外开放符合社会化大生产向全球扩展、经济全球化不断深化的必然趋势，是发展社会主义市场经济的必然要求，是中国特色社会主义经济发展的必由之路。

（二）社会主义市场经济对外开放的主要内容①

社会主义市场经济对外开放的主要内容是发展对外贸易、引进和利用外资与国外先进技术和管理、实施"走出去"战略、加强国际交流。通过改革高度集中统一的外贸管理体制，逐步放开市场，采取各种措施鼓励进出口贸易，发展出口导向型经济；通过改革投融资管理体制和外资管理制度，逐步放开资本市场，采取各种优惠政策引进外资和国外先进技术和管理，更好地克服资金不足、技术和管理落后的困难；逐步放开国内外各类人员流动的限制，鼓励出国留学访问，引进国外人才、加强国际学术文化交流，发展国际旅游业；在实行"引进来"的同时鼓励"走出去"，鼓励发展对外投资、技术和劳务输出。

（三）社会主义市场经济对外开放的特点和原则要求

社会主义市场经济对外开放与一般的对外开放相比，存在不同的特点

---

① 参见：《马克思主义政治经济学概论》，人民出版社 2021 年版。

和原则要求：一是实行全方位、多层次、多渠道的对外开放；二是积极主动、稳妥有序的渐进式对外开放，是自觉的、有计划、有步骤、有先后顺序、有重点、有梯度的循序渐进的对外开放，不是消极被动、迫不得已、权宜之计的对外开放，更不是急于求成、盲目冒进的激进式对外开放；三是坚持独立自主、自力更生与对外开放相结合的对外开放，既不闭关自守、僵化保守，又不崇洋媚外、过度依赖外国，必须注意维护国家经济政治社会生态等各方面安全；四是坚持双向对外开放，也就是"引进来"与"走出去"相结合、出口导向与进口替代相结合、外向型经济发展战略与内向型经济发展战略相结合，力求形成更加合理的以国内大循环为主体、国际国内双循环相互促进的经济发展格局；五是实行合作包容、互利共赢的对外开放，不是只谋求一国私利、不惜损人利己，而是以共建人类命运共同体为基本目标，坚持互相合作、平等互利、普惠多赢、共同发展，反对保护主义、单边主义、霸权主义；六是统筹国内发展和对外开放，努力做到扬长避短、取长补短、优势互补，更充分更有效地利用国内外两个市场、两种资源，推动社会主义经济良性循环和高质量发展。

五、纠正了西方经济学自由贸易理论的偏差

社会主义市场经济的对外开放理论，参考借鉴了西方经济学自由贸易理论中符合市场经济发展要求的合理部分，纠正了西方经济学自由贸易理论中不符合实际的偏差和资产阶级的立场。自由贸易理论在西方经济学看来是颠扑不破的真理，弗里德曼认为："无论是国内贸易还是对外贸易，自由贸易政策都是不发达国家得以提升人民生活水平的最佳途径。""国际自由贸易对于各贸易国和全世界来说都是最有利的。"[①] 社会主义市场经济

---

① ［美］米尔顿·弗里德曼：《自由选择》，张琦译，机械工业出版社 2008 年版，第 41 页。

对外开放理论认为，自由贸易从理论上来看是在一定程度上反映了市场经济的要求，在实际上却很难做到。从理论上来说，市场经济要正常有效运行、资源要能够在市场的调节下优化配置，的确要求生产要素必须自由流动、市场活动主体必须能够自由选择、必须实行自由竞争，自由竞争和自由选择决定市场经济必须实行自由投资、自由生产、自由贸易。但是，这种"自由"绝不是没有任何约束和管理的、不受任何限制的、为所欲为想怎么干就怎么干的、绝对的自由，而是在严格的法律制度约束和政府必要管理下保障下的相对自由。从实际情况来看，特别是在资本主义市场经济中，由于不可避免会存在的大资本的强势地位、垄断的控制、国家的干预，会使得贸易受到种种限制，国际国内贸易都很难是自由平等的，不平等贸易、不等价交换的现象是大量存在的。

所谓"自由贸易"，是指国家对进出口贸易不加干涉、限制，允许商品自由输出和输入，实行减免关税的政策。与"自由贸易"对称的是"保护贸易"，则是指国家采取高额关税或者其他各种限制进出口的措施来保护本国市场和企业的政策。这是两种在不同情况下都具有合理性的理论和政策，两者的优劣好坏不能抽象绝对地一概而论。在一般情况下，实行自由贸易有利于经济发展，但是在不适当保护就不能发展的情况下，就需要实行合理的保护。

实事求是地说，国际自由贸易理论是更有利于国际竞争力更强、科技最先进的资本主义国家和企业的理论，实际上国际自由贸易理论就是英国资产阶级古典政治经济学，站在当时最先进的资本主义国家——英国的立场上提出来的理论。事实上，所有的发达资本主义国家从原始资本积累开始到自由资本主义时期、垄断资本主义阶段，从来都没有真正做到国际自由贸易。在当代，自由贸易肯定对经济实力最强、科学技术总体最先进的美国最有利。按照有人主张的无关税、无壁垒、无限制、无保护的完全自由贸易，由于资源禀赋、技术水平、产业竞争力和经济发展的程度的不同，落后国家将会无法与先进国家竞争，可能失去发展的机会，将永远落后。因此，WTO 并不是完全的自由贸易协定，是多方面博弈的产物，不是不分不同国家、不同发展阶段、不同产业地实行绝对对等原则，而是提倡有差别的互惠互利原则、实行最惠国待遇和非歧视性原则，有适当保护落后国家的条款。实践证明，有保护的或者说有合理限制的自由贸易，既能够促进发展中国家的发展，又能够为发达国家提供更大的产品、技术市场和有利的投资场所，更有利于世界经济的发展。这也是当下美国的保护主义遭到反对的一个原因所在。[①]

六、弥补了西方发展经济学后发优势和外向型经济发展战略理论的不足

（一）完善了西方发展经济学的后发优势理论。

西方发展经济学的后发优势理论在一定程度上反映了发展中国家的实际情况，是有用的理论，但是不全面、不深入、不完善；社会主义市场经济理论的对外开放理论，在借鉴吸收西方发展经济学的后发优势理论的基础上，提出了更加成熟完整的后发优势和后发劣势理论，主要包括以下几个方面的内容：一是指出发展中国家特别是发展中大国，不仅拥有技术进步方面的后发优势，而且还存在结构调整优化、制度改革创新、规模扩张、人力资源丰富、有先发国家经验教训可供借鉴等方面的后发优势；二是明确了后发优势只是一种可能性，并不必然会自动地变为现实性，还会受到发达国家的制约，真正要把这种可能性转变为现实性，还需要发展中国家采取相应的措施，有效克服发达国家的种种限制，才能发挥后发优势的作用；三是认为后发优势的作用是有限的，只是为发展中国家赶上发达

---

① 参见简新华：《驳斥美国对中国的指责，坚持积极稳妥对外开放——纪念中国改革开放 40 周年》，载《政治经济学评论》2018 年第 6 期。

国家提供了一个有利条件，仅靠后发优势只能跟在发达国家后面跑，最多也只能赶上发达国家，不可能超越发达国家，要超越必须自主创新；四是指明随着发展中国家发展水平的不断提高，后发优势会不断减少、弱化；五是还提出发展中国家不仅拥有后发优势，还存在资本短缺、技术落后、人口素质比较低、制度和管理相对落后等后发劣势。

（二）完善了西方发展经济学的外向型经济发展战略理论

西方发展经济学认为外向型经济发展战略更具有优越性、更适合市场经济和经济全球化的要求，特别推崇外向型经济发展战略，这是有一定道理的，但是存在片面性。社会主义市场经济的对外开放理论认为，外向型和内向型经济发展战略各有利弊，各自都有自己的适用范围，不能绝对地说外向型经济发展战略更优越或者说最优越，也不能认为两者完全相反、非此即彼、互不相容，把两者完全对立起来，实际上两者是可以互相结合、优势互补的。发展中国家在工业化起步或者初期、国际竞争能力很低、在外国封锁禁运的情况下，就只能采用内向型经济发展战略，先搞进口替代，否则无法推进工业化；当制造业有了一定发展也积累了一定的资金和技术、国际经济环境也有了改善的情况下或者说初步具备发展进出口贸易和引进外资技术的条件下，就应该适时采用外向型经济发展战略，搞出口导向。而且一国是采用外向型战略，还是内向型战略，也不是绝对的、单一的，往往两种战略同时采用，只是有主次之分而已，这样才有可能做到两种战略取长补短、优势互补。从长远的可持续发展来看，特别是发展中大国，应该采用内外向结合型经济发展战略，既要实行对外开放、积极参与国际分工和国际经济大循环，发展国际贸易、国际投资、国际交流，又要以国内市场、扩大内需、自主创新、自立自强为主，形成以国内经济循环为主体，国际国内双循环互相促进的经济发展格局。而且，一国的比较优势也不是一成不变的，会随着经济发展水平、能力和国内外条件的变化而变化，原有的比较优势可能丧失，也可能形成新的比较优势，必须适时调整经济发展战略，比如，改革开放初期，中国拥有的比较优势是劳动力充足价廉，特别有利于发展劳动密集型产业和出口加工贸易；而进入新发展阶段，由于劳动力成本大幅度上升、人口老年化日益加剧，而资本相对充足、技术有了较大进步，使得原来劳动力充足价廉的比较优势会逐步消失、能够在资本和技术方面逐步形成新的比较优势，就需要相应调整经济发展战略。

第 八 章

社会主义市场经济理论新时代的
进一步创新和发展

崭新的社会主义市场经济理论是对马克思主义政治经济学特别是其中的社会主义经济理论的重大创新和发展，虽然已经基本形成，但就像中国社会主义市场经济还在发展过程中，完善的高水平的社会主义市场经济体制也还在建设之中，还需要通过全面深化改革进一步健全完善一样，社会主义市场经济理论也有待进一步健全完善。所以在新时代新发展阶段，为了建成高水平的社会主义市场经济体制、实现社会主义市场经济的发达繁荣、建成富强民主文明和谐美丽的社会主义现代化强国，还需要进一步创新和发展社会主义市场经济理论。本书总结归纳社会主义市场经济理论创新和发展的目的，正是为了进一步更好地创新和发展社会主义市场经济理论。本章最后论述新时代新发展阶段社会主义市场经济理论进一步创新和发展的必要性、主要内容（即面临的问题和任务）和正确方法。

第一节　进一步创新和发展的必要性和正确方法

一、进一步创新和发展的必要性

社会主义市场经济理论为什么要进一步创新和发展？主要是因为，新时代新发展阶段适应新情况解决新问题的迫切需要，社会主义市场经济理论自身完善的必然要求。

1. 新时代新发展阶段适应新情况解决新问题的迫切需要

自从科学社会主义理论创立以来，社会主义经济理论得到了巨大的发展，特别是中国共产党在建立以来的 100 年时间内，不仅在实践上领导中国人民建立了中国特色社会主义制度，社会主义经济建设也取得了举世瞩目的成绩，而且对社会主义经济理论的创新和发展也作出了最大贡献，其中，最重要的是创立了崭新的社会主义市场经济理论。但是，由于迄今为止世界上还没有一个国家成为社会主义现代化强国，更没有一个国家完全建成社会主义社会，社会主义事业甚至在苏联东欧国家遭受了严重的挫折和失败，即使是社会主义事业最成功的中国也还处于社会主义初级阶段，中国和全世界的社会主义和共产主义事业远未成功，中国共产党作为百年大党，中国作为最大的社会主义国家，仍然需要努力奋斗，在继续大力建设社会主义现代化强国的同时努力创新和发展社会主义经济理论，直至完全建成社会主义社会并且开始向共产主义转变时为止。特别是在中国特色社会主义进入新时代、处于全面建设社会主义现代化国家的新发展阶段，面临许多新情况、新特点、新问题和新任务，更需要继续创新和发展社会主义经济理论，特别是社会主义市场经济理论，以利更好地指导社会主义市场经济发展、社会主义现代化强国建设的实践。

习近平总书记多次指出："我们党正在进行具有许多新的历史特点的伟大斗争，形势环境变化之快、改革发展稳定任务之重、矛盾风险挑战之多、对我们党治国理政考验之大都是前所未有的。"[①]当代中国正在经历人类历史上最为宏大而独特的实践创新，改革发展稳定任务之重、矛盾风险挑战之多、治国理政考验之大都前所未有，世界百年未有之大变局深刻变

① 习近平：《在全国党校工作会议上的讲话》，载《求是》2016 年第 9 期。

化前所未有，提出了大量亟待回答的理论和实践课题。① 这些"理论和实践课题"，包括新时代新发展阶段构建高水平社会主义市场经济体制、实现社会主义市场经济的发达繁荣面临的新问题，亟须进一步创新和发展社会主义市场经济理论，予以正确回答和有效解决。

2. 完善社会主义市场经济理论的必然要求

在 1992 年党的十四大报告首次明确提出"社会主义市场经济体制"之后不到 10 年的 2001 年，习近平同志指出："在建立和发展社会主义市场经济的实践中，一方面存在着传统的计划经济意识根深蒂固，一些人对市场经济自觉或不自觉地持抵触态度的问题；另一方面，也存在着一些人完全照搬照抄西方经济理论，用西方资本主义私有制的市场经济理论来指导崭新的社会主义市场经济实践的问题。在至今所有的关于社会主义市场经济的论著中，看到的几乎全是西方市场经济理论的重述，谁也没有说清楚社会主义市场经济的内涵、特征、运行机制以及社会主义与市场经济是怎样结合在一起的，因而也更无法对社会主义市场经济与资本主义市场经济进行理论上的比较和论证。"② 虽然通过 30 年的创新和发展，现在社会主义市场经济理论已经基本形成，习近平同志指出的这种状况已经有了很大的改观，但社会主义市场经济理论还需进一步成熟完善，不仅面临许多新问题需要研究解决，而且在理论和实践上原有的一些重大疑难问题还没有完全解决，还需要进一步突破，还有不少疑惑和模糊认识需要澄清，也有不少意见分歧需要达成共识。所以说社会主义市场经济理论本身的完善，也需要进一步创新和发展。

在中国特色社会主义进入新时代和全面建设社会主义现代化国家的新

① 参见《习近平在省部级主要领导干部学习贯彻党的十九届六中全会精神专题研讨班开班式上发表重要讲话强调　继续把党史总结学习教育宣传引向深入　更好把握和运用党的百年奋斗历史经验》，《人民日报》2022 年 1 月 12 日。

② 习近平：《对发展社会主义市场经济的再认识》，载《东南学术》2001 年第 4 期。

发展阶段，习近平总书记又提出："我们要坚持辩证法、两点论，继续在社会主义基本制度与市场经济的结合上下功夫，把两方面优势都发挥好，既要'有效的市场'，也要'有为的政府'，努力在实践中破解这道经济学上的世界性难题。"① 这就是说"这道经济学上的世界性难题"还没有破解，至少是还没有完全破解。这表明迄今为止社会主义市场经济理论的主要任务还没有最终完成，还必须进一步创新和发展，也说明破解"这道经济学上的世界性难题"，应该是社会主义市场经济理论进一步创新和发展面临的核心任务。

二、进一步创新和发展的正确方法

社会主义市场经济理论在新时代新发展阶段应该如何进一步创新和发展？必须坚持创立崭新社会主义市场经济理论所采用的科学合理、行之有效的基本方法：一是守正，坚持马克思主义政治经济学的基本原理和立场观点方法；二是创新，坚持以人民为中心、从实际出发、问题导向、实事求是、敢于突破创新；三是借鉴，合理参考借鉴西方经济学。

必须强调的是，如果说在创立社会主义市场经济理论的时期，曾经参考借鉴了西方经济学的现代市场经济理论，那么在新时代新发展阶段进一步创新和发展社会主义市场经济理论，参考借鉴西方经济学现代市场经济理论的作用将越来越少，越来越需要依靠以马克思主义政治经济学为指导的自主创新。因为，西方经济学现代市场经济理论中值得社会主义市场经济理论参考借鉴的理论，绝大部分已经被参考借鉴了，还能够被参考借鉴的东西只会越来越少，而且西方现代资本主义市场经济面临许多难题，西方经济学自身都没有给出合理有效解决这些问题的答案，就更谈不上可供中国参考借鉴了；更重要的是，在新时代新发展阶段中国构建高水平的社

---

① 习近平：《不断开拓当代中国马克思主义政治经济学新境界》，载《求是》2020 年第 16 期。

会主义市场经济体制、发展社会主义市场经济面临的问题，西方经济学基本不会研究，在西方经济学中更找不到答案，只能依靠中国自己创新和发展。中国现在更需要独立自主，注重观察总结中国和世界各国发展市场经济的经验教训并且上升为理论，坚持实践是检验真理的唯一标准，敢于突破，勇于创新，与时俱进地不断修改完善旧理论、创造新理论。

当然，强调新时代新发展阶段社会主义市场经济理论的进一步创新和发展必须以自主创新为主，绝不是说我们现在完全不需要参考借鉴西方经济学，我们决不能退回到封闭保守、拒绝吸收国外有益理论的状况，还需要继续坚持尽可能参考借鉴西方经济学有用的理论和方法。

第二节　进一步创新和发展面临的主要问题和任务

创新和发展社会主义市场经济理论也需要问题导向，那么，中国特色社会主义新时代新发展阶段社会主义市场经济理论现在面临什么问题、有哪些重大理论和实际问题需要探讨、应该进一步创新和发展什么？笔者认为，进一步创新和发展社会主义市场经济理论，至少需要深入探索、正确回答和有效解决以下十个基本方面的主要理论和实践问题。

一、社会主义制度与市场经济的有机结合问题

社会主义市场经济是社会主义制度与市场经济结合而成的市场经济，面临的最大难题是社会主义制度与市场经济的有机结合问题，也就是社会主义社会能不能发展市场经济的问题。市场经济不可能与社会主义相结合、市场经济与公有制不相容、市场经济只能建立在私有制基础上、要发展市场经济就必须实行"私有化"的传统观念根深蒂固，现在虽然已经艰

难突破，但短时间内还要注意这种传统观念的残余。更重要的是，如何真正做到社会主义制度与市场经济的有机结合，发挥社会主义制度的优越性和市场配置资源的优势，做到两者的取长补短、优势互补，在实践上难度是非常大的、需要不断探索，还有许多理论和实践问题需要解决。虽然社会主义制度与市场经济都具有能够促进生产力发展的一致性，但是也存在矛盾性。比如：社会主义生产的目的是要最大限度地满足社会需要，而市场经济中市场主体的生产经营的目的是收益最大化，两者存在不一致性；实现共同富裕是社会主义的本质要求，而市场竞争优胜劣汰则会扩大贫富差距，两者是相互矛盾的。现在更多的是强调社会主义制度与市场经济的一致性，对两者矛盾性涉及的较少、缺乏清醒明确的认识，对如何有效克服这种矛盾性更是研究不足，需要做到理论上胸有成足、实践中方向明确。因为，不能合理有效克服两者的矛盾，就不可能真正实现社会主义制度与市场经济的有机结合。正确解决这个最大难题，还需要明确社会主义社会是否能够具备市场经济存在的充分必要条件、社会主义市场经济与社会主义市场经济体制的区别和联系、社会主义基本经济制度与社会主义初级阶段的基本经济制度的区别和联系，这些重大理论和实践问题都还没有完全说清，还需要深入探讨、进一步创新和发展。

二、"有效的市场"和"有为的政府"兼备的世界性难题

如果说社会主义制度与市场经济的有机结合问题是社会主义市场经济理论面临的第一大难题，那么"既要'有效的市场'，也要'有为的政府'"，就是社会主义市场经济理论面临的第二大难题。而且，第一大难题只是社会主义国家才会碰到的难题，第二大难题则是所有市场经济国家都存在的"世界性难题"。破解这道经济学上的世界性难题的主要途径，就是合理有效纠正市场失灵、克服政府失灵。迄今为止，国内外虽然对市场失灵和政

府失灵已经有非常多的研究，但到底什么是市场失灵和政府失灵、为什么会发生市场失灵和政府失灵、怎样才能合理有效纠正市场失灵、克服政府失灵等核心问题，现有的研究和认识还是不全面不深入的、还没有形成共识，也还没有找到系统的合理有效纠正市场失灵、克服政府失灵的方法，所以"既要'有效的市场'，也要'有为的政府'"这道"经济学上的世界性难题"还没有完全破解，还需要继续深入探索、进一步创新和发展，切实找到完全破解的途径。

三、高水平的社会主义市场经济体制问题

构建高水平的社会主义市场经济体制是新时代新发展阶段中国全面深化改革的主要任务，但什么是高水平社会主义市场经济体制、主要内容和基本特征是什么，还缺乏明确具体的权威界定，怎样构建高水平的社会主义市场经济体制，也需要全面具体地说明，所以这也是需要进一步创新和发展的重大问题。

四、社会主义市场经济的资本、剩余价值和劳动力商品问题

社会主义市场经济中是否存在资本、剩余价值，劳动力是不是商品，存在的原因和条件是什么，与资本主义市场经济中资本、剩余价值、劳动力商品有什么本质区别？这是社会主义市场经济理论面临的极为敏感的关键性的理论难题，也是社会主义市场经济理论不能回避、必须科学回答的问题，但对此经济学界一直存在分歧和争论，至今没有达成共识。2021 年 12 月召开的中央经济工作会议还把"正确认识和把握资本的特性和行为规律"[①] 作

---

① 《中央经济工作会议在北京举行》，《人民日报》2021 年 12 月 11 日。

为五个在新发展阶段需要正确认识和把握的新的重大理论问题和实践问题中的第二个，提出要发挥资本作为生产要素的积极作用，同时有效控制其消极作用。应该说对这个重大问题的研究才开始，尤其需要深入探讨。

五、公有制经济和国有企业做强做优做大问题

社会主义市场经济要以公有制为主体、要毫不动摇地做强做优做大公有制经济和国有企业，但是现在中国公有制经济的比重已经大幅度下降到50%以下，而且还呈现出继续下降的趋势，不可避免地会影响到公有制经济的主体地位和主导作用的发挥。还必须清醒地认识到，国有企业改革的任务还没有完成，做强做优做大还存在不少困难和问题。[1] 现在中国国有企业存在的主要问题是：国有经济的管理体制还不健全，国有企业党的领导和职工主人翁的作用需要加强，已然建立的现代企业制度也不成熟和完善，企业的治理结构也有待进一步规范，尤其是缺乏合理有效的监督约束机制。公有制经济的比重是否还可能和允许继续下降，国有企业和公有制经济怎样才能切实做强做优做大，如何真正发挥公有制经济的主体和主导作用，更好地实现公有制与市场经济的有机结合，农村集体集体经济如何才能合理有效发展，怎样从根本上解决"三农"问题，集体所有制是否最终也要过渡到全民所有制，等等，这一切都需要深入分析其产生的原因、提出切实有效的对策。

六、非公有制经济发展和引领问题

非公有制经济是社会主义市场经济的重要组成部分，必须毫不动摇地

---

[1] 参见简新华：《论攻坚阶段的国有企业改革——国有企业深化改革必须正确认识的几个基本问题》，载《学术研究》2012 年第 10 期。

鼓励、支持和引导非公有制经济的发展。在社会主义市场经济中，非公有制适应市场经济发展的要求，在调动各方面的积极性主动性创造性、增加投资、扩大就业、推进技术进步、发展经济、提高收入、满足社会多方面的需要等方面具有重要的积极作用；又由于存在追求个人收益最大化的自发性、盲目性和私有制的剥削，可能出现损害国家、公众和劳动者利益、偏离社会主义方向的消极行为。现在面临的主要问题是企业制度不完善、管理不健全、劳资关系不和谐、国内外经济环境和以往的盲目扩张造成的生产经营困难。现在需要深入研究和解决的主要问题有：应该怎样合理有效支持、帮助、引导非公有制经济完善制度、改进管理、克服生产经营困难，更好地发挥其积极作用；与此同时，加强和改进对非公有制经济依法实行的监督和管理，合理规范其生产经营行为，引导其兼顾企业、国家和职工的利益，改善劳资关系，更好地克服其可能出现的消极作用。还需要探讨的是，非公有制经济自身怎样才能健康发展、最终的发展前景是什么。

七、收入分配和贫富差距扩大的问题

社会主义市场经济要毫不动摇发展私有制经济、发挥市场在资源配置中的决定性作用，而私有制必然存在的剥削、市场经济的分配机制和优胜劣汰的市场竞争机制，不可避免地会造成财产和收入分配的贫富差距，甚至可能出现"赢家通吃"的情况。中国政府提出在新时代新发展阶段要推动全体人民共同富裕取得更为明显的实质性进展，所以现在特别需要深入研究社会主义市场经济如何有效克服私有制和市场竞争的消极作用，避免资本主义市场经济的贫富两极分化，切实推进共同富裕。2021 年 12 月召开的中央经济工作会议还把"正确认识和把握实行共同富裕的战略目标和实践路径"作为五个在新发展阶段需要正确认识和把握的新的重大理论问题和实践问题中的第一个，这也应该是社会主义市场经济理论进一步创新和发展面临的重要课题。与此相关的问题还有："按生产要素贡献分配"的流行提法到底是否准确、科学？如何协调解决按生产要素分配可能存在剥削和收入差距扩大与社会主义本质要求消灭剥削和贫富两极分化的矛盾？怎样深化改革完善财产和收入分配制度，优化收入分配结构，合理有效调节过高收入、取缔非法收入、增加低收入群体的收入，提高劳动报酬在国民收入分配中的比重，扩大中等收入群体，如何巩固拓展脱贫攻坚成果，切实防止返贫现象发生，扎实推动共同富裕？也需要进一步研究和明确。

八、高水平自立自强与高水平对外开放相结合的问题

在新时代新发展阶段中国要构建以国内大循环为主体、国内国际双循环相互促进的新发展格局，为此，必须实现高水平的自立自强、实行高水平对外开放。但是，什么是高水平的自立自强和高水平对外开放、如何才能真正做到？现在还不是十分明确，亟须探讨。虽然这是一个重大经济发展战略问题，由于与社会主义市场经济的对外开放理论紧密相关，所以也是社会主义市场经济理论进一步创新和发展面临的重要理论和实践问题，特别是应该如何正确认识和合理吸收西方经济学提出的自由贸易理论和内外向型经济发展战略、怎样合理有效做到既坚持扩大对外开放又防止对外依赖并且维护本国的各方面安全等问题，尤其需要深入研究。

九、社会主义市场经济运行的理想状态和防止生产过剩问题

从供求关系决定的社会经济运行状态来看，资本主义市场经济是"过

剩经济"、传统计划经济是"短缺经济",社会主义市场经济的运行状态应该是什么样的呢?本书提出应该是"供求协调平衡经济"(因为如果也是"短缺经济"或者"过剩经济",社会主义市场经济就没有什么优越性了,也就没有搞社会主义市场经济的必要性了),但是这种看法还没有得到普遍认可,怎样才能真正做到供求协调平衡,也还有待探索。尤其是现在,在市场已经基本上在资源配置中发挥决定性作用了,非公有制经济的比重也超过了 50% 的情况下,经济运行中出现了产能过剩、库存积压过多的现象,特别需要深入研究社会主义市场经济,如何才能在发挥市场在资源配置中的决定性作用、市场竞争优胜劣汰推动技术进步和经济增长的积极作用的同时,合理有效克服"市场失灵",缩小以致最终消除其可能造成经济周期性波动的消极作用,持久有效地防止发生资本主义市场经济那样的生产过剩经济危机。

十、社会主义市场经济的发展前景问题

市场经济是"永恒"的吗?应该是不可能的,因为市场经济存在自身无法克服的市场失灵。中国建成高水平的社会主义市场经济体制、实现社会主义市场经济发达繁荣之后,应该继续坚持社会主义方向,朝着马克思和恩格斯设想的社会主义发达成熟的高级阶段的计划经济(社会生产自觉地依据社会需要有计划按比例协调发展)演进。那么,将会如何演进、面临什么困难、需要创造什么条件?这是社会主义市场经济理论必须做前瞻性研究并进行明确科学地回答的根本性问题。否则,社会主义市场经济理论就不是彻底的理论,而"理论上不彻底,就难以服人"[1]。

---

[1] 习近平:《在庆祝中国共产党成立 95 周年大会上的的讲话》,《人民日报》2016 年 7 月 2 日。

　　以上这些都是客观存在的深层次、结构性的重大理论和实践问题，必须实事求是深入探讨、正确回答。这十个基本方面的理论和实践问题，经济学界或多或少都有一定程度的研究，对这十个基本方面问题现有的创新和发展，本书也基本上都进行了总结归纳，但这些问题都是存在分歧和争论的疑难问题或者是比较前沿的问题，除了少部分基本形成共识的观点之外，大部分都没有定论。本书的论述反映的只是一种研究性的看法，甚至是本书作者的一家之言，是否准确、符合实际，能否得到社会和经济学界的认可，还有待实践检验，所以必须进一步深入探讨、创新和发展，形成成熟完善的社会主义市场经济理论，以便更好地指导高水平社会主义市场经济体制的构建和社会主义市场经济发达繁荣的实现。

本书作者主要相关研究成果

1. 简新华:《中国特色社会主义政治经济学重大疑难问题研究》,安徽大学出版社 2018 年版。

2. 简新华:《中国特色社会主义政治经济学的探索和发展》,济南出版社 2019 年版。

3. 简新华:《中国经济改革探索》,武汉大学出版社 2007 年版。

4. 简新华:《中国经济发展和改革再探索》,武汉大学出版社 2019 年版。

5. 辜胜阻、简新华:《市场经济学教程》,湖北人民出版社 1995 年版。

6. 简新华:《社会主义经济体制改革的难关》,《当代经济科学》1989 年第 4 期。

7. 简新华:《计划经济和市场调节理论的回顾和展望》,《武汉大学学报》1991 年第 3 期。

8. 简新华:《计划经济与市场调节相结合疑难问题刍议》,《计划与市场》1991 年第 11 期。

9. 简新华:《论发展社会主义市场经济必须澄清的 10 种疑惑》,《经济评论》1993 年第 2 期。

10. 简新华:《试析中西所有制形式的演变及启示》,《经济日报》1993 年 12 月 22 日。

11. 简新华：《中西方收入分配机制的对比研究》，《经济日报》1994 年 11 月 13 日。

12. 辜胜阻、简新华：《企业管理官员与企业家的比较及转化》，《经济学家》1995 年第 1 期。

13. 简新华：《股份制企业的"新三会"与"老三会"》，《武汉经济研究》1995 年第 3 期。

14. 简新华：《论市场经济收入分配的几个基本理论问题》，《武汉水利电力大学学报（社会科学版）》1995 年第 4 期。

15. 简新华：《发达市场经济国家失业保障制度》，《经济学动态》1996 年第 6 期。

16. 简新华：《论市场经济与共同富裕的关系》，《市场经济研究》1996 年第 2 期。

17. 简新华：《论社会主义市场经济的效率与公平》，《经济评论》1997 年第 3 期。

18. 简新华：《社会主义经济理论的新发展》，《经济评论》1998 年第 5 期。

19. 简新华：《委托代理风险与国有企业改革》，《经济研究》1998 年第 9 期。

20. 简新华：《试解劳动力商品与按劳分配的理论难题》，《经济学动态》1998 年第 10 期。

21. 简新华：《社会主义初级阶段的私营经济新探》，《理论月刊》1999 年第 3 期。

22. 简新华：《改革以来社会主义经济理论大发展的内容和特点》，《江海学刊》1999 年第 2 期。

23. 简新华：《社会主义经济理论的十大发展》，《光明日报》1999 年 3 月 26 日。

24. 简新华：《社会主义劳动力商品理论在改革时期的发展》，《中国经济问题》1999 年第 6 期。

25. 简新华：《改革以来社会主义所有制结构理论的发展》，《学术月刊》2000 年第 3 期。

26. 简新华：《社会主义按生产要素分配理论的形成与发展》，《财经科学》2000 年第 4 期。

27. 简新华：《论社会主义资本理论的几个难题》，《当代经济研究》2003 年第 4 期。

28. 简新华：《再论"资本中性论"》，《中国经济问题》2004 年第 4 期。

29. 简新华：《论攻坚阶段的国有企业改革——国有企业深化改革必须正确认识的几个基本问题》，《学术研究》2012 年第 10 期。

30. 简新华：《中国改革的目标模式探索》，《当代财经》2012 年第 12 期。

31. 简新华：《中国土地私有化辨析》，《当代经济研究》2013 年第 1 期。

32. 简新华：《马克思主义经济学创新和发展的若干问题》，《马克思主义研究》2014 年第 2 期。

33. 简新华：《全面准确理解邓小平理论推动三大战略转变》，《邓小平研究》2016 年第 1 期。

34. 简新华：《发展和运用中国特色社会主义政治经济学引领经济新常态》，《经济研究》2016 年第 3 期。

35. 简新华、余江：《马克思主义经济学视角下的供求关系分析》，《马克思主义研究》2016 年第 4 期。

36. 简新华、余江：《发展和运用中国特色社会主义政治经济学的若干问题》，《中国高校社会科学》2016 年第 6 期。

37. 简新华、余江：《市场经济只能建立在私有制基础上吗？——兼评公有制与市场经济不相容》，《经济研究》2016 年第 12 期。

38. 简新华：《试论中国特色社会主义政治经济学的形成及发展》，《河北学刊》2017 年第 5 期。

39. 简新华:《社会主义市场经济的运行特征和合理有效机制探索》,《毛泽东邓小平理论研究》2017 年第 8 期。

40. 简新华:《论中国经济学理论的发展与创新——兼与林毅夫教授商榷》,《当代经济研究》2017 年第 12 期。

41. 简新华:《中国特色社会主义经济理论的重大成果和新时代的创新和发展》,《经济研究》2017 年第 12 期。

42. 简新华:《创新和发展中国特色社会主义政治经济学》,《马克思主义研究》2018 年第 3 期。

43. 简新华:《中国特色社会主义政治经济学内容体系思考》,载《体系与结构:中国特色社会主义政治经济学六人谈》,经济科学出版社 2018 年版。

44. 简新华:《中国经济改革开放是搞资本主义吗?——纪念中国经济改革 40 周年》,《广东财经大学学报》2018 年第 10 期。

45. 简新华:《共产主义是远大理想不是空想——纪念马克思诞辰 200 周年》,《当代经济研究》2018 年第 10 期。

46. 简新华:《中国经济改革是在什么经济学的指导下取得巨大成就的?——纪念中国改革开放 40 周年》,《经济与管理研究》2018 年第 10 期。

47. 简新华:《否认中国是市场经济国家毫无道理》,《人民日报》2018 年 10 月 30 日。

48. 简新华:《"所有制中性"是市场经济规律还是谬论?》,《上海经济研究》2019 年第 5 期。

49. 简新华:《怎样认识"现代经济学"?》,《红旗文稿》2019 年第 9 期。

50. 简新华:《中国特色社会主义政治经济学若干重要问题的再思考——对王艺明和张兴祥评论我与洪永淼商榷文章的回应》,载《政治经济学学报》第 14 卷,上海人民出版社 2019 年版。

51. 简新华:《市场经济并非只有一种模式》,《长江日报》2019 年 8 月 26 日。

52. 简新华:《"所有制中性"不是中国特色社会主义理论的重要观点》,《福建师范大学学报》2019 年第 5 期。

53. 简新华:《中国社会主义市场经济体制的新探索》,《广西财经学院学报》2019 年第 5 期。

54. 简新华:《推动社会主义市场经济体制迈向更高水平》,《光明日报》2020 年 6 月 9 日。

55. 简新华:《新时代中国社会主义市场经济体制的完善》,《经济要参（国务院发展研究中心）》2020 年第 27 期。

56. 简新华:《开拓当代中国马克思主义政治经济学新境界的两个重要问题》,《上海经济研究》2020 年第 10 期。

57. 简新华:《关于新时代新阶段中国特色社会主义政治经济学研究内容和方法的思考》,《理论月刊》2021 年第 1 期。

58. 简新华:《必须正确认识社会主义基本经济制度》,《政治经济学研究》2021 年第 4 期。

59. 简新华、程杨洋:《中国共产党的社会主义市场经济理论创新——庆祝中国共产党成立 100 周年》,《财经科学》2021 年第 5 期。

60. 简新华、聂长飞:《党对社会主义经济发展理论的创新和发展》,《经济学动态》2021 年第 6 期。

61. 简新华:《中国共产党百年社会主义经济理论的创新和发展——庆祝中国共产党成立 100 周年》,《毛泽东邓小平理论研究》2021 年第 6 期。

62. 简新华:《社会主义经济理论的创新和发展》,《经济研究》2021 年第 6 期。

63. 简新华、余江:《社会主义市场经济的资本理论》,《经济研究》2022 年第 9 期。

主 要 参 考 文 献 （ 著 作 ）

1. [德] 马克思：《资本论》，人民出版社 1975 年版。

2.《马克思恩格斯选集》，人民出版社 1995 年版。

3.《列宁选集》，人民出版社 1995 年版。

4. [苏联] 斯大林：《苏联社会主义经济问题》，人民出版社 1972 年版。

5.《毛泽东选集》（第一至四卷），人民出版社 1991 年版。

6.《毛泽东年谱（1949—1976)》，人民出版社 2013 年版。

7.《邓小平文选》第三卷，人民出版社 1993 年版。

8.《江泽民论有中国特色社会主义》，中央文献出版社 2002 年版。

9.《胡锦涛文选》，人民出版社 2016 年版。

10.《习近平谈治国理政》，外文出版社 2014 年版。

11.《习近平谈治国理政》第二卷，外文出版社 2017 年版。

12.《习近平谈治国理政》第三卷，外文出版社 2020 年版。

13.《中共中央关于经济体制改革的决定》，人民出版社 1984 年版。

14.《中共中央关于建立社会主义市场经济体制若干问题的决定》，人民出版社 1993 年版。

15.《中共中央关于完善社会主义市场经济体制若干问题的决定》，人民出版社 2003 年版。

16.《中共中央关于全面深化改革若干重大问题的决定》，人民出版社

2013 年版。

17.《中共中央关于党的百年奋斗重大成就和历史经验的决议》，人民出版社 2021 年版。

18.［英］亚当·斯密：《国民财富的性质和原因的研究》，郭大力、王亚南译，商务印书馆 2014 年版。

19.［英］大卫·李嘉图：《政治经济学及赋税原理》，郭大力、王亚南译，商务印书馆 1962 年版。

20.［英］约翰·穆勒：《政治经济学原理》上卷，商务印书馆 1991 年版。

21.［奥］庞巴维克：《资本实证论》，商务印书馆 1991 年版。

22.［英］凯恩斯：《就业利息和货币通论》，商务印书馆 1977 年版。

23.［奥］冯·米瑟斯：《自由与繁荣的国度》，中国社会科学出版社 1995 年版。

24.［英］弗里德里希·奥古斯特·哈耶克：《通往奴役之路》，中国社会科学出版社 1997 年版。

25.［奥］冯·哈耶克：《个人主义与经济秩序》，北京经济学院出版社 1989 年版。

26.［美］米尔顿·弗里德曼：《资本主义与自由》，商务印书馆 2004 年版。

27.［美］米尔顿·弗里德曼：《自由选择》，机械工业出版社 2013 年版。

28.［美］保罗·萨缪尔森、威廉·诺德豪斯：《经济学（第十六版）》，华夏出版社 1999 年版。

29.［美］斯蒂格利茨：《经济学》上册，中国人民大学出版社 1997 年版。

30.［美］曼昆：《经济学原理》下册，生活·读书·新知三联书店、北京大学出版社 1999 年版。

31.［英］约翰·伊特韦尔等编：《新帕尔格雷夫经济学大辞典》，经济科学出版社 1992 年版。

32. [美] 格林沃尔德:《现代经济辞典》,商务印书馆 1981 年版。

33. [波兰] 奥斯卡·兰格:《社会主义经济理论》,中国社会科学出版社 1981 年版。

34. [波兰] 弗·布鲁斯:《社会主义经济运行问题》,中国社会科学出版社 1984 年版。

35. [捷克] 奥塔·锡克:《社会主义的计划和市场》,中国社会科学出版社 1982 年版。

36. [英] 索尔·埃斯特林:《市场社会主义》,经济日报出版社 1993 年版。

37. 鲁友章、李宗正:《经济学说史》,人民出版社 1979 年版。

38. 厉以宁、秦宛顺:《现代西方经济学概论》,北京大学出版社 1983 年版。

39. 丁冰:《现代西方经济学说》,中国经济出版社 1995 年版。

40.《马克思主义政治经济学概论》,人民出版社 2021 年版。

41. 于光远:《中国社会主义初级阶段的经济》,广东经济出版社 1998 年版。

42. 卓炯:《论社会主义商品经济》,广东经济出版社 1998 年版。

43. 马洪:《什么是社会主义市场经济》,中国发展出版社 1993 年版。

44. 刘国光、桂世镛:《社会主义市场经济概论》,人民出版社 2002 年版。

45. 刘国光:《中国经济体制改革的模式研究》,广东经济出版社 1998 年版。

46. 卫兴华、洪银兴、魏杰:《社会主义市场经济运行机制研究》,经济科学出版社 2020 年版。

47. 吴敬琏、刘吉瑞:《论竞争性市场体制》,广东经济出版社 1998 年版。

48. 吴敬琏：《当代中国经济改革教程》，上海远东出版社 2010 年版。

49. 厉以宁：《中国经济双重转型之路》，中国人民大学出版社 2013 年版。

50. 林毅夫：《解读中国经济》，北京大学出版社 2018 年版。

51. 张维迎：《市场的逻辑》，上海人民出版社 2010 年版。

52. 白永秀、任保平：《社会主义市场经济理论与实践》，科学出版社 2011 年版。

53. 刘文革等：《社会主义市场经济理论与实践》，北京大学出版社 2012 年版。

54. 王军旗：《社会主义市场经济理论与实践》，中国人民大学出版社 2021 年版。

55. 杨干忠主编：《社会主义市场经济概论》，中国人民大学出版社 2021 年版。

56. 王冰：《市场经济原理》，研究出版社 2011 年版。

57. 吴敬琏：《社会主义市场经济全书》，新华出版社 1993 年版。

策划编辑：崔继新

责任编辑：曹　歌

封面设计：汪　莹

图书在版编目（CIP）数据

中国社会主义市场经济理论的创新和发展 / 简新华，余江　著 . —北京：
　人民出版社，2023.8
ISBN 978 − 7 − 01 − 024992 − 6

I.①中…　II.①简…②余…　III.①中国经济 − 社会主义市场经济 − 经济
理论　IV.① F123.91

中国版本图书馆 CIP 数据核字（2022）第 162941 号

中国社会主义市场经济理论的创新和发展

ZHONGGUO SHEHUI ZHUYI SHICHANG JINGJI LILUN DE CHUANGXIN HE FAZHAN

简新华　余　江　著

人 民 出 版 社 出版发行

（100706　北京市东城区隆福寺街 99 号）

北京九州迅驰传媒文化有限公司印刷　新华书店经销

2023 年 8 月第 1 版　2023 年 8 月北京第 1 次印刷
开本：710 毫米 ×1000 毫米 1/16　印张：17.25
字数：220 千字

ISBN 978 − 7 − 01 − 024992 − 6　定价：68.00 元

邮购地址 100706　北京市东城区隆福寺街 99 号
人民东方图书销售中心　电话（010）65250042　65289539